新・現代文 レベル別問題集

5 上級編

東進ハイスクール・東進衛星予備校 講師
輿水淳一
KOSHIMIZU Junichi
西原剛
NISHIHARA Takeshi

東進ブックス

はじめに

上達は「上手な人のまね」をするところから始まる。しかし「文章を読んで理解する」という営みは、目に見えない。だから、上手な人のまねをすることが難しい。また、自分が上手に読めているのかどうかも、他人と比べられないのでわかりにくい。「ちゃんと文章を読もう」と言われても「ちゃんと読む」とはどういうことかがわからない。本書は、そこにメスを入れることを目指した。文章を読むことの得意な人が無意識的にしていること、文章を読んでいるときや設問を解いているときに考えていることを、できるだけ言語化、視覚化することを企てた。存分にまねてほしい。この本をやり通したとき、以前の自分とは違う自分を発見するはずだ。

著者　輿水淳一

予備校講師として駆け出しの頃、僕は、なるべく単純に、なるべく機械的に答えを導き出せるような「読解マニュアル」作りに励んでいました。数年の歳月を経て一応それらしいものが完成しましたが、同時に「実際、こんなに単純に考えていないよな。何か現実離れしているな」という疑念が生まれていました。文章を読むとき、僕たちは本当にたくさんのことを考え、色々と迷いながら理解を深めていきます。本書では、そういった「頭の中」を示すことにこだわりました。この本には、ある意味「当たり前」のことが書かれていますが、それでも類書にはない新しさがあります。受験現代文を「読む」ということの本道に戻したい。それが著者の願いです。

著者　西原剛

❷本書の特長 ――どの文章にも通用する「揺るぎない読解力」が身につく問題集――

『新・現代文レベル別問題集』最大の特長は、現代文講師として第一線で教鞭を執り続ける二人の講師の「脳内」を、ビジュアルに示したことです。

現代文が「できる」人は、文章を読む際にどんなことを考え、どのように理解しながら読んでいるのか。一文を読んだときの、その瞬間、そこで起こっている思考の過程を、簡潔な文章と図版（イラスト）で、できる限りわかりやすく示しました。自分一人では理解が困難な文章でも、解説を読めば必ず「わかる」ように、「徹底的に」「丁寧に」一つひとつの文章を解き明かしています。

さらに本シリーズは、次の3つの柱を軸に構成されており、入試現代文で高得点を取るために必要な力を、無理なく・無駄なく養うことができる仕組みとなっています。

【本シリーズ3つの柱】

① 現代文の核となる力「読解方略」[*1]を、講師が動画でわかりやすく解説。どの文章にも、どの問題にも通用する"揺るぎない読解力"を身につけることができます。

② 現代文の学力を伸ばすための「考え方」や「アドバイス」を随所に掲載[*2]。ただ問題を解くだけでなく、その先の学習・入試合格までを見据え、現代文で役立つ内容を盛り込みました。

③ 実際の入試で出題された良問を厳選[*3]し、レベル別に分けて掲載。自分に最適なレベルから始め、志望校レベルまで、段階的に学力を上げることができます。

文章を「きちんと読む」ことさえできれば、必ず「正解」は導き出せる。そこにこだわり抜いて制作した本シリーズは、現代文を学ぶすべての人々の"新たな道しるべ"となるでしょう。

◆補足説明

＊1…読解方略とは「文章の意味をきちんと理解しながら読むコツ」のこと。詳細は16～19ページ参照。

＊2…解説編の内容はもちろん、各講の「扉」や問題編巻末の「おすゝめ本一覧」、解説編の「生徒からの質問コーナー」、そして、解説文中で語られる「雑談」など、現代文を楽しく理解しながら学力を上げる工夫を随所に盛り込みました。

＊3…講師が数多くの入試問題から厳選に厳選を重ねて選び抜いた、本当に現代文の力を伸ばすことができる良問のみを掲載しています。

❸ レベル⑤の特長

レベル⑤は、難関私立大学、上位国公立大学の入試問題を主な題材としています。表面的な内容理解では落とし穴にはまる選択式問題や、八〇字を超える本格的な記述式問題など、難関大受験者に相応しい良問を揃えました。レベル④までに習得してきた読みの基本（＝読解方略）は、問題のレベルが上がっても十分に通用します。読み応えのある文章に正面から向き合い、難関大学合格のための確かな実力をつけましょう。

この問題集で紹介している「読解方略（16～19ページ）」は、苦手な人から得意な人まで、すべての人に実践してもらいたい方法論です。どんなレベルでも「やるべきこと」は変わりません。問題集のレベルの違いは、題材となる文章や設問の難しさの違いだと考えてください。

各レベルについて紹介しておきます。


【レベル①】現代文初学者向けの読みやすい文章を主な題材として、読解の基本を学びます。

【レベル②】基礎～標準レベルの入試問題を主な題材として、読解の基本を固めます。

【レベル③】標準レベルの入試問題を主な題材として、実践的な読解力と解答力を身につけます。

【レベル④】有名私立大学の問題を主な題材として、実践的な読解力と記述力を磨きます。

【レベル⑤】難関私立大学・上位国公立大学の問題を主な題材として、高度な読解力と記述力を身につけます。

【レベル⑥】最難関国立大学の問題を主な題材として、高度な読解力と記述力の完成を目指します。


「読解方略」は、何度も何度も反復することで次第に「自分のもの」になっていきます。入試までに時間的な余裕があれば、現代文が得意な人も、レベル①からじっくり取り組むとよいでしょう。

【志望校レベルと本書のレベル対応表】

難易度	偏差値	志望校レベル 国公立大（例）	志望校レベル 私立大（例）	本書のレベル（目安）
難	～67	東京大，京都大	国際基督教大，慶應義塾大，早稲田大	⑥最上級編
↑	66～63	一橋大，東京外国語大，国際教養大，筑波大，名古屋大，大阪大，北海道大，東北大，神戸大，東京都立大，大阪公立大	上智大，青山学院大，明治大，立教大，中央大，同志社大	⑥最上級編，⑤上級編
	62～60	お茶の水女子大，横浜国立大，九州大，名古屋市立大，千葉大，京都府立大，奈良女子大，金沢大，信州大，広島大，都留文科大，静岡県立大，奈良県立大	東京理科大，法政大，学習院大，武蔵大，中京大，立命館大，関西大，成蹊大	⑥最上級編，⑤上級編，④中級編
	59～57	茨城大，埼玉大，岡山大，熊本大，新潟大，富山大，静岡大，滋賀大，高崎経済大，長野大，山形大，岐阜大，三重大，和歌山大，島根大，香川大，佐賀大，岩手大，群馬大	津田塾大，関西学院大，獨協大，國學院大，成城大，南山大，武蔵野大，京都女子大，駒澤大，専修大，東洋大，日本女子大	⑤上級編，④中級編，③標準編
	56～55	〈共通テスト〉，広島市立大，宇都宮大，山口大，徳島大，愛媛大，高知大，長崎大，福井大，新潟県立大，釧路公立大，大分大，鹿児島大，福島大，宮城大，岡山県立大	玉川大，東海大，文教大，立正大，西南学院大，近畿大，東京女子大，日本大，龍谷大，甲南大	④中級編，③標準編，②初級編
	54～51	弘前大，秋田大，琉球大，長崎県立大，名桜大，青森公立大，石川県立大，秋田県立大，富山県立大	亜細亜大，大妻女子大，大正大，国士舘大，東京経済大，名城大，武庫川女子大，福岡大，杏林大，白鷗大，京都産業大，創価大，帝京大，神戸学院大，城西大	③標準編，②初級編，①超基礎編
↓	50～	北見工業大，室蘭工業大，公立はこだて未来大	大東文化大，追手門学院大，関東学院大，桃山学院大，九州産業大，拓殖大，摂南大，沖縄国際大，札幌大，共立女子短大，大妻女子短大	②初級編，①超基礎編
易	-	一般公立高校（中学レベル）	一般私立高校（中学～高校入門レベル）	①超基礎編

※東進主催「共通テスト本番レベル模試」の受験者（志望校合格者）得点データをもとに算出した、主に文系学部（前期）の平均偏差値（目安）です。

●志望校別の使用例

▼**現代文が苦手な人**…必ずレベル①から始め、文章を読むこと・問題を解くことに慣れていきましょう。

▼**第一志望が「明青立法中／関関同立」などの有名私大の人**…現代文を基礎から始めて高得点を取りたい人は、①～⑤までやり切りましょう。基礎が固まっている人は、②～⑤を学習しましょう。

▼**第一志望が「旧七帝大」などの国公立大の人**…共通テストから記述・論述まで対策するため、レベル①～⑥をやり切りましょう。時間がない人は、③～⑥を学習し、あとは過去問演習を徹底しましょう。

❹本書の使い方

【問題編】

問題編は[*1]〈扉〉・〈問題文〉という構成です。扉につづられた講師のコメントを読み、解答時間を確認してから問題を解きましょう。

〈扉〉
各講の最初のページに「扉」を設けています。出典・出題大学名などが確認できます。内容に興味を持った書籍があったら、ぜひ読んでみてくださいね。

導入コメント
各講のはじめに、本文への興味をかきたてる導入コメントがあります。問題を解く前に読んでみましょう。問題を解く前に読んでみましょう。解説編の扉は、もう一人の講師（＊2）による違う観点からの文章です。

解答時間・目標点
解答時間（制限時間）と目標得点を設けることで、現在の自分の学力を判定できるようになっています。

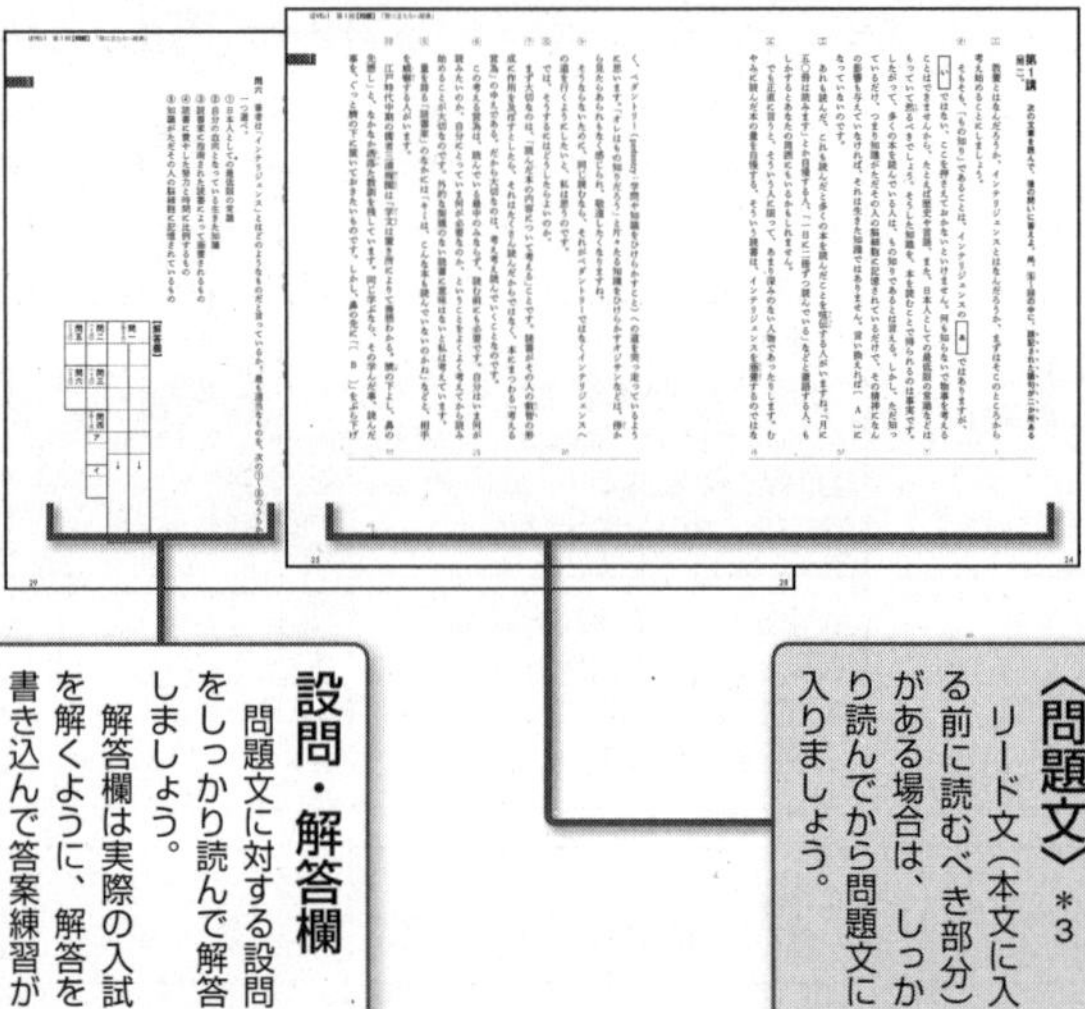

〈問題文〉＊3
リード文（本文に入る前に読むべき部分）がある場合は、しっかり読んでから問題文に入りましょう。

設問・解答欄
問題文に対する設問をしっかり読んで解答しましょう。
解答欄は実際の入試を解くように、解答を書き込んで答案練習ができるようになっています。

◆補足説明

＊1…本シリーズは、見やすさ・使いやすさを追求し、「問題編」と「解説編」を別々の冊子にして1枚のカバーでくるむ製本を採用しました。冊子をきれいに取り出し、別々の冊子として学習することができる仕様になっています。

＊2…扉文章は、
▼「問題編」が輿水先生の場合、「解説編」は西原先生
▼「問題編」が西原先生の場合、「解説編」は輿水先生
が書いています。また、問題編の扉文章を書いている講師が、その問題の解説を担当しています。

＊3…問題文は基本的に過去の大学入試問題から引用していますが、都合により一部改変している場合もあります。

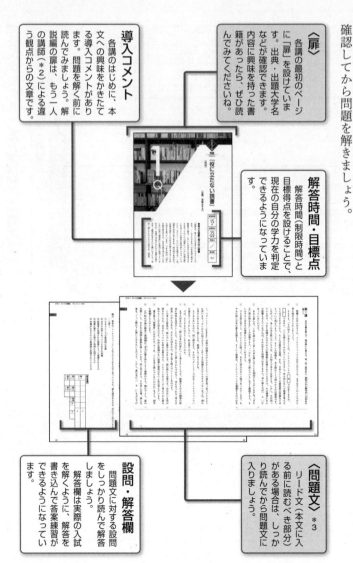

【解説編】

問題を解き終わったら、〈全文解釈〉を読み、講師の思考や理解の仕方を学びましょう。同時に〈解答・解説〉で正解を導き出すまでの過程を確認しましょう。

〈全文解釈〉

問題編の問題文を掲載しています。文中のマーカーや注釈（番号や色）は、下段の「脳内活動・重要語彙」に対応しています。また、本文の横に掲載している黒フキダシには、短い脳内活動を示しています。

※脳内活動マーカーの色は、次の内容を示しています。（詳細は解説編2ページを参照）

●青→具体化
●赤→追跡
●緑→予測
●紫→位置づけ
●灰→モニタリング
●橙→その他

脳内活動・重要語彙＊1

問題文を読んでいるときの講師の思考を、簡潔な文章や図版（イラスト）で示しています。また、重要表現や語彙も解説しています。

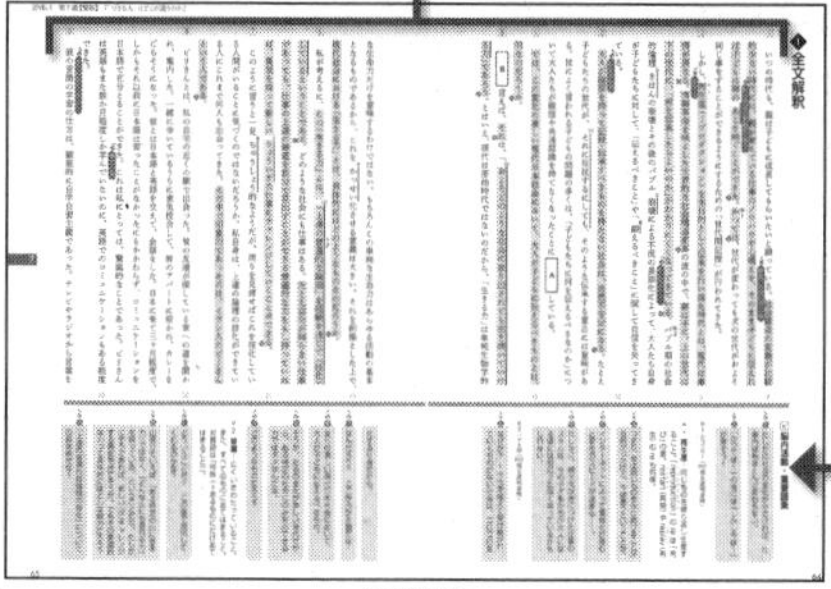

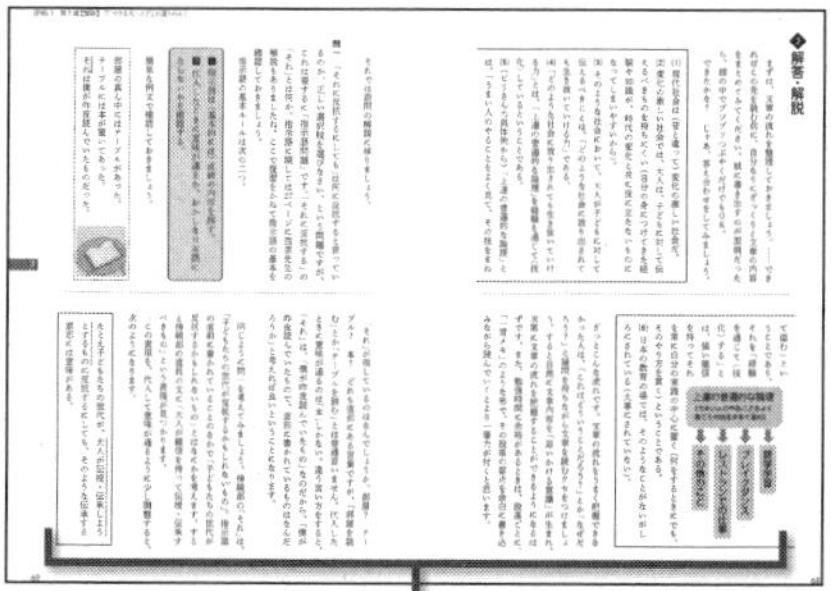

〈解答・解説〉

設問に対する解答と解説です。解説文中には次のような要素があります。＊2

●まとめ…解説中の重要部分やまとめを「実線の四角囲み」で示しています。
●重要定義…現代文学習で大切なことを「ピンク色背景の囲み」で示しています。
●例…「点線の四角囲み」で示しています。
●引用…問題文や設問文を引用している部分を「上下の横棒線」で示しています。
●雑談…雑談の開始と終わりを紫色の〈＊〉で示しています。

◆**補足説明**

＊1…脳内活動の色分けはあくまで便宜的なものです。たとえば、「追跡と予測が同時に起こる」というように、それぞれの方略は互いに重なる部分があります。方略を「区別する」ことよりも、（明確に区別できなくてもよいので）「実践する」ことを意識してください。

＊2

▼まとめ

▼重要定義

▼例

▼引用

▼雑談

〈＊〉……□□□□■
□□□□■……。〈＊〉

目次

序章

——文章を「読む」とはどういうことなのか——

◆現代文読解への扉

「文章を読んでその意味を理解する」という営みのメカニズムとはどのようなものだろう？　文章とは文字の連なりであり、文字とは紙の上のインクの染みである。「文字」というインクの染みから、「意味」を想起する脳のメカニズムは、実はまだ十分には解明されていない。にもかかわらず、われわれは文字を、文章を、理解することができる。そこで本書が提示するのは、脳の仕組みそのものではなく、文章を理解するときにわれわれ現代文講師が実際に頭の中で行っていること（脳内活動）だ。「読めている人」と「読めていない人」の違いは、文章を読むときの脳内活動の違いにある。序章を読んで理解を深めてほしい。

序章

西原　いよいよ本シリーズもレベル⑤上級編ですね。レベル⑤では選択式問題だけでなく、本格的な記述式問題も扱っていきます。普段の輿水先生の授業では、選択式問題と記述式問題で、アプローチに違いはありますか？

輿水　いや、途中までは基本的に同じやり方です。

①本文をちゃんと理解する（意味の理解と論理の理解）

②設問要求を把握する

③本文に戻って解答根拠を把握し、それに基づいた「正解のイメージ」を持つ

④「正解のイメージ」に合う選択肢を選ぶ／「正解のイメージ」に沿った記述答案を書く

①～③までのプロセスは同じで、最後の④で分岐する感じかな。

西原　「正解のイメージ」を持つ……。内容説明問題であれば、傍線部について、「つまり○○ってことだな」という自分なりの理解が頭に浮かんでいる状態のことですかね。僕は「内実の理解」という言葉を使うことが多いのですが、要は、傍線部の内容、因果関係などを意味のレベルでしっかり捉えるということですよね。「正解のイメージ」が明確な場合、どんな選択肢も怖くありません。記述式問題でも綺麗な答案が書けますね。

輿水　そうそう。もちろん、「正解のイメージ」を、常に明確に持てるとは限りません。時には消去法で解かざるを得ない選択式問題もあるだろうし、「これでいいのかな」と不安になりながらも「何も書かないよりはましだろう」という気持ちで記述答案を作ることもあると思います。でも、なるべくなら、そういう状態に陥らないようにしたい。だから右に示した手順で問題を解けるように、本書でしっかりトレーニングを積んでほしい。

西原　そうするとやっぱり、まずは「本文をちゃんと理解する」ことが必要になりますね。

輿水　そうです。ただ文字を眺めているだけの「字面読み」では、難関大の選択式問題や記述式問題には太刀打ちでき

ません。「意味を理解する読み」を身につけて、正答率や得点率の低い問題に対処できるようにしましょう。

西原　ただ、生徒を見ていると、「わかったつもり」になっていることが結構多くて、自分が「字面読み」になってしまっていることに意外と無自覚なんですよね……。

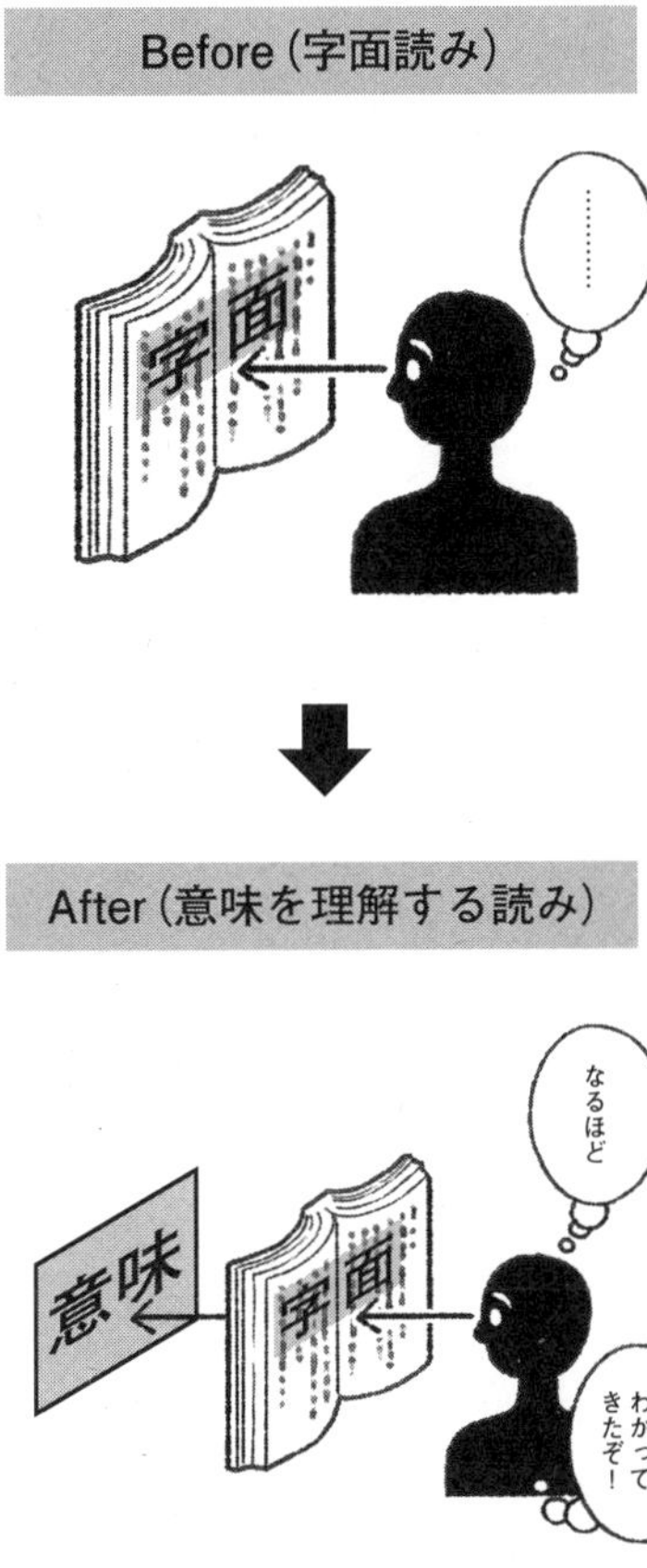

輿水　ああ、わかります……。「字面読み」に無自覚だと、いくらこっちが「ちゃんと読もう」といっても「ちゃんと読んでるし！」と反発されるだけで、なかなか「字面読み」から脱却しようという生徒自身の内発的な動機につながらないですよね。そんな時は……

「誤記訂正問題」！

西原　ドラえもんみたいな言い方しますね。

輿水　皆さん、次の問題を解いてみてください。怖がらせるわけじゃないけど、この問題が解けなければ、あなたの読み方は「字面読み」です。早急に改善が必要な読み方です。焦らずにじっくり読んで、答えを出してください。

【問題】次の文中には、本文の趣旨に照らして不適当な漢字二字の熟語が一つある。それをどのように訂正すればよいか。後の①〜⑤の中から適当なものを一つ選べ。

哲学的社会批判の無力を宣告する「哲学の貧困」論は、時代の支配精神になっているように見える。社会の秩序形成を指導するのは哲学的原理ではなく、経済のダイナミズムである——この史的唯物論の公理が大手を振って歩いている。

いま、政治も、哲学や思想も、経済の侍女であることが一層歴然としてきたかに見える。政治の制度と実践は批判的自律性をもった哲学的・思想的原理に基づいて経済システムを評価し制御するのではなく、カタストロフィックに起こる経済変動の従属変数として指定された役割を適切に果たしうるか否かに応じて淘汰《とうた》され、哲学・思想はこの役割を合理化し、人々に不安やストレスを解消する知恵を提供する。哲学や思想が経済を「変革」する政治の理念を与えるのではなく、独立変数としての経済の変動が政治を、そしてまた哲学・思想を順応的に「変化」させる。大規模な経済変動期には、それに抵抗するための新たな哲学的語彙《い》への需要が高まるから、哲学書の大衆的流行という現象は「哲学の貧困」論の勝利と矛盾しない。

（井上達夫『現代の貧困』）〔早稲田大―社〕

【選択肢】①蓄積　②敗北　③供給　④順応　⑤有効

輿水　できましたか？　自信を持って正解を選べた人は、この文章の意味をちゃんと理解して読めていると思う。その調子でさらに「読む力」を高めていこう。逆に、一読して誤記されている箇所に気づかなかった人、自信を持って選択肢を選べなかった人は、「意味を理解しながら読む」ということがまだ十分に身についていない、つまり「字面読み」の悪癖から脱却できていないのだと思います。でも落ち込む必要はまったくありません。この本はあなたのためにあります。じっくりと「読む力」を鍛えていこう。

　ではここで、「ちゃんと意味を理解しながら読むことができる人」代表の西原先生に、さっきの文章をどう読んでいたのか、その頭の中（「脳内活動」）を見せてもらいましょう。

西原　頭の中を明かすのは、Netflixの視聴履歴を覗かれるような恥ずかしさがあるのですが、見栄を張っていても仕方がないので、どんどん見せていきましょう。

　哲学的社会批判の無力を宣告する「哲学の貧困」論は、時代の支配精神になっているように見える（たしかに、「哲学や人文知なんて役に立たない」と思っている人が多いかもしれないな）。社会の秩序形成を指導するのは哲学的原理ではなく、経済のダイナミズムである（経済の理屈が社会をつくる。たとえば、企業にとって都合の良い税制が作られる、とかかな）――この史的唯物論の公理が大手を振って歩いている（この言い方……、筆者は現代の「支配精神」に不満がありそう……）。

　いま、政治も、哲学や思想も、経済の侍女（経済が「主人」で、政治、哲学、思想が「侍女」。こんなイメージ→【図1】）であることが一層歴然としてきたかに見える。政治の制度と実践は批判的自律性をもった哲学的・思想的原理に基づいて経済システムを評価し制御する（哲学的・思想的原理に基づく「社会は○○であるべきだ」という価値観によって経済を制御する。こんなイメージ→【図2】）のではなく、カタストロフィックに起こる経済変動の従属変数として指定された役割を適切に果たしうるか否かに応じて淘汰《とうた》され（うーん、ちょっとわかりにくいな。

【図1】

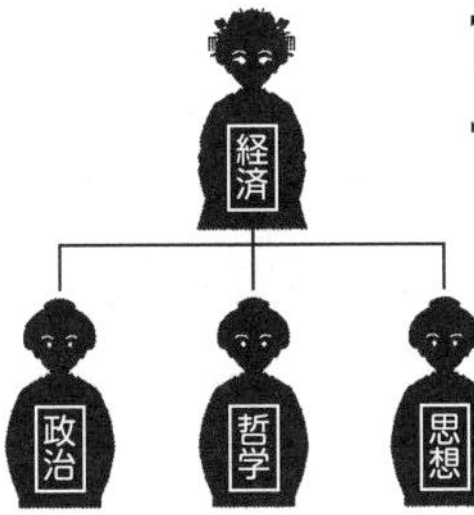

【図2】

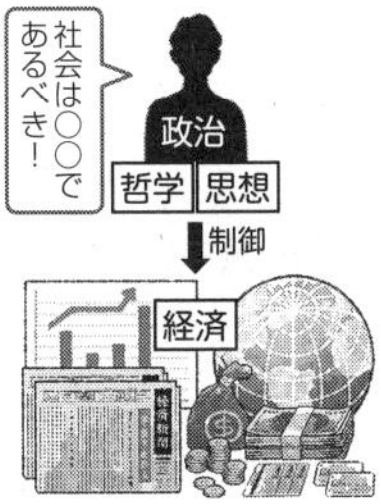

読むスピードを落とそう。「淘汰され」の主語※は「政治の制度と実践は」だよな。「従属変数」は政治が経済に従って変化するさまをたとえているわけだから……、あぁ、つまり、新しい経済状況を正当化するような、経済にとって都合の良い政治制度だけが生き残ってゆくってことか。あくまでも経済が「主人」なんだな）、哲学・思想はこの役割を合理化し、人々に不安やストレスを解消する知恵を提供する（たとえば、資本主義下の哲学は、資本主義に適応して生きる知恵を提供するだけ。現実を乗り越えるような新たな価値観を生み出すわけではない）。哲学や思想が経済を「変革」する政治の理念を与えるのではなく、独立変数としての経済（つまり、経済は「他の何ものにも縛られない」ってことかな）の変動が政治を、そしてまた哲学・思想を順応的に「変化」させる（経済は、政治・哲学・思想を「自分にとって都合の良いように」変化させる。経済最強……）。大規模な経済変動期には、それに抵抗するための新たな哲学的語彙《い》への需要が高まる（!! 文章の流れからすると、哲学は経済の「侍女」として「従属」するはずだから、「抵抗する」はおかしいな。「従属」に近い言葉を選択肢から探して……④「順応」だな！）から、哲学書の大衆的流行という現象は「哲学の貧困」論の勝利と矛盾しない。

（注）※…厳密には主部（主語の働きをする連分節）。

興水　さすが！　正解は④「**順応**」です。

皆さん、西原先生の「脳内活動」を読んでどう思いましたか？　もちろん、読んでいる時の頭の働かせ方（＝「脳内活動」）は人それぞれで、十人いれば十通りの「脳内活動」があるはずだから、いま西原先生の示した読み方と同じ読み方を皆さんがしなければならないというわけではない。でも、読み方の方針や姿勢なんかは、まねできるところがあったと思う。

西原　そうですね。ごく単純なことですが、「いろいろと考えながら読んでいる」ということをわかってほしいですね。

興水　文章の内容理解を促進する読み方を、認知心理学や教育心理学では「読解方略」と言いますが、この問題集では、大学受験現代文に必要な知識や解き方に加えて、そうした「読解方略」を皆さんに伝えたいと思っています。そしてしっかり身につけてもらいたい。

西原　「読めている人」が半ば無意識に行っている「読解方略」を言語化しているのが、この問題集の特色ですね。

輿水　従来の現代文の指導は、「接続詞に印をつける」とか「文末表現に着目する」といった目に見える外形的な部分の指導に偏っていたところがあったように思う。それも大事だけれど、同時に、目に見えない「脳内活動」の改善も、より良く読むためには必要だ。人それぞれ異なる読み方の個性を「読体《どくたい》」と言うけれど、これは「文体」と違って目に見えないから修正するのが難しい。そこでわれわれが提示する「脳内活動」を参考にして、自分の読み方のクセを自覚し、より文章内容を理解できる読み方へと少しずつ変えていってほしいなと思います。

西原　そうですね。僕自身、駆け出しの頃には表面的な「受験テクニック」のようなものの開発（?）に励んだことがありますが、結局、「正しく読めていないと設問は解けない」という当たり前の現実にたどりつきました。本シリーズの軸となる「読解方略」は読みの〈基本〉ですが、それは簡単ということではなく、読みの〈本質〉ということです。皆さんには、はじめから正攻法を選んでほしいですね。

輿水　あとは、「自分の志望校には記述式問題は出題されません」っていう人も、ぜひ、すべての問題にしっかり取り組んでもらいたいな。記述式問題のトレーニングは、非常に効果的な選択式問題のトレーニングにもなります。

西原　それでは、次のページから「読解方略一覧」を示します。ＱＲコードから読み取れる講義動画もぜひ視聴して、理解を深めてください。

輿水　「基本の読解方略」と「その他の読解方略」、両方合わせるとずいぶんたくさんあるように見えるかもしれない。だけど、焦らずに一つずつできることを増やしていこう。まずは意識できるようになった項目に☑をつけていく。そして☑を増やしつつ、徐々にそれらを無意識的に使いこなせるようにしていこう。

◆基本の読解方略（1～5）

1 具体化（具体的に理解しながら読む）

A 言い換え（わかりやすく言い換える）

B イメージ（視覚的なイメージを浮かべる）

C リンク（文章を自分とリンクさせる）

2 追跡（疑問を持ちながら読む）

動画視聴はここから！

解説動画

3 予測
（話の方向を予測しながら読む）

4 位置づけ
（全体の中に位置づけながら読む）

5 モニタリング
（自分の理解度を確認しながら読む）

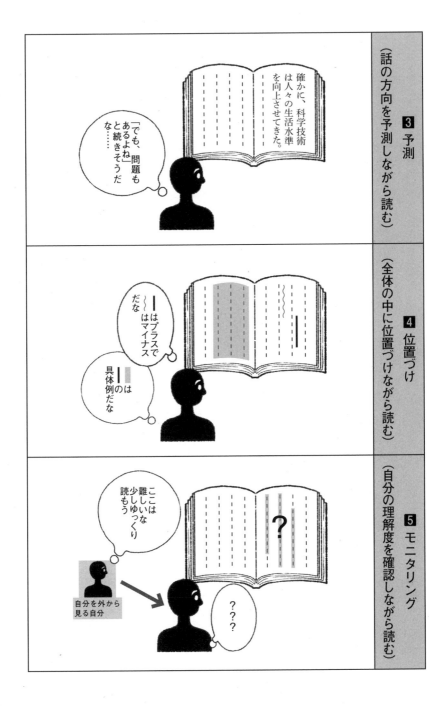

◆その他の読解方略

【一文の理解】

□**文の骨格を把握する**（主語《S》―述語《V》）・（主語《S》―目的語《O》―述語《V》）

□**修飾―被修飾の関係を把握する**

□**指示語の指示内容を把握する**

【関係の理解】

□**対比関係を把握する**（下図参照）

①何かと何かの比較（共時的な対比）㊟文学と科学、日本と西洋、子どもと大人 など

②昔と今の比較（通時的な対比）㊟近代と現代、前近代と近代、かつての社会と高度情報化社会 など

③一般論と筆者の意見の比較（意見の対比）

□**プラス／マイナスを識別する**（主張／比較対象、肯定的側面／否定的側面の識別）→波線と直線の二種類の傍線で引き分ける など

□**因果関係を把握する**（原因と結果の関係を把握する）→時間的には原因が先で結果が後、認識的には結果が先で原因が後

□**同格関係を把握する**（言い換えや繰り返しを把握する）

□**抽象と具体を識別する**→具体例を適切に処理する

①どこからどこまでが具体例かを把握する（範囲の画定）

②何のための具体例かを把握する（抽象化）…抽象論は具体例の直前または直後に述べられている

□**引用文の意義**→引用文の前後に注意して「何のための引用か」、「筆者にとっての『敵』か『味方』か」を把握する

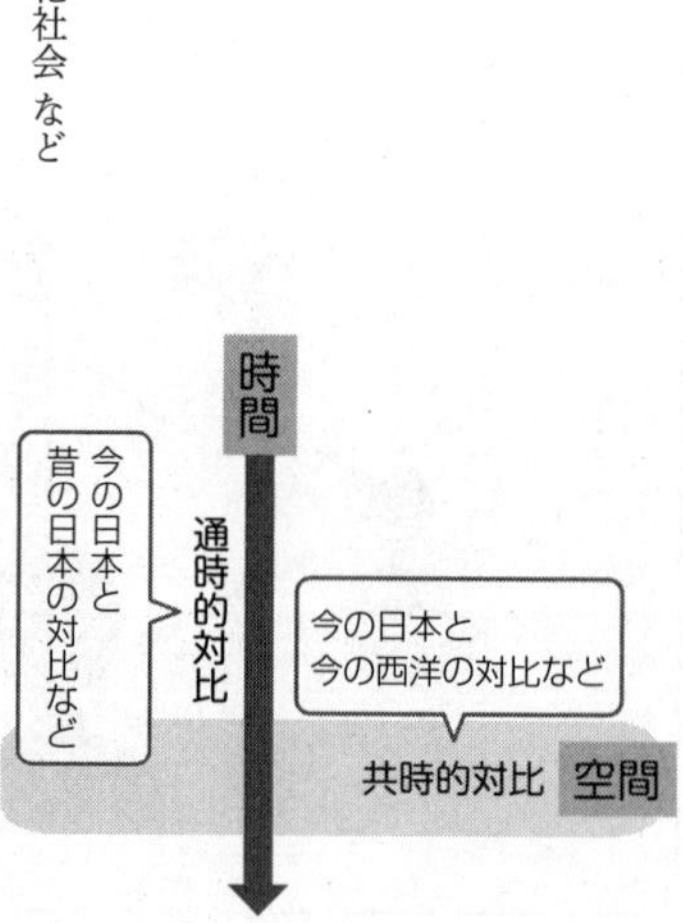

【注目すべき表現】

□**逆接の接続詞**→話の方向が変わるので注意。特に文章内で最初に出てくる逆接、段落冒頭の逆接、一般論の後の逆接は要注意

□**一般論・常識・自明のこと・「神話」（根拠もないのに広く人々に信じられている話）**→多くの場合、筆者によって否定される

□**否定―肯定構文**（AではなくB）→誤解を取り除く説明の仕方（皆さんAだと思うでしょ、実は違います、Bなんです）

㊟愛とは互いに向き合うことではなく、共に同じ方向を向くことだ。同類の構文［AだけでなくBも／BであってAではない／AよりB］

□**譲歩構文**（たしかにAしかしB）→読者に歩み寄る説得の仕方（あなたの立場〈A〉からでも、私と同じ意見〈B〉にたどりつきますよ）

㊟たしかに現代詩は難しい。しかし、難しいからこそ面白い。同類の構文［なるほど・もちろん・無論 A 逆接表現 B］

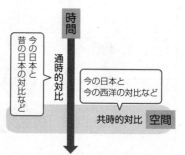

□**数詞《すうし》・列挙**（第一に・もう一つは・まず・次に・二重の関係・三大要因・三つの特徴 など）↓筆者が列挙しようとしている事柄を把握する

□**定義付けの表現**（〜とは・〜の本質は）↓定義を把握するとともに、後に続く定義の説明や具体例で、定義の内容を理解する

□**疑問表現**（いつ・どこ・誰・なぜ・どのように・〜か など）↓答えを探しながら読んでいく

□**まとめ語**（このように・つまり・すなわち・結局のところ、要するに など）↓後ろに「まとめ」が来る。「まとめ」は大事

□**強調表現**（重要なのは〜・大事なことは〜・根本的には〜・実は〜・〜すべき・〜する必要がある・〜が不可欠だ など）

□**助詞の「は」**↓対比を意識して読む　㊙子どもは〜（子どもと大人の対比を疑う）、結婚するまでは良かった（結婚後は……）

□**助詞の「も」**↓同類を意識して読む　㊙日本語も〜（外国語と日本語の共通点を意識する）

□**比喩表現**↓比喩表現は共通項を考える　㊙彼のほっぺはりんごのようだ（りんごとほっぺの共通項＝「赤い」）

□**注意喚起のかぎ括弧《かっこ》**（「普通とは違う意味で使ってるから注意してね」のかぎ括弧）　㊙「―有権者は、みんなの前で、この候補を支持する場合には白い投票箱に、反対するなら黒い投票箱に投票することを強制されたのです。支持するかしないか一目瞭然となるこの方法は、とても自由投票とは呼べないものでした。この「選挙」で選ばれた「人民委員会」を母体として―」（『そうだったのか！　現代史』池上彰）↓かぎ括弧つきの「選挙」とすることで、〈とても選挙とはいえないような選挙〉というニュアンスになる

□**「〜化」**↓相対化、抽象化など、「〜化」は、すべて何かしらの変化を表す　㊙知性のジャングル化≒知性の変化

【文学的文章における注意点】

□**無駄な表現はない**↓すべての表現には意味があると思って読む（だからといってすべての表現の意味を理解する必要はない）

□**象徴表現**↓その作品内でのみ特別な深い意味を持つ表現に着目する

□**具体的に情景をイメージしながら読む**↓文字を映像化する意識。セリフであれば、どんなふうに話しているかを想像する。ただし、いつでも情景をイメージできるわけではない。イメージや映像化を拒む表現もありうる

□**書かれていることから書かれていないことを読み取る**↓自然な想像力までも殺してはいけない。しかしあくまでも、書かれていることに基づく

□**三種類の心情描写**

①心情語（悲しかった、嬉しかった などの直接的に心情を表す表現）

②行動・しぐさ・セリフ（「それを聞いて彼は険しい表情を浮かべた」「店主はテーブルを強く叩いた」などの間接的に心情を表す表現）

③情景描写（「いつの間にか雨はやんで、雲の切れ間から青い空が見えた」などの間接的に心情を表す表現）

□**変化の把握**↓心情の変化、場面の変化、状況の変化、行動の変化などに注意して読む（何から何へ変化したのかを把握する）

□**変化の理由を押さえる**↓特に登場人物の心情が変化した場合、なぜ変化したのか、その理由を把握する

輿水　本書が目指すのは皆さんの読み方の「改革」である。次の①の段階からスタートして③の段階を目指すイメージだ。

①無意識的に「字面読み」をしてしまっている段階

↓

②読解方略を取り入れて意識的に「意味を理解する読み」を訓練する段階

↓

③量をこなすことで無意識的に「意味を理解する読み」を実践する段階

西原　最初は型を意識して、後は反復練習。スポーツのトレーニングと同じですね。

輿水　うん。ある程度得意な人は、本書のシリーズと志望校の過去問演習で十分間に合うと思いますが、これまであんまり活字に触れてこなかったという人は、できれば読書を勉強時間の合間に組み込んでほしいと思います。

本書に真剣に取り組むことで読みの「質」を高め、読書で「量」を確保し（巻末の「おすゝめ本一覧」も活用してください）、「現代文が得意な人が無意識的にやっていること」＝「読解方略」を自分のものにしてほしい。そしてぜひとも「現代文が得意な人」の仲間入りを果たしてほしいと思います。

それでは、はじめましょう。

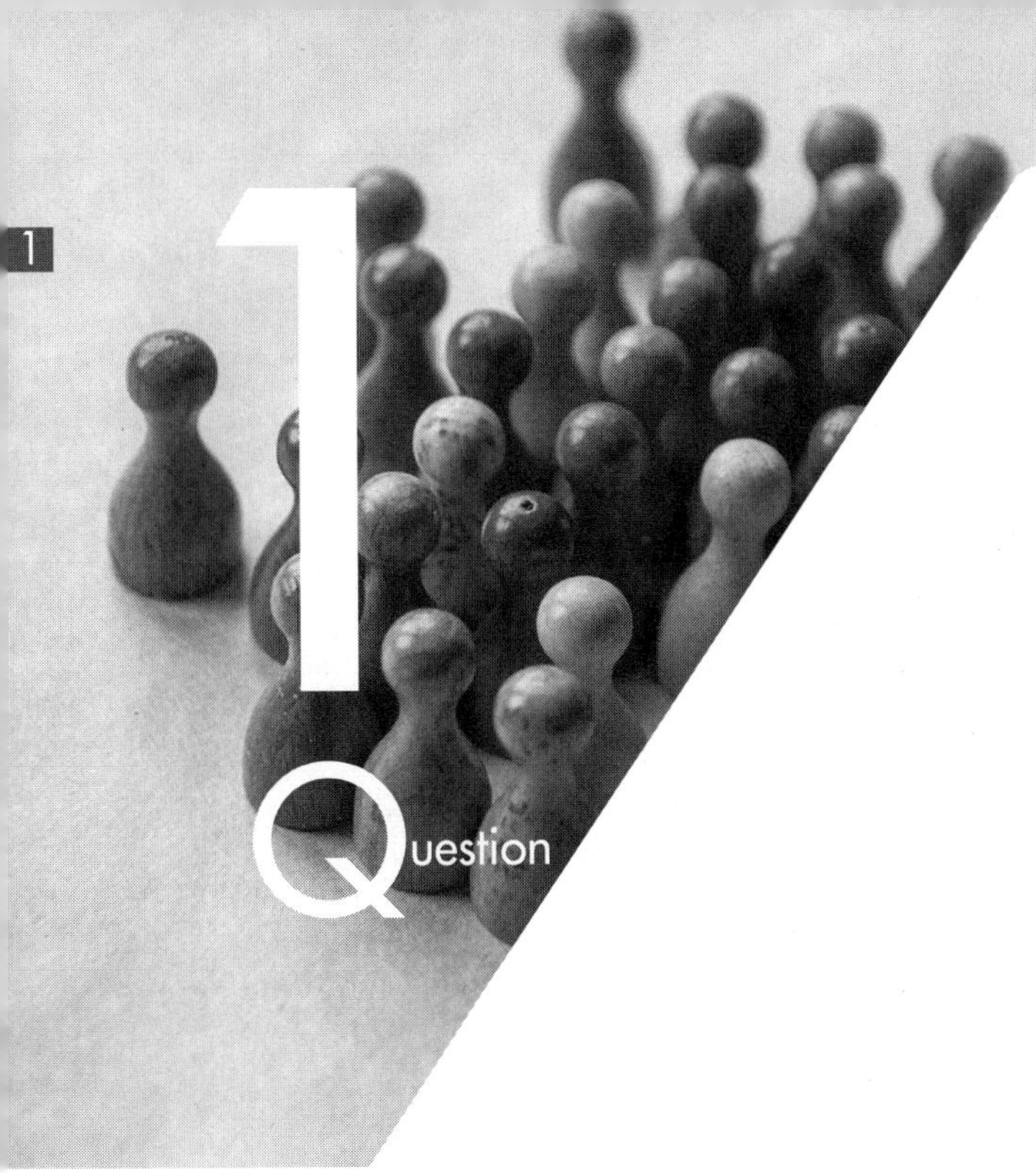

第1講

問題
Question

『政治と複数性』

（齋藤純一）

〔出題：早稲田大〕

解答時間
35分
目標得点
35／50点
学習日
／
解答頁
P.3

◆社会的連帯の必要性

「（アメリカの一部の）富裕層は、ヒスパニックや黒人の貧困層のことを『あんな連中 those people』と呼ぶらしい。『なんであんな連中に自分たちが稼いだものを渡さなくちゃいけないんだ?』という感覚、つまり、連帯の拒否がそこにある」（西研『哲学の練習問題』）。「連帯の拒否」はアメリカだけに限った話ではない。社会の分断が深まる日本でも、それは静かに広がりつつある。岡真理『ガザに地下鉄が走る日』に、中世のイスラーム神秘主義の思想家アル＝ハッラージュの次の言葉があった。「地獄とは人が苦しんでいる場所のことではない。人の苦しみを誰も見ようとしない場所のことだ」。僕はこの言葉を重く受け止める。（輿水）

第1講

次の文章は、社会的連帯の意味について考察した齋藤純一著『政治と複数性』(二〇〇八年)の一節である(一部省略した箇所がある)。これを読んで、あとの問いに答えよ。

1 社会的連帯という言葉が通常用いられるとき、それは次元を異にする二つの連帯のあり方を指している。一つは、人びとが、互いの具体的な生を支え合う自発的な連帯であり、これは多くの場合人称的な関係性として形成される。もう一つは、非人称の連帯であり、これは見知らぬ人びとの間に成立し、社会保障制度によって媒介されるものである。

2 人称的な連帯は、特定の具体的な人びとの間にネットワークとして形成されるものであり、それが可能にする生活保障は社会の全域には及ばない。それは、制度化されていないがゆえに生活保障としては不安定であり、加えて、誰が支援し、その支援を誰が受けているのかが見えにくいという難点もある。これに対して、非人称の社会的連帯は、社会の全域をカヴァーしうるものであり、それが非人称であるがゆえに、生活保障を得るために特定の誰かの意思に依存せざるをえないという生の自律にとって否定的な効果を避けることができる。この連帯が自発的ではなく強制的な性質を帯びているのは、それが社会保険料の拠出や納税という義務を人びとに課すからである。

3 社会的連帯の理由が問われなければならないのは、資源の強制的な移転をともなう非人称の連帯についてであるが、このことは、もちろん、[A]。人びとが自発的に形成するアソシエーションが非人称の連帯のもちえない数々のメリットをもちうること、それが、非人称の連帯の限界ゆえに無視・黙殺されようとしているさまざまな生活の窮状に注意を喚起し、実際にそうした境遇にある人びとへの支援を行いうることは明らかである。制度化された生活保障(社会保障制度)は、人びとの生活の必要のすべてに対応しうるものではなく、その必要に応

1

じようとすれば具体的なネットワーキングとしての連帯が　B　となる局面は数多く存在する。とはいえ、資源の移転という点において、人称的な連帯は非人称の連帯にもとづく公共的な支援を必要としている以上、重要なのは、　X　。

4 非人称の社会的連帯は次の二つの条件を充たす必要がある。第一に、すでに述べたように、それによって生活保障を得る人びとは特定の誰かの意思に依存しているのではないという意識をもちうるのでなければならない。第二に、この連帯に資源を提供している人びとも、特定の誰かのコストを負担しているのではないという意識をもちうる必要がある。非人称であるべき連帯が、その非人称性を失い、特定のカテゴリーに属する人びとが連帯の一方的な受益者として名指しされつつあるのが今日の実情である。

5 こうした(1)非人称の連帯の「人称化」は、高齢者や「敗者」として描かれる人びとをも社会的連帯の一方的な受益者という負のカテゴリーに押し込めつつある。ある人びとのために自分は犠牲になっているという感情は、そのような人びとを社会的連帯から排除しようとする動向を惹起する場合もあるが、逆に、自ら自身を社会的連帯から「排除」しようとする行動をとらせることもある。実際、社会保険の領域では、社会的連帯から離脱しようとする行動が眼につくようになっているが、そうした退出の行動は、社会的連帯を不安定にするだけでなく、それをさらに否定的なものとみなす態度を招いていく。というのも、社会保障という公共的な領域は、生活保障を自らの手で構築することのできない弱者によって占拠されていると考えられるようになるからである。

6 社会的連帯から離脱しようとする行動が増えている背景には、国民国家そのものが信頼にたる生活保障のユニットとはみなされなくなってきている、というより大きな変化もある。N・エリアス[※1]の言葉を用いるなら、国民国家は、国民にとって長らく「サヴァイヴァル・ユニット」（最も信頼すべき生の拠りどころ）として受けとめられ、そのことがまた国民の統合を促してきた。とりわけ、第一次大戦以降、社会権＝社会的市民権（social citizenship）が確立されるようになると、国民国家は、社会権の享受が国民の統合にとって［ C ］であるだけでなく、その中心的な機能を果たす社会国家――E・バリバール[※2]のいう「国民社会国家」――としての性格を強めてきた。

7 しかし、この四半世紀の間に、グローバル化の進展、冷戦の終焉、人口構成の変化などの諸要因が相俟《あいま》って「国民社会国家」の統合の基盤を動揺させ、そのことが［ D ］国家をもはや「サヴァイヴァル・ユニット」とはみなさない行動を惹き起こしている。社会保障（social security）という意味でのセキュリティの後退と治安管理（public security）という意味でのセキュリティの上昇は明らかに並行しており、安全性は、相互の生活を保障しあうことから「法と秩序」のためにリスクを管理する方向へと大きく傾きつつある。社会的連帯は、もはや社会の統合には安定した基盤を見いだしがたくなり、国民国家というユニットは、あたかも一つの［ E ］の実在であるかのように表象されえたかつての条件を失いつつある。

8 非人称の社会的連帯は、ネットワーキングとしての人称的な連帯とは異なり、一定の制度的な境界をもたざるをえず、その境界は、権利（社会保障を享受する権利）と義務（社会保険料の拠出・納税の義務）をもつ成員資格によって画されざるをえない。いま、この成員資格の問題を考えるうえで重要なのは、二〇世紀後半から、社会的連帯の範囲は、多くの国々において、制度上は国民の範囲をすでに越えているという事実である。難民条約の批准（一九八一年）を大きな転機として、ようやく日本においても社会権は国籍をもたない市民によっても享受されるようになった。

9 社会的連帯は国民（国籍保有者）の枠をすでに超えており、しかもそのことが、少なくともこれまでのところは強い異論に曝《さら》されることなく受けいれられてきた。たしかに、移民が現に享受している社会権を剥奪し、連帯の範囲をあらためて国民の範囲に制限しようとする思潮や運動も散見されるが、それはまだ社会権の成員資格に関する実質上の合意——国民であること《ナショナリティ》ではなく、市民であること《シティズンシップ》を成員資格とする——を覆しうるだけの力を獲得するにはいたっていない。

10　社会的連帯は、「国民の他者」としての市民にも実質的に及んでいる。市民としての法的地位《シティズンシップ》を永住民《デニズン》のみならず一定年数以上の居住者にも拡げるならば、その連帯の幅はさらに広範なものとなるだろう。このように社会的連帯が国民と非国民の境界をすでに横断していることの意義を真剣に受けとめるなら、「国民」をどう定義するのであれ、(2)社会的連帯を再び国民の間に限定しようとする議論がもつ問題性は明らかだろう。国民がエトノス（民族）ではなくデモス（政治的市民権の担い手）に準拠して定義される場合にも、新たに参入してくる人びとは既存の国民の連帯に潜在的な脅威を及ぼすリスキーな存在として警戒されることになるだろう。

11　制度をともなう社会的連帯はつねにメンバーシップによって画される境界線をもたざるをえないが、重要なのは、内部の連帯を強化するためにその境界線を前もって固定することではなく、目下その境界線によって排除されている人びとの必要や権利要求に曝されながら、現在の社会的連帯の範囲が正当化されうるものであるかどうかを問い返し、それを通じて、境界線の内側にどのような実質的な排除が生じているかをも併せて問題化していくことである。社会的連帯は、すでに特権を享受している者たちの内向きの連帯であってはならない。

（注）※1　N・エリアス…ドイツの社会学者・哲学者（一八九七〜一九九〇）。
※2　E・バリバール…フランスの思想家・哲学者（一九四二〜）。

問一　問題文の第二段落（「人称的な連帯は」以下の段落）中に、実際の表現と反対の意味の表現が使われているために文意が通らない所が一箇所ある。その表現を記し、本来の正しい表現に改めよ。

【例】もちうる→もちえない

問二　空欄［A］に入る語句として最も適当なものを、次のイ～ホの中から一つ選び、解答欄にマークせよ。

イ 人びとの生活保障にとって人称的な連帯が重要であることを意味する
ロ 人びとの生活保障にとって人称的な連帯が重要であることを意味しない
ハ 人びとの生活保障にとって人称的な連帯が重要であるかどうかを問わない
ニ 人びとの生活保障にとって人称的な連帯が重要ではないということを意味する
ホ 人びとの生活保障にとって人称的な連帯が重要ではないということを意味しない

問三　空欄［B］・［C］・［E］に入る語として最も適当なものを、それぞれ次のイ～への中から選び、解答欄にマークせよ。ただしこのうち二箇所には同じ語が入る。

イ 不可解　ロ 不可逆　ハ 不可欠　ニ 不可能　ホ 不可避　ヘ 不可分

問四　問題文の第四・第五段落（「非人称の社会的連帯は」及び「こうした非人称の連帯の『人称化』は」で始まる二段落）中には、次の一文が脱落している。入るべき箇所の直前の文はどれか。その末尾の七字（句読点を含む）を抜き出し、記せ。

そうでなければ、特定の誰かのために自分は犠牲になっているというネガティヴな感情が醸成されることになる。

問五　傍線部(1)「非人称の連帯の『人称化』」とはどのようなことを指しているか。最も適当なものを、次の**イ**〜**ホ**の中から一つ選び、解答欄にマークせよ。

イ 不特定多数の人びととのあいだに形成される連帯のネットワークが断ち切られて、特定の人びととの連帯のみが志向されること。

ロ どこの誰ともわからない曖昧なつながりが、「私」と「あなた」との親密な連帯の意識としてとらえ直されるようになること。

ハ 見知らぬ人びとによる公平で相互的な連帯の意識が、特定の人びととの不公平で一方的な関係として意識されるようになること。

ニ 社会保障という人間の顔の見えない制度から、お互いの負担や犠牲をいとわない人間どうしの連帯が求められるようになること。

ホ「みんな」との普遍的な連帯の理念をもちながら、実際の人間関係では特定の「あの人」への好悪の感情に支配されてしまうこと。

問六　空欄 D に入る最も適当な語句を、次の**イ**〜**ニ**の中から一つ選び、解答欄にマークせよ。また、その漢字の読みをひらがなで記せ。

イ 挙って　　**ロ** 翻って　　**ハ** 奮って　　**ニ** 因って

問七　傍線部(2)に「社会的連帯を再び国民の間に限定しようとする議論がもつ問題性は明らかだろう。」とあるが、筆者はどのような意味で「明らか」だと述べているのか。最も適当なものを、次の**イ**〜**ホ**の中から一つ選び、解答欄にマークせよ。

イ　そのような議論には明らかに有効性があること。
ロ　そのような議論には明らかに疑問があること。
ハ　そのような議論には明らかに問題提起の意義があること。
ニ　そのような議論が明らかに難題であること。
ホ　そのような議論が明らかに不必要であること。

問八　問題文の趣旨と一致するものを、次のイ〜ホの中から一つ選び、解答欄にマークせよ。

イ　自発的で自然な人間感情に発する人称的な連帯に対して、非人称の連帯は強制的・義務的な制度であるがゆえに、社会的連帯として定着することは困難である。
ロ　社会的連帯としてのありかたが問われているのは非人称の連帯だが、公共の支援が十分に機能しなくなった今日では、人称的な連帯の重要性が増している。
ハ　グローバル化の進展などにより、国民国家の基盤が大きく揺らいでいることが、公共の制度としての社会的連帯を困難にする要因となっている。
ニ　社会的連帯の範囲が国民の枠を超えるべきかどうかという議論は、「国民」をどのように定義するかによって、どちらの結論になっても承認できる。
ホ　社会的な制度には常に成員資格をめぐる境界線がつきまとうが、本来の社会的連帯は、その境界線を横断する人びとのネットワークによってのみ形成される。

問九　空欄［　X　］には、「非人称の連帯」と「人称的な連帯」との関係をどのように考えるべきか、筆者の立場が述べられている。問題文の趣旨に即して、どのような内容が続くと考えられるか、四十五字以上五十五字以内で記せ。ただし、「二つの連帯」「あるべき関係」「排他的な関係」の三つの語句を含むこと（順番は問わず、それぞれの語句にカギカッコをつける必要はない）。

【解答欄】

問一（5点）↓

問四（5点）

問六（2点）

問九（10点）

設問		解答欄 イ	ロ	ハ	ニ	ホ	ヘ	配点
問二		○	○	○	○	○	○	（5点）
問三	B	○	○	○	○	○	○	（2点）
	C	○	○	○	○	○	○	（2点）
	E	○	○	○	○	○	○	（2点）
問五		○	○	○	○	○	○	（5点）
問六		○	○	○	○	○	○	（2点）
問七		○	○	○	○	○	○	（5点）
問八		○	○	○	○	○	○	（5点）

第2講

問題
Question

『現実』
（森口美都男）

〔出題：上智大〕

解答時間	35分
目標得点	35/50点
学習日	／
解答頁	P.17

◆「幸福」について

「幸福である」とはどういうことだろうか。国家による福祉・公共サービスの縮小と、大幅な規制緩和、市場原理主義の重視を特徴とする新自由主義の広がりとともに、「幸福」もまた、「自助努力」や「自己責任」の問題となって久しい。書店には「幸福になるための法則」といった自己啓発本がずらりと並んでおり、その多くが、幸福であるために私たちがすべきことを、手を替え品を替えて述べ立てている。しかし、幸福とは、果たして自分の努力で作り出せるようなものなのだろうか。また、「不幸である」ことは、自分の努力不足であり、自己責任に帰せられるようなものなのだろうか。次の文章を虚心坦懐《きょしんたんかい》に読んでみてほしい。（輿水）

第2講　次の文章を読んで、後の問に答えよ。

1　われわれは人間として、誰しも自らの幸福を希《こいねが》っている、われわれはまた、人間である限り、自分の幸福だけではなく、他の人びとの幸福をも希いえなくてはならない、幸福を希うということは人間存在の本質に属する、と誰しも――今日でも――いうであろう。

2　しかし、(1)自らの幸福を希うとは、恵みを受けいれる用意ができているということではないだろうか。「幸福である」とは、「恵まれている」こと、「恵みをうけている」ということである。私が「私は幸福だ」といいうるのは、つまり他人から見て幸福そうだというのでなく自ら幸福を体験しうるのは、ただ私が自らを恵まれたものとして見出す場合だけである。自分を恵まれたものとして自覚する可能性がある場合にのみ、人は真に幸福でありうるのである。だから幸福であることには、恵みを知ることが先立っているであろう。そして、この恵みを知ることもまた恵みによって可能なのであり、恵みの自覚は、それ自身が一つの恵みであるであろう。

3　あるものを希う（wünschen）ということは、そのあるものを欲する（wollen）ということと直ちに同じではない。われわれが希うものも、欲するものも、われわれがそのものを現在何らかの仕方で欠如しているがゆえにかつ欲しかつ希うのであり、その意味では、希うことのうちには、欲することが含まれているともいえる。しかし(2)希うということ、それは欲すること以上のことである。単なる欲求にあっては、それが遂げられるのであれ遂げられぬのであれ、他者の意向や意志は、それとしては顧慮されていぬであろうが、希求の対象には、何よりも他者の配慮によって成就されるということが不可欠の因子として含まれていなくてはならない。願いは聴かれ、あるいは聴かれない。(3)かなえられ、あるいはかなえられない。願いの成就は第一次的に自己以外の力、私に対する自由なる他者の配慮に依存するのである。他者の認められぬところにはそもそも願うということは成り立たぬ。他者の意志へ私の意志が合致して欠如を満たされる可能性のあるところにのみ希求、願望がありうるのである。日本語の「ねがう」は、「祈《ね》ぐ」の延※1であるという。同じ言葉から出た「ねぎらう」というのは、他者の労に謝することである。他者が無視されるところには、希望なるものは原理上ありえようがなく、そこにはただムキ出しの要求、裸の欲望があるだけである。単なる欲望の満足には通常 (4) は続かない。

4　幸福というものは、本来恵みを享《う》けることとして他者なしにはありえない。それはまた、単に欲求されるものではなく、ましてや企図されるものではなく、ひたすら願望され希求さるべきものとして、他者を抜きにしては、わが身に現に欠如していることすらも実はありえないのである。そこでもし今日の人間が、自己に対する他者をもはやもっていないとすれば、(5)今日の人間は幸福になりうる根本条件をいわば二重に欠いているといわねばならぬ。今日の人間にとって「よく生きる」ということが全然問題にならないのもそこからくる。「幸福《エウダイモニア》」と「よく生き《エウゼーン》ること」とはもともと同じものであり、今日われわれが哲学をもたないのも、まず他者を失った結果なのである。「よく生きる」ということは、決して人間がただ自らの力だけに頼ってなしうることなのではない。

5　幸福であることはしかし、(6)実は人間なるものの義務なのである。人が他者を認め、それに向かって応答せねばならぬということは、すでに彼の恣意的《しいてき》自由の制限を意味するが、素直な応答が最もなされにくいのは、それがまさに恵まれることの応諾である場合である。恵まれた状態に身をおくということは、実は自己の劣位者の身分を認めること、身を卑しくすることにほかならない。つまり幸福は一種の負い目、したがって一種の重荷でもあるのであって、さればこそ、現代の人間がそうであるごとく、人間が幸福を希わなくなることが可能なのである。人間は、自己の恵まれてあるという事態を否認し、お情けを蒙《こうむ》っているという状況からの脱出を企てるのである。

6 しかし、人はこの途《みち》によっては人間たることをやめねばならない。彼は恐らく、願望は欲求と対比する時、非実践的であり怠惰であり、空想的であるなどといい、(7)それをこの人間たることの廃棄の口実にするであろう。しかしそうではない。実は願いを、希望をもつことにまさる敢為※2はない。それには自己の自我を捨てる決心と行動、他者の自由を認める宏量《こうりょう》※3が要求されるからである。幸福は決して他から闘いとることはできない。もしも幸福のためにも闘いがあるとするならば、それはただ自分自身との闘いでのみありうる。そして、この希望のあるところにのみ人間的創造もまたありうるのである。

7 現代の世界では、人は幸福ではありえない。なぜなら現代の人間は、自分の手で幸福がつくり出せると思っているから。だが、もっと怖ろしいことは、彼がもはや不幸のうちに自らを見出す能力をも失ってしまっているということであろう。幸福を希わなくなった時、人間は人間たることをやめた。人は「幸福」という言葉の意味を忘れてしまった。それが希わるべきものであって、この希うという以外の仕方では本来関与されえないものであるという、この単純なことが解らなくなってしまった。最も野蛮な原始人ですら知っておったものを、今日の人間はもはや知らぬ。仕合せ、不仕合せということを彼はもはや知らぬ。

8 「よく生きる」ということは自力でできることなのではないとわれわれはいった。しかし実は、善くも悪しくも、人がともかく生きてありうることがすでに恵みなのだ。生命は人が自分の手で、自分のうちからつくり出したものではない。「よく」生きることよりも以前に、およそ生きうるというそのことがすでに恵みを享けてあることであったのだ。

9 しかし人間は、「然り」を言い「否」を言うことを許されていた。彼のみは、その然りと否とを向けるべき他者をもち、恵みを受けいれたり受けいれなかったりする能力をもっていた。われわれ人間のみは恵みをうけとるために決断をなさねばならなかった。それがまた人間のみが自殺しうる理由なのである。恵みをうけることほど容易なことはない、幸いに与かるのに躊躇《ちゅうちょ》する人はないという人があるかもしれない。しかしその考えは、浅薄であるのみならず間違っている。どのような恵みをでも私は素直に享けいれるといいうるためには、人間は(8)いかにあつい信仰をもたねばならぬことであろう。「結構です」、「間にあっています」、「御親切は有難いが」といいうる時の、あの爽快さを知らぬ人があろうか。「お言葉に甘えます」といわねばならぬ時、どれほどかすかにもせよ屈辱を、少なくとも抵抗を覚えぬ人があろうか。どのような恵みをも辞退せぬほどに大いなる肯定の力が人間自身にあると考えるなら、それは人間の自惚《うぬぼ》れである。他者からの恵みを素直に享けることの不能ということは人間に特有な欠陥なのであり、そしてそれは人間のみが自らの意志によって恵みを享けいれることを許されているという特権と不可分なのである。

（森口美都男『現実』より）

（注）　※１ 延…「延言」のこと。江戸時代の国学者の用語で、たとえば「語る」が「語らう」になること。
※２ 敢為…ものごとを思い切って行うこと。
※３ 宏量…度量が大きいこと。広量に同じ。

問一　傍線部(1)について、このように筆者が考えるのはなぜか。次の中からもっとも適切なものを一つ選べ。

A　幸福は欲求したり企図したりするものではなく、ただ希求するしかないものであり、何かを希求するということには他の誰かによる配慮に頼ることが含まれているから。

B　「幸福である」ということは「恵みをうけている」ということであり、自分が現に幸福だと自覚するかどうかにかかわらず、「恵みをうけている」ということを自覚することこそが、幸福につながるから。

C　人間は人間である限り、自分の幸福を求めるだけでなく他の人びとの幸福も希求しなければならないが、自分の幸福については実現する努力をすることができても、他の人びとの幸福はどうすることもできないから。

D　「恵みを受ける」ということは、誰かに対して負い目を負うということであり、なかなか素直に受容することができないことであるが、その考え方を克服して恵みを恵みとして受容する心構えができないかぎり、幸福にはなれないから。

問二　傍線部(2)はどういうことか。次の中からもっとも適切なものを一つ選べ。

A　希求することは、現在欠けているものを欲求することから始まるが、欲求は他者のことを顧慮しなくても成立するのに対し、希求は他の人びとの幸福を顧慮することによってはじめて成立する。

B　希求することと欲求することは、現在欠けているものを希求し欲求するという点で同じだが、欲求することが他者の意志に直接関係しないのに対し、希求することは他者の意志に依存する。

C　希求することと欲求することは、何かが欠けているところから始まるという共通点をもつが、他者の意志は欲求を左右することがないが、希求を左右することがある。

D　欲求することは必ずしも幸福と結びついていないが、希求することはつねに幸福と結びついており、幸福が他者の意志を尊重することによってしか実現できない以上、希求することは欲求することを超えている。

問三　傍線部(3)はどういうことか。次の中からもっとも適切なものを一つ選べ。
A　欲求は満たされたり満たされなかったりするが、願いはかなえられたりかなえられなかったりする。
B　世の中には願いをかなえられて喜ぶ人もいれば、かなえられなくて悲しむ人もいる。
C　かなえられる種類の願いもあれば、かなえられない種類の願いもある。
D　願いが成就されるか否かは、他者の自由な裁量によって決まる。

問四　空欄 (4) に入れるのに適切な語句は何か。次の中からもっとも適切なものを一つ選べ。
A　感謝　　B　幸福　　C　祈り　　D　配慮

問五　傍線部(5)について、このように言うことができるのはなぜか。次の中からもっとも適切なものを一つ選べ。
A　他者の自由な配慮を素直に受け取ることも、それに謝意を表することもできないから。
B　幸福は他者の配慮によって与えられる恵みであると同時に、他者との比較によってはじめて自分に欠けているとわかるものだから。
C　幸福は他者によって恵みとして与えられるものであると同時に、そもそも何かを希求することは他者がいることを必要とするから。
D　恵みを恵みとして自覚することも、何かを希求することをたんなる欲望から区別することも、できないから。

問六　傍線部(6)について、このように言うことができるのはなぜか。次の中からもっとも適切なものを一つ選べ。
A　他者の存在を認め、自らの恣意的な自由を制限することは人間の義務であるのと同じように、他者が自由な配慮によって願いをかなえてくれることを認めることもまた人間の義務であるから。

B 幸福であることはよく生きることと同じことであり、幸福であることが他者からの恵みとしてのみ可能であり、よく生きることが人間の義務である以上、恵みとしての幸福を受け入れることもまた人間の義務であるから。

C 幸福を希求することは、人が独力では成就しえないことがあることを認めることであり、他者の存在が必要であることを認めることであるが、他者の存在を認めることこそ人間の義務であるから。

D 自分に何かを恵んでくれる人に対して応答することは、自分を劣位に置くことであるがゆえに人間にとって難しいことであるが、そこから逃避することはすなわち人間であることをやめるということだから。

問七 傍線部(7)はどういうことか。次の中からもっとも適切なものを一つ選べ。

A 何かを願望することはその何かを自力で実現することを放棄することだということを理由に、幸福を願望することをやめ、したがって人間であることをやめるであろう。

B 他の人びとの存在を認め、その人びとに応答することこそが人間を人間たらしめるのに、それはたんなる願望にすぎず現実味に欠けることを理由に、他の人びとの存在を認めず、応答を拒否するであろう。

C 幸福は他者から恵みとして与えられるという考えは怠惰な考え方だと勝手に決めつけ、自力で幸福がつくり出せるという傲慢な考え方に陥った結果、人間性を失うだろう。

D 他者の自由な配慮に頼って生きざるをえないことを認めることは、他者の自由を認める度量を示す積極的なことであることに気づかず、自力で幸福を求めることに専心した結果、人間の義務を果たせなくなるであろう。

問八 傍線部(8)について、このように筆者が言うのはなぜか。次の中からもっとも適切なものを一つ選べ。

A 人間は恵みを受容することも拒絶することもできる自由をもっているが、どの恵みを受け入れるかいつも迷

2

い、その決断には勇気がいるから。

B 恵みとして与えられるものは現世的な意味で好ましいものばかりとは限らないので、すべての恵みを素直に受け入れることは普通の人間には難しいことだから。

C 恵みを与える人が真の善意をもっているかどうかは誰にもわからないので、恵みを受け入れることにはつねに賭けのようなところがあるから。

D 人間は自分の意志で恵みを受け入れたり受け入れなかったりすることができるが、恵みをありのままに承認することは人間を超えた力を必要とするほど困難なことだから。

問九 次の中から本文の内容に合致するものを二つ選べ。

a 幸福を希求することは人間の本質であると考える人は多いが、真剣に幸福になる努力をする人は少ない。

b 現代人は、幸福は他者と分かち合うことによってはじめて感じられるということを忘れているために、真の意味で幸福になれない。

c 現代人が幸福になりえないのは、他者を失っていること、そして自力で幸福を生み出せると思い込んでいることによる。

d 人間は、他者に依存したくないと言いつつ、自律的に生きる努力を怠るため、実際は他者に依存し負担をかけている。

e 人間は、他者に対して負債を負い、劣位に立つことを恐れて、幸福を希求しなくなることがある。

f 幸福を希求しなくなるということは、自己と他者の関係に無関心になるということであり、人間が人間であることをやめるということである。

g ただ生きているということすら他者からの恵みであるのだから、結局人間には自力でできることはない。

h　恵みはひたすら与えられるものであるのに、それを自らの意志によって受け入れたり受け入れなかったりすることができるという錯覚に陥っている人間は多い。

【解答欄】

問一（5点）	
問二（5点）	
問三（5点）	
問四（5点）	
問五（5点）	
問六（5点）	
問七（5点）	
問八（5点）	
問九（各5点）	・

第3講

問題
Question

『物語の哲学』（野家啓一）

〔出題：横浜国立大（改題）〕

解答時間
35分
目標得点
30／50点
学習日
／
解答頁
P.29

◆歴史とは何か

「過去は変えられない。しかし未来は変えられる」などというもっともらしい言葉を耳にすることがある。素直でない僕は、「未来は変えられるってどういうことだよ、そもそも未来っていうのは未だ来ていない時のことなんだから、変えるも変えないもないだろ！」などと思ってしまうのだが、それはともかく、「過去は変えられない」の方はなかなか否定しがたい。もし歴史が過去に属するのであれば、歴史は不変ということになるが、果たしてどうか。E・H・カーは『歴史とは何か』の中でこう述べている。「歴史とは現在と過去との絶えざる対話である」。どうやら歴史とは、単なる「過去の出来事」などではなさそうだ。（輿水）

第3講　次の文章を読んで後の問に答えよ。

1　太古から現在に至るあらゆる出来事をくまなく記録し、能《あた》う限り正確に記述することは、歴史学者の夢であろう。その夢をA・ダントは「理想的年代記作者」と呼んでいる。すなわち、すべての歴史的出来事を、それが起こった瞬間にありのままに描写する能力を備えた超人的な歴史学者のことである。しかし、たとえそのようなことが可能だとしても、彼が作成する「年代記」は脈絡を欠いた(ア)ボウダイな歴史年表のようなものであり、それは歴史叙述の基礎資料とはなりえても、「歴史叙述」とはなりえない。なぜなら、そこには出来事と出来事とをつなぐ脈絡、すなわち「物語」が欠落しているからである。(A)このような歴史学者のことを、小林秀雄は「一種の動物に止まる」と喝破《かっぱ》した。今さら引用するのも気が引けるほど人口に膾炙《かいしゃ》した文章だが、ここはやはり『無常といふ事』の一節に登場してもらわねばならない。

思ひ出が、僕等を一種の動物である事から救ふのだ。記憶するだけではいけないのだらう。思ひ出さなくてはいけないのだらう。多くの歴史家が、一種の動物に止まるのは、頭を記憶で一杯にしているので、心を虚《むな》しくして思ひ出す事が出来ないからではあるまいか。(中略)上手に思ひ出す事は非常に難かしい。だが、それが、過去から未来に向かつて飴《あめ》の様に延びた時間といふ蒼《あお》ざめた思想(僕にはそれは現代に於《お》ける最大の(イ)モウソウと思はれるが)から逃れる唯一の本当に有効なやり方の様に思へる。

2　ここに見られる「記憶」と「思い出」との対比は、「理想的年代記」と「歴史叙述」との区別を際立たせてくれる。

記憶をあらゆる歴史的出来事が細大漏らさず貯蔵された巨大な水甕《がめ》だとすれば、思い出とは、その水甕のわずかな割れ目から滲《し》み出した一筋の水滴にでもなぞらえることができる。その水滴は(B)朝まだきの光に照り輝くこともあれば、夜の冷気に(ウ)ヒョウケツすることもあるであろう。小林秀雄は一滴の水が乾いた舌にしたたり落ちるその瞬間を捉《とら》えて、それを「歴史」と呼んだのである。それゆえ、思い出は過去の出来事のありのままの再現ではない。それは(1)経験の遠近法による濾《ろ》過と選別とを通じて一種の「解釈学的変形」を被った出来事である。強烈な印象を刻みつけた出来事はクローズアップで大写しにされ、さほど印象に残らない些《さ》末な出来事は遠景に退いてフェイドアウトすることであろう。そこにはおのずからなる想起の力学が働いているのである。

3 しかし、小林の思い入れに反して、「思い出」はそのままでは「歴史」に転成することはできない。思い出されただけで、それが再び記憶の闇《やみ》の中に消え入るならば、思い出は甘美な個人的感懐ではあっても、※間主観的な歴史ではない。(2)思い出が歴史に転生を遂げるためには、何よりも「物語行為」による媒介が不可欠なのである。思い出は断片的であり、間欠的であり、そこには統一的な筋もなければ有機的連関を組織する脈絡も欠けている。それらの断片を織り合わせ、因果の糸を張りめぐらし、起承転結の結構をしつらえることによって一枚の布に(C)あえかな文様を浮かび上がらせることこそ、物語行為の役目にほかならない。物語られることによってはじめて、断片的な思い出は「構造化」され、また個人的な思い出は「共同化」される。「物語る」という言語行為を通じた思い出の構造化と共同化こそが、ほかならぬ歴史的事実の成立条件なのである。それゆえ、歴史的事実は、ありのままの「客観的事実」であるよりは、むしろ物語行為によって幾重にも媒介され、変容された「解釈学的事実」と呼ばれねばならない。

4 このように言えば、歴史的事実の客観性は、文献史料や考古学的資料によって保証されているはずではないか、という反論がなされるであろう。しかし、文献史料は言語による記述であることによって、ありのままの過去を再現する手段ではなく、すでに「解釈」の産物なのである。われわれは、たとえ知覚の現場で直接的に体験したことですら、それを完璧《ぺき》に再現し記述することはできない。意識的にであろうと、無意識的にであろうと、われわれが言語によって記述を行うとき、そこには関心の遠近法が働いており、記録に値する有意味な情報の取捨選択がなされているのである。その意味では、文献史料はすでに一つの「物語」を語っているのだと言ってよい。考古学的資料ですら「解釈」の(エ)オセンを免れてはいないことについては、次の川田順造の文章が雄弁に語っている。

> 一方、土器の破片も、人間の解釈をまったく排除したものではない。それが人間によって、作られたり使われたりした以上、その土器は、当時の社会で何らかの意味をもっていたのであり、それをこしらえた人は、自然の素材に対する人間のある「解釈」と働きかけの結果として、その土器をつくりだしたのだから。ただ、「もの」では文字や言葉ほど解釈ははっきりと表明されていないが、土器の形や、そこに(オ)ホられたり描かれたりしている、さまざまな紋様や図形に注意を払えば、土器と文字との史料としてのへだたりも、実は連続したものであることがわかる。

5

それゆえ、歴史の「史料」もまた、過去の「客観的事実」そのものではない。そこにすでに「解釈」の鑿《のみ》が刻み込まれているのである。だとすれば、(3)歴史叙述は「解釈の解釈」の行為とならざるをえないであろう。その観点からすれば、歴史叙述は「記述」であるよりは、むしろ「制作（ポイエーシス）」に似ている。歴史家のP・ヴェーヌの言葉を借りれば、「小説と同じで、歴史はふるいにかけ、単純にし、組み立てる。一世紀を一頁にしてしまう」

3

のである。

（野家啓一『物語の哲学』による）

（注）　※間主観的…個人の主観を超えて、多数の人間の主観に共通して存在するさまを指す語。共同主観的とも言う。

問一　(ア)～(オ)のカタカナの部分を漢字に直せ。

問二　傍線部(A)～(C)の語句の意味を簡潔に説明せよ。

問三　傍線部(1)とあるが、それはどういうことか、六〇字以内でわかりやすく説明せよ。

問四　傍線部(2)とあるが、「思い出」が「歴史」に転生するためには、「物語行為」はどのような働きをするのか、六〇字以内でわかりやすく説明せよ。

問五　傍線部(3)とあるが、それはどういうことか、六〇字以内でわかりやすく説明せよ。

3

【解答欄】

問一（各２点）

(ア)

(ウ)

(オ)

(イ)

(エ)

問二（各２点）

(A)

(B)

(C)

問三（12点）

問四（12点）

問五（10点）

第4講

問題
Question

『風景と実感』

（吉川宏志）

〔出題：金沢大（改題）〕

解答時間	40分
目標得点	30／50点
学習日	／
解答頁	P.41

◆「読む」という行為の不思議

長崎で原爆に遭遇した歌人、竹山広に次の歌がある。「人に語ることならねども混葬の火中にひらきゆきしてのひら」。あまりの被害者の多さに一人ひとり火葬することもかなわず、たくさんの人がまとめて火葬されるその火の中に、一人の死者のてのひらが静かに開いてゆく情景。僕は永田和宏『現代秀歌』でこの歌を知り、実際に見たわけでもないこの情景が目に焼き付いて離れなくなってしまった。紙の上のインクの染みに過ぎない文字という記号の羅列が、それを読む人の脳裡《り》に鮮明な像を結ぶ。次に読んでもらうのは、「文字を読んで理解する」というメカニズムの、その不思議さに迫る文章だ。じっくり読んでほしい。（輿水）

第4講　次の文章を読んで、後の問いに答えなさい。

1　書かれた言葉は〈記号〉なのだ、という認識が、今ほど無意識に信じられている時代はないのではないか。

2　目の前のパソコンに、ある言葉を入力すれば、日本のあらゆる場所から、あるいは海外からも見ることができる。そのため、言葉はどこへ行っても変質をせず、いくらでも(1)フクセイできる、デジタルな存在であるような感覚が生まれてきているように思われる。

3　加藤治郎が、

　試みに打ってみたまえＪＩＳ記号〈３Ｂ６Ｄ〉濃き紅の　『マイ・ロマンサー』

という歌を発表したのは一九九〇年のことだった。ＪＩＳ記号〈３Ｂ６Ｄ〉は「詩」という文字を表しているナンバーである。「詩」という言葉さえも、コンピュータ上では単なる記号に過ぎない、というラジカルな認識を表明した歌であったが、それから十数年という時間が過ぎた現在、それはもう常識に近くなりつつある。

4　また、インターネット上では、おびただしい数の、誰が発言しているのかもわからない言葉があふれている。それを見ると、あらゆる言葉が均質化され、のっぺりとした平面になっていくような感覚に(2)オソわれる。

5　もちろん私も、※1構造主義以後の※2記号論的な見方で言葉をとらえていくことに反対するわけではないし、いわゆる「インターネット短歌」を単純に否定するわけではない。しかし、現在の短歌の危機は、言葉が無味(3)カンソウな〈記号〉になってしまうことから生じていることも、無視できない事実なのではないだろうか。

6 唐突だが、「やすし」という、人名を表している言葉がある。この「やすし」という言葉はたしかに〈記号〉に過ぎないわけで、ほとんど意味内容をもたない。「A氏」や「Bさん」に置き換えることもできる、無色透明な文字の連なりなのである。もちろん人によっては、知り合いである一人の「やすし」の顔をこの言葉から想像するかもしれないが、その連想はあくまでも個人的なもので、だれもが同じ顔を想像するわけではない。

7 ところが次の詩を読むと、「やすし」という言葉がまったく別の印象で見えてくる。

慟哭《どうこく》

山田数子

しょうじ　よう
やすし　よう

しょうじ　よう
やすし　よう

しょうじ　よおう
やすし　よおう

しょうじぃ　よおう

やすし　よおう
しょうじぃ
しょうじぃ
しょうじぃぃ

8 あるときこの詩を読んで、かなりショックを受けたことがある。『日本原爆詩集』に収められている詩で、「しょうじ」「やすし」は作者の息子の名前なのだそうだ。

9 内容に心打たれた、というのではない。というか、この詩の意味内容は「しょうじ」と「やすし」が繰り返されているだけで、ほとんどゼロに近い。それなのに「しょうじ」「やすし」という言葉が、なまなましい肉声で呼ばれているように感じられないだろうか。原爆で焼け(4)コげた街を、息子を探してまわる母親の姿が鮮明に浮かび上がり、その幻の声が、耳もとにくっきりと響いてくるようだ。(A)〈記号〉であるはずの言葉が、なまなましい身体感を帯びてくるのである。

10 私は先ほど、「やすし」という言葉を聞いて思い浮かべる顔は、あくまでも個人的な連想なのだ、と書いた。けれども、この「慟哭」という詩を読んだときに目に見えてくる情景は、日本人であるなら、かなり共通したものになるのではないか。自分だけでなく、他人にも同じように見えている幻影なのだ。自分だけが見えるものなら妄想であるかもしれないが、他者にも見えるものであれば、幻想以上の存在になってくる。だから、この詩が生み出すイメージは、非常に強い実在感をもつことになるのである。

11 私たちはしばしば、短歌を読んで「リアリティがある」とか「実感がある」と評することがある。これらは本来、定義をしにくい、(5)アイマイな批評用語である。だが、言葉で表現されている以上のイメージが脳裏にいきいきと見えてくるとき、「リアリティ」や「実感」という語を用いて、何とかその感触を言い表そうとするわけである。そして、そのなまなましさがなければ、短歌としてはどこかもの足りないと私は感じる。どんな歌になまなましさを感じるかは、人によって違うだろうけれども、基本的に私と同じような価値観をもつ歌人は少なくないはずだ。しかし、なぜそのようななまなましい感触が生まれてくるのかを説明することは非常に難しい。

12 もちろん私も、なぜそれが生じてくるかを明快に論じることができるわけではない。ただ、この「慟哭」という人名だけの詩が、なぜ詩として成立しているかを考えることは、「リアリティ」や「実感」の正体をとらえる上で、大きなヒントを与えてくれるように思われるのだ。

13 まずこの詩のポイントは、(B)この詩に書かれていない原爆の惨状を、読者がイメージとしてくっきりと想起することができることだ。私たちは、それがたとえ映画やテレビなどが作り出したバーチャル（仮想的）なものであったとしても、被爆地の様子をかなり鮮明に頭に思い浮かべることができる。この詩には何も描写がなされていないために、かえって想像したイメージがそのまま眼前にあらわれてくるところがある。

14 よく知られた錯視だが、カニッツァの三角形という図がある。この図には、実際には三角形は書かれていないのであるが、白い三角形の幻影がありありと感じられる。私たちの脳には、「見たいものを見てしまう」という機能があるらしく、このような図を見ると、白い三角形が置かれていて、黒い円の一部が隠されているのだ、と無意識のうちに思い込んでしまうらしい。それで、本当は存在しない白い三角形を、鮮やかに感じ取ってしまうわけである。

15 おそらくそれと似たようなことが「慟哭」という詩でも起こっていて、ある程度の文脈がつくられていると、書かれていないことであっても、読者の脳裏には打ち消しがたいイメージが浮かんでしまうのだ。この詩の場合は『日本原爆詩集』に収められていることや「慟哭」という題が、一つの文脈になっている。それがカニッツァの三角形における一部欠けた黒い円のような役目を果たしていて、詩には書かれていない、原爆によって破壊された街やおびただしい死傷者の姿を幻視させるのである。そして、不思議なことに私たちには、実際に書かれていることよりも、書かれていないこと——読者が「見たい」と思って想像したこと——のほうを、リアルに感じる傾向があるようなのだ。詩歌において、「省略」が重視されるのは、「見えないものを見る」という読者の想像力を極限まで生かすためであろう。

◀カニッツァの三角形

16 もう一つのポイントは、「しょうじ　よう」「しょうじ　よおう」「しょうじぃ　よおう」「しょうじぃぃ」という表記で示された、声の調子である。作者は自らの声を、文字で完全に書き表すことはできない。しかし、不完全ながらも表記を工夫することによって、泣き叫ぶような声の痕跡を残そうとする。

17 そして読者は、その表記をもとにして、息子を失った母親の声を再現しようとするのである。このとき読者は自らの声を、作者の声に同化させている。黙読をしていても、人間の声帯は動いているそうで、読むという行為は意外に身体的なものであるらしい。つまり、「しょうじぃぃ」という(c)文字を媒介にして、読者と作者の身体あるいは声はつながっているのである。

18 だから、この詩を読んでいると、自分の心のなかに、なまなましい母親の声が響いてきて、恐ろしいような衝動を味わうことになるのだろう。

19 これはクラシック音楽を演奏する行為とも似ているのかもしれない。たとえばピアニストは、バッハの残した楽譜（音符という〈記号〉で書かれたテクスト）に合わせて、自らの指を動かしてピアノを弾く。そのとき演奏者は、楽譜を通して、バッハの身体の動きをなぞっていることになる。死者であるバッハの身体の動きを蘇《よみがえ》らせることによって、演奏者はバッハと〈対話〉しているのである。

20 楽譜には、作曲者のイメージの十分の一くらいしか書くことができない、という話を聞いたことがある。作者が〈記号〉で表現できるのは、省略を重ねたほんのわずかな部分だけなのである。

21 けれども、その〈記号〉をじっくりと読み込むことにより、作者の身体感覚を、読者の身体のなかで蘇らせることができる。作者の声を、読者の心の中にリアルに響かせることができるのだ。それが「読む」という行為の本質なのではないだろうか。

（吉川宏志『風景と実感』青磁社、二〇〇八年、六〜一三ページ「『実感』とは何か」一部改変の上、引用）

（注）※１ 構造主義…ものごとを一つの構造ととらえ、分析する思想的立場。二〇世紀後半以降、大きな影響力を持った。
※２ 記号論…言葉を記号としてとらえ、その本質や機能を探究する学問。

問一　傍線部(1)～(5)の片仮名を漢字で書きなさい。

問二　傍線部(A)「〈記号〉であるはずの言葉が、なまなましい身体感を帯びてくる」とはどういうことか、本文に即して、一〇〇字以内で説明しなさい。

問三　傍線部(B)「この詩に書かれていない原爆の惨状を、読者がイメージとしてくっきりと想起することができる」のはなぜか。カニッツァの三角形の例を用いながら、本文に即して一三〇字以内で説明しなさい。

問四　詩歌において省略を重視するのはなぜか、筆者の考えが述べられている部分を本文中から三〇字以内で抜き出しなさい。

問五　傍線部(C)「文字を媒介にして、読者と作者の身体あるいは声はつながっている」とはどういうことか。「痕跡」と「再現」という言葉を両方用いて八〇字以内で説明しなさい。

【解答欄】

問一（各2点）		
(1)	(3)	(5)
(2)	(4)	

4

問二（12点）

問三（12点）

問四（4点）

問五（12点）

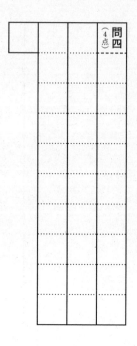

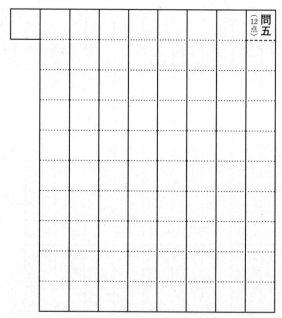

問題
Question

『気持ちよさという罪』

（村田沙耶香）

〔出題：千葉大（改題）〕

解答時間	45分
目標得点	30／50点
学習日	／
解答頁	P.55

◆「みんなちがって、みんないい」は本当か

童謡詩人、金子みすゞに「わたしと小鳥とすずと」という詩がある。「わたしが両手をひろげても、／お空はちっともとべないが／とべる小鳥はわたしのように、／地面を速くは走れない。／わたしがからだをゆすっても、／きれいな音はでないけど、／あの鳴るすずはわたしのように／たくさんなうたは知らないよ。／すずと、小鳥と、それからわたし、／みんなちがって、みんないい。」すずにも小鳥にもわたしにも、それぞれに違う良さがある。「みんなちがって、みんないい。」世界の多様性を優しく肯定するこの詩に僕は共感を覚える。だが、次の村田沙耶香の文章を読んで、僕は「多様性」という言葉を無邪気に使えなくなってしまった。君はどう感じるだろうか。（輿水）

第5講　次の文章を読んで、後の設問に答えなさい。

1 (1)子供の頃、大人が「個性」という言葉を安易に使うのが大嫌いだった。

2 確か中学生くらいのころ、急に学校の先生が一斉に「個性」という言葉を使い始めたという(ア)キオクがある。今まで私たちを扱いやすいように、平均化しようとしていた人たちが、急になぜ？　という気持ちと、その言葉を使っているときの、気持ちのよさそうな様子がとても薄気味悪かった。全校集会では「個性を大事にしよう」と若い男の先生が大きな声で演説した。「ちょうどいい、大人が喜ぶくらいの」個性的な絵や作文が褒められたり、評価されたりするようになった。「さあ、怖がらないで、みんなももっと個性を出しなさい！」と言わんばかりだった。そして、本当に異質なもの、異常性を感じさせるものは、今まで通り静かに排除されていた。

3 当時の私は、「個性」とは、「大人たちにとって気持ちがいい、想像がつく範囲の、ちょうどいい、素敵な特徴を見せてください！」という意味の言葉なのだな、と思った。私は（多くの思春期の子供がそうであるように）容易《たやす》くその言葉を使い、一方で本当の異物はあっさりと排除する大人に対して、「大人の会議で決まった変な思い付きは迷惑だなあ。また大人たちが(イ)厄介なことを言い出したなあ」と思っていた。平凡さを求められたほうが、それを演じればいいのだから、私にとってはずっとましだったのだ。「（大人が喜ぶ、きちんと上手に『人間』ができる人のプラスアルファとしての、ちょうどいい）個性」という言葉のなんだか恐ろしい、薄気味の悪い印象は、大人になった今も残っている。

4 大人になってしばらくして、「多様性」という言葉があちこちから、少しずつ、聞こえてくるようになった。

5 最初にその言葉を聞いたとき、感じたのは、心地よさと理想的な光景だった。例えば、オフィスで、様々な人種の人や、ハンデがある人、病気を抱えている人などが、お互いのことを理解しあって一緒に働いている光景。または、仲間同士の集まりで、それぞれいろいろな意味でのマジョリティー、マイノリティーの人たちが、互いの考え方を理解しあって、そこにいるすべての人の価値観がすべてナチュラルに受け入れられている空間。発想が(ウ)ヒンコンな私が思い浮かべるのは、それくらいだった。

6 それが叶《かな》えばいいという気持ちはずっとある。けれど、私は、「多様性」という言葉をまだ口にしたことがほとんどない。たぶん、その言葉の本当の意味を自分はわかっていないと感じているからだと思う。その言葉を使って、気持ちよくなるのが怖いのだと思う。私はとても愚かなので、そういう、なんとなく良さそうで気持ちがいいものに、すぐに呑《の》み込まれてしまう。だから、「自分にとって気持ちがいい多様性」が怖い。「自分にとって気持ちが悪い多様性」が何なのか、ちゃんと自分の中で(エ)克明に言語化されて辿《たど》り着くまで、その言葉を使って快楽に浸るのが怖い。そして、自分にとって都合が悪く、絶望的に気持ちが悪い「多様性」のこともきちんと考えられるようになるまで、その言葉を使う権利は自分にはない、とどこかで思っている。

7 こんなふうに(オ)シンチョウになるのは、私自身が、「(2)気持ちのいい多様性」というものに関連して、一つ、罪を背負っているからだ。

8 私は子供の頃から、異常といっていいほど内気な子供だった。とても神経質で気が弱く、幼稚園で他の子供に怒鳴られただけですぐに泣き、幼稚園の先生も両親も、この子はきちんと小学校に通えるのだろうか、と不安がっていたのをよく覚えている。学校に行くと、担任の先生が言った。

9 「あなたが泣き虫の村田さんね。話は幼稚園の先生から聞いてるわよ。あなたの席はここ。先生のそばのここの椅子に座ってね」

10 そのとき、自分が異物であるということを、初対面の先生がもう知っているということがとても怖かった。よく考えればそれは、(カ)カビンな私に対して学校が柔軟に対応してくれていたのだと思うが、当時の私は、これ以上異物であることが周りの子供たちにばれたら、自分は迫害されると思った。私は、周りのしゃべり方、行動、リアクションを、自分の心の中に違和感がない範囲で、トレースするようになった。みんなが笑っているところでは笑った。みんなが怒っているとき、あまり賛同できない場合には、曖昧な困った顔をした。トレースすることで、いかに自分が平凡な人間かということを、発信し続けた。枠をはみ出したら、この世界を追われて、いつか殺される。大袈裟《おおげさ》に聞こえるだろうが、当時の私は、それくらい真剣に思い詰めていた。

11 大人になってもその癖は続いた。だから、私の古くからの友人や、学生時代の仲間などは、私を「おとなしい無害な人」だと思っている。その枠をはみ出すことは、私にとってとてつもない恐怖だったから、私は決してぼろを出さなかったのだ。

12 大人になってだいぶ経って、たくさんの友人に出会い、私を取り巻く世界の価値観は急に変わった。相手の奇妙さを愛する、という意味で、「狂ってる」という言葉が飛び交うようになった。

13 それは、迫害ではなく［A］の言葉だった。その言葉は、いつも［B］と一緒に渡された。〇〇ちゃんのこんなところが変で、大好き。△△さんのこんな不思議な行動が、愛おしい。みんな狂ってる、だからみんな愛おしい、大好き。そんな言葉が交わされるようになった。

14 私はそこで、初めて、異物のまま、お互い異物として、誰かと言葉を交わしたり、愛情を伝え合ったりするようになった。それがどれだけうれしいことだったか、(キ)ゲンコウ用紙が何枚あっても説明することができない。今まで殺していた自分の一部分を、「狂っていて、本当に愛おしい、大好き」と言ってくれる人が、自分の人生に突如、何人も現れたことが、どれほどの救いだったか。夜寝る前に、幸福感で泣くことすらあった。平凡にならなくてはと、自分の変わった精神世界をナイフで切り落とそうとしながら生きてきた私は、本当はその不思議で奇妙な部分を嫌いではなく大切に思っていたのだとやっと理解できたのだった。同じように、誰かの奇妙な部分を好きだと、素直に伝えられるようになった。

15 そういうあたたかい、愛情深い世界は、わかりやすく見えないだけで本当はずっと遠くまで存在しているのではないかと、驕《おご》った気持ちを持つようになった。

16 そうした日々の中で、私は、「多様性」という言葉で自分を騙《だま》し、私と同じように、「奇妙さ」を殺しながら生きている人を、深く傷つけてしまったのだった。

17 誤解なく伝えられるよう願っているが、あるときから、メディアの中で、私に「クレージーさやか」というあだ名がつくようになった。それは、最初は友人のラジオの中で、愛情あるお喋《しゃべ》りの延長線上で出てきた言葉だった。だから、最初、私はうれしかった。

18 けれど、だんだんとそれが、単なる私のキャッチフレーズとして独り歩きするようになった。ある日、テレビに出たとき、そのフレーズをキャッチコピーのように使うことを、私はいいことだと思って(ク)許諾してしまった。多様性があって、いろいろな人が受容されるのは、とても素敵なことなのではないかと思ったのだ。

19 そのとき、私という人間は、人間ではなくキャラクターになった。瓶に入れられ、わかりやすいラベルが貼られた。テレビに出ると、そのフレーズがテロップになり流れるようになった。私は馬鹿なので、最初はそのことが誰かを傷つけていることに気が付かなかった。

20 「村田さんがお友達に『クレージー』と言われているのは、村田さんが愛されてるのを感じて、私までうれしいのですが、テレビやインターネットでそう呼ばれているのを見ると、とてもつらく、苦しい気持ちになります」

21 文面や詳細は違うが、私の元に、何通か、このような手紙が届いた。理由は様々で、「村田さんと自分は似ていると感じるからかもしれませんが、自分が言われているような気持ちになります」という方もいれば、「村田さんのことを知らない人に村田さんが笑われているのを見るのが、残酷な構造を見ているようでつらいです」という方もいた。「村田さんはどう思っていらっしゃいますか？」という、心のこもった、丁寧な質問に、私はまだ返事を書くことができていない。

22 (X)笑われて、キャラクター化されて、ラベリングされること。(Y)奇妙な人を奇妙なまま愛し、多様性を認めること。この二つは、ものすごく相反することのはずなのに、馬鹿な私には区別がつかないときがあった。

23 「村田さん、今は普通だけれど、(3)テレビに出たらちゃんとクレージーにできますか？」

24 深夜の番組の打ち合わせでプロデューサーさんにそう言われたとき、あ、やっぱり、これは安全な場所から異物をキャラクター化して安心するという形の、受容に見せかけたラベリングであり、排除なのだ、と気が付いた。そして、自分がそれを多様性と勘違いをして広めたことにも。

25 私は、そのことをずっと恥じている。この罪を、自分は一生背負っていくことになるのだと思う。私は子供の頃、「個性」という言葉の薄気味悪さに傷ついていた。それなのに、「多様性」という言葉の気持ちよさに負けて、自分と同じ苦しみを抱える人を傷つけた。

26 私には「一生背負っていこう」と思う罪がいくつもあるが、これは、本当に重く、そしてどう償っていいのかわからない一つだ。

27 (4)どうか、もっと私がついていけないくらい、世界の多様化が進んでいきますように。今、私はそう願っている。何度も嘔吐《おうと》を繰り返し、考え続け、自分を裁き続けることができますように。「多様性」とは、私にとって、そんな祈りを含んだ言葉になっている。

（村田沙耶香「気持ちよさという罪」による）

問一　傍線部(ア)〜(ク)の、漢字をひらがなに、カタカナを漢字にしなさい。

問二　傍線部(1)「子供の頃、大人が『個性』という言葉を安易に使うのが大嫌いだった」とあるが、これはなぜか。「異物」という語を必ず用いて説明しなさい（百字以内）。

問三　傍線部(2)「気持ちのいい多様性」とあるが、筆者はこのような「多様性」が実現すれば、それはどのような状態であると考えていたか。「〜状態」につながるように、傍線部(2)より前の本文中から二十八字で抜き出し、最初と最後の四字で答えなさい。

問四　空欄 A および B に入るものとして最も適切な語を本文中から探し、それぞれ漢字二字で答えなさい。

問五　傍線部(X)「笑われて、キャラクター化されて、ラベリングされること」および傍線部(Y)「奇妙な人を奇妙なまま愛し、多様性を認めること」とあるが、前者と後者の違いについて、「前者が〜のに対し、後者は〜である」という形で説明しなさい（九十字以内）。

問六　傍線部(3)「テレビに出たらちゃんとクレージーにできますか?」とあるが、これはどのようなことを意図した発言か。「ちゃんと」という表現の意味が明確になるように説明しなさい（八十字以内）。

問七　傍線部(4)「どうか、もっと私がついていけないくらい、私があまりの気持ち悪さに吐き気を催すくらい、世界の多様化が進んでいきますように」とあるが、ここに言う「世界の多様化」とはどのようなことか、説明しなさい（八十字以内）。

【解答欄】

問一（各1点）

(ア)	(ウ)	(オ)	(キ)

(イ)	(エ)	(カ)	(ク)

問二（8点）

問三（4点）

問四（各2点）

(A)

(B)

問五（8点）

問六（8点）

問七（10点）

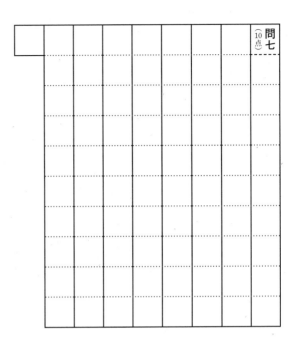

第6講

問題
Question

『民衆という幻像』

（渡辺京二）

〔出題：法政大（改題）〕

解答時間
30分
目標得点
30 / 50点
学習日
／
解答頁
P.69

◆再考〈自然と人間〉

私たちは、遥《はる》か彼方まで広がる田園風景を眺めて「この辺りは自然が豊かだね」などと言う。しかし、田園は人間が人間の都合で自然を改変してつくりあげた極めて「人工的な」場所であり、人間のいない場所に田んぼや畑は存在しない。あるいは逆に、無数の鉄骨を組み合わせてつくりあげた東京スカイツリーは、鉄鉱石という自然物から成る「自然豊かな」建築であるとも言えるだろう。われわれは当たり前のように〈自然と人工〉を対立的に捉えるが、何が自然で何が自然ではないのか、そこにはいつも恣意的な価値判断が入り込む。改めて〈自然と人間〉の関係を考えよう。（西原）

第6講　つぎの文章を読んで、後の問いに答えよ。

1 自然はある意味では、現代文化の寵児となりつつあるのかもしれない。アウトドアライフ、バードウォッチング、一坪農園、(A)ケイリュウ釣り。自然はいまやヒマとカネのある人間によって再発見され、喰い荒されている。自然と対立して極限的な人工世界をつくりあげた人類は、こんどは車という機動力を駆使して、自然へ向けて逆流を開始したのだ。

2 だが、このように再発見され再び価値づけられた自然は、かつて人間がその中で生きざるをえなかった自然とは異なり、文明化された人間のホビーの対象でしかない。自然が都市住民のナウいホビーでありうるのは、あくまでテクノロジカルな生活基盤と装備があればこそなのである。もちろん、このようなホビーとしての自然再発見は、森や川の破壊に歯止めをかける役割を果すかもしれないという点では、一定の積極的意義を認めてもよいものであろう。だが、こういう自然との「親しみ」かたは、文明論的な一兆候ではあっても、けっしてわれわれ人間を自然との正しい関係へ導くものではあるまい。

3 人類は初期文明の成立と同時に、大地に円を描いて、そこに自然の威力の及ばない人間の占守空間として宣言する習性を身につけた。それはすなわち、自然から自立する意識の成立でもあった。人類がみずからを意識として自然から弁別し、それ自身の根拠において存立する意識＝精神が、対象としての自然を工作し操作するという、精神対自然、文化対自然の図式が成立したのは、もちろん根拠あることといわねばならない。大地の重力から解き放たれて天空の高みへ飛翔したいというのは、イカルス以来の人性である。このような意識の自然からの自立が西ヨーロッパにおいてのみ徹底的に遂行されたというのは、興味ある一個の論題だろう。だが、このような精神の自然離脱は近代テクノロジーという裏づけを得て、その歴史的出自を超え、いまや世界を主導する普遍的指向となるにいたっている。

4　しかし、意識がそれ自身存立するものとして絶対化しつつ自然を対象化するありかたは、意識の気づきの過程としては、それ自体あくまで歴史的で過渡的なものにすぎない。(1)意識の気づきの力学は、そういう意識の自己絶対化をのりこえて、実在系※1における意識の総体的な位相の気づきにまで至らずにはやまない。意識による自然の対象化とは、この実在系における歴史的出来ごととしてみるならば、(2)自然による自然自身の気づきにほかならなかった。

5　人間が物質進化の産物であり、その意味で人間もまた自然にほかならぬことはおよそ否認しがたい事実である。だが、多くの人びとは、人間の肉体は自然として承認しながら、精神もまた自然の一分出型であるとは認めたがらない。しかし精神と肉体は、分離しがたい生命的統一を区分という(B)ベンギ的な初級論理によって解体したときに生ずる仮設概念にすぎず、実在するのは、精神とは肉体であり肉体とは精神であるような分割すべからざる生命現象なのである。そしてその生命が、地球という実在系の一構成因であり、しかも進化による地球そのものの分出的表現型である以上、人間の精神とはまさに自然そのものの働きにほかならない。

6　分析的区分的な認識枠組は、生物を地球という天体と区別し、さらに人間以外の生物を自然に組みいれて人間＝精神と弁別する。なるほど、それは認識のためのひとつの便法ではある。だが、たかが便法にすぎないもののために、実在の真のありかたへの眼を曇らせてはなるまい。人間は地球という乗物に、あたかもひとが車や船に乗っかるように乗っているのではない。このようにイメージされたときの地球とは、まさに地殻的構造物としての天体そのものであろう。そしてその構造物の上に寄生しているもろもろの生命は、偶然が人間のためにしつら

6

えてくれた調度なのであろう。地球・生命・精神をこのように分断して、部屋という構造物と、その中にしつらえられた備品・装飾などの調度と、その中に住む人間のようにイメージして来た近代的な地球観には、まことに無邪気な人間中心主義的刻印がしるされている。この鏡に映った実在の像は奇天烈《きてれつ》に(C)歪曲されているのだ。

7 しかし、ビッグバン以来の宇宙の創成を思いみれば、生命にせよ精神にせよ、いずれも地球という一実在系のメタモルフォーゼ※2にほかならず、人間＝精神はとりもなおさず自然＝地球の分出的表現型なのだ。

8 われわれは文化を形成し意識そのものと化すことによって、自己を自然とは別ななにものかと自覚するにいたったけれども、じつはわれわれ自身が自然の一部なのであり、意識は自然自身、地球自身の働きの一局面なのだ。われわれの自然認知・自然の対象化は、自然による自然の認知であり、対象化であったのだ。このことの確認は何をもたらすか。われわれ人間の活動環境としての自然についての、改変されたより的確な認識をもたらす。

9 自然は人間の生存・活動の環境であり、利用すべき資源の一大倉庫でありうるけれども、人間にとって自然がもつ本源的意味はそれ以前のところにある。

10 山河はそして草木は、そして空とそこを往き来する雲と風は、なぜわたしたちにとって美しくここちよいのだろうか。それはわたしたちの感性が、ということは全神経系が、そういういわゆる自然を美しくここちよいものとして感受するように、系統発生上、形成されて来たことを意味する。日本人と西洋人とで花の美しさが異なるというのは、歴史的な(3)修飾《モデファイ》の問題にほかならず、自然を美しいと見る感性が系統発生的にビルドインされていることへの反論にはならない。

11 つまり、われわれの心は山河にかたどられているのである。自然は人間にとって資源である以前に、人間が人間として形成される場なのである。山や川や風や雨や、さらにはその中で生をいとなむ花や木や鳥やけもののイメージなしには、人間にはいかなる思考も想像も不可能であったろう。なぜか。その理屈はかんたんで、人間の意識は、宇宙船で飛来して宇宙空間から地上を観察しているような純粋理性ではなく、地球という実在系の一構成因として、系全体との関係＝相互浸透のうちにあらしめられているからである。人間は自然の結節点なのであり、それゆえにこそ己れのうちに全コスモスを映し出しているのだ。人間が古代からさまざまなシンボルを駆使して来た理由はここに求められる。自然はわれわれの心の生みの親であるというばかりでない。われわれの心の拠って立つべき範型なのである。

12　われわれは意識を確立することによって自然をコントロールして来た。だからこそ、コントロールしてはならない。いやコントロールすることが不可能な実在を自覚することが必要なのだ。なぜなら、人工の世界は自然にもとづいてのみ成り立ちうるからである。人間が意識にもとづいて、反自然的にさえみえる精神的冒険にのりだして来たのは、彼の光栄である。だが、それは自然という実在あっての話だったのだ。しかもこの自然というのは歴史的な形成物である。その歴史的生成の基盤なしには、人間は反自然的であることすらできない。(4)いわゆる二次林※3を自然でないという論者は、自然ということをなにか思いちがえているのだ。

13　都市という人工の世界の典型をとってさえ、それがいかに自然をかたどってつくられて来たことか、われわれはおどろかずにはおれない。いまはやりの都市論は、ようやく都市のカオス性・迷路性にふたたび気づいたようである。なぜ都市は、多様で複雑な要素が微妙にいりくんだ世界であらねばならないのか。われわれはそこに自然の編成原理の反映を見出すだろう。造成された杉山は自然にあるものでもなければ美しくもない。自然は多様で複雑であればこそ美しいのだ。

14　わたしたちは今日、自然などというものはない、人間は徹頭徹尾文化的産物であって、自然と切れているから

6

こそ人間である、といった具合の言説にとりかこまれている。こういう議論には、その出現の歴史的な根拠も意義もあるのだが、今日の反自然論はいちじるしくトリッキーになっているのが特徴である。ものはいいようということがある。だが同時に、どういおうとも動かぬ真実というものはある。今日の知的言説は小林秀雄風にいえば「様々なる意匠」に血道をあげて、動かぬ真実を(D)軽侮することをもって流行と心得ているらしい。だが、われわれの文明の行くすえは、自然と人間の関係を再設定すること、いいかえれば自然のなかでの人間の位置についてより正確な見取り図を構成することの成否にかかっているといえよう。いま行われている議論は一切過渡期の言説である。自然についてさえ、それは往々にして大局を離れようとする。私は明るい望みはもっていない。見通しは暗いとさえいえる。しかし、真実は見ようとする意志があれば見うるものとして、われわれのまえにかけられている。自然は資源の倉庫でもなければホビーの対象でもない。それはヒトがヒトとなる場であり、ヒトの生そのものなのだ。

（渡辺京二『民衆という幻像』より。文章を一部改変した）

（注）※1 実在系…地球上に存在するあらゆるものを統一的に体系化したもの。

※2 メタモルフォーゼ…Metamorphose（ドイツ語）。変身。変形。変態。

※3 二次林…原生林が伐採や災害によって破壊された後、自然に、または人為的に再生した森林。

問一　波線部(A)〜(D)について、カタカナは漢字に直し、漢字はその読みをひらがなで解答欄に記しなさい。

問二　傍線部(1)「意識の気づきの力学は、そういう意識の自己絶対化をのりこえて、実在系における意識の総体的な位相の気づきにまで至らずにはやまない」とはどういうことか。八十字以内でわかりやすく説明しなさい。

問三　傍線部(2)「自然」とは、ここでは何を指しているか。最も適切なものをつぎの中から選び、解答欄の記号をマークせよ。

ア 生命　**イ** 地球　**ウ** 人間　**エ** 文化　**オ** 宇宙

問四　傍線部(3)「修飾の問題にほかならず」とはどういうことか。つぎの**ア**〜**オ**の中から一つ選び、解答欄の記号をマークせよ。

ア 異文化理解の問題であるということ。
イ 歴史的に形成された違いであること。
ウ 系統発生的に説明できるということ。
エ 表面的な差異に過ぎないということ。
オ 人間にとって本源的問題であること。

問五　傍線部(4)「いわゆる二次林を自然でないという論者は、自然ということをなにか思いちがえている」とはどういうことか。六十字以内で説明しなさい。

問六　つぎの各文の中から、本文で述べられている筆者の考えと異なっているものを一つ選び、解答欄の記号をマークせよ。

ア　現在の自然に関する言説が過渡期であるといえるのは、いまだに人間が意識によって自然を対象化しているためである。

イ　自然が価値あるものとして再発見されるようになったのは、人間が自らを自然の一部として認識し始めたからである。

ウ　人間はみずからを絶対化し、かつ地球や他の生命と弁別したことによって、自然を都合よく操作しようとしてきた。

エ　人間の自然に対する感性は系統発生的に形成されてきたものであって、文化によって形成されたものではない。

オ　人間の心は自然を範型として形成されており、地球や自然と切りはなされて独立に存在するものではない。

【解答欄】

問一（各2点）
(A)
(B)
(C)
(D)

問二（14点）

問五（10点）

設問	解答欄 ア イ ウ エ オ	配点
問三	◯ ◯ ◯ ◯ ◯	(5点)
問四	◯ ◯ ◯ ◯ ◯	(5点)
問六	◯ ◯ ◯ ◯ ◯	(8点)

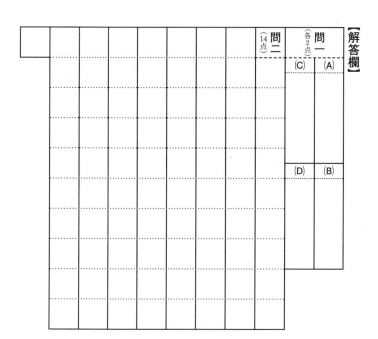

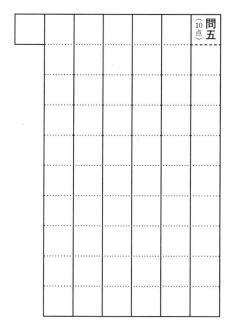

第7講

問題
Question

『リズムの哲学ノート』

（山崎正和）

〔出題：早稲田大（改題）〕

解答時間
20分
目標得点
35/50点
学習日
／
解答頁
P.83

◆計画的で退屈な授業

予備校の授業を受けに来る生徒は一様ではない。こちらが同じことを話しても、目を輝かせる生徒、退屈そうな生徒、反応はいつも様々だ。授業準備には十分な時間をかけるべきだが、話す内容や順序を決め過ぎてしまうと、授業から活力が消えてゆく。台本を棒読みする講義となり、生徒の目が死んでいく。事前の「計画」を実行するだけならば、人間よりも「機械」の方が遥かに優秀だ。われわれに求められるのは、教室を生きた空間として捉え、その日、その教室に集まった生徒達と共に、その場限りの活力ある授業をつくりあげる力である。（西原）

第7講　次の文章を読んで、あとの問いに答えよ。

1　奇を衒《てら》うように響くかもしれないが、近代産業の中核というべき機械の根源、すなわち機械文明に不可欠な設計の思想も、じつは萌芽は［(1)］といえそうである。先史の巨大石造建築は生活の安全や快適のためではなく、世界洞窟のなかで人間が自己の卑小さを感じ、世界の外にある巨大な力に祈るために造られたと考えられている。そして旧著『装飾とデザイン』にも書いたことだが、メンヒルやドルメン、ストーン・ヘンジのような巨石建造物は、部族社会の協同作業なしには建設できない。だとすれば当然、部族をまとめるための事前の計画、大まかであれ設計が不可欠だったと推定できるはずである。

2　この設計は絵に描かれることはなかったかもしれないが、少なくとも言葉によって表現され、その意味で最低限の観念性を帯びていたことは疑いない。そしていったんこの設計図が部族の合意のもとに成立すると、それは観念の本性からして事物と行動の外部に立つことになる。［(2)］それは身体と道具の相互影響の外部に立ち、身体にはね返るいかなる道具や素材の抵抗をも排除するように命令する。本来の手仕事においては、手段の抵抗が目的の変更や微調整を許すのが常だったが、設計図は目的を絶対化して、手段の完全な服従を原理的に要求するのである。

3　もちろんこれも原理的な話であって、現実の工作活動において成果が完璧に設計図に従うということはありえない。工作が身体による事物の加工であるかぎり、計画と成果のあいだの誤差を無にすることは不可能である。だがそれでも(a)設計の思想はあくまで計画の完全支配をめざすのであって、文明の歴史を顧みれば、人間が機械を発明したのはまさにこの計画の支配の貫徹のためであったと見られる。〔　イ　〕

4 機械の第一の特性は、それが人間の身体に素材の抵抗、作業の反作用を伝えないことであった。道具は作業の困難に遭うと、身体にたいして目的の再調整を求めるが、機械はそれ自体が壊れるまで、与えられた目的の実現に直進する。機械製造の画一性、機械製品の規格化は、(X)機械の持つこの愚直さの結果だといえる。けだし機械は製品を設計図どおりに造りあげるために、それ自体が設計図に従って忠実に造りだされており、いわばこの二重の計画性が設計の支配の貫徹を保証しているのである。

5 だが機械の発明、いいかえれば設計の支配の貫徹とは、別の面から見れば道具の改良の極致であり、道具の持つアスペクトの徹底した削減の産物にほかならない。道具はどれほど洗練されてもなお複数のアスペクトを残しており、その結果として意図された目的以外のために使うことができる。釘を打つ金槌は鉄塊一般のアスペクトを残していて、武器として使うこともできれば、文鎮として使うこともできる。これにたいして機械の物質としてのアスペクトは、道具とは次元を異にして数が少ないのがめだつはずである。

6 機械は洗練されるにつれて汎用性を減らすのが常であって、じつはこれこそ、機械そのものが設計図に従って造られるということの意味である。逆にいえば汎用性を減らすことが機械設計の任務であって、自動車と芝刈り機のエンジンの互換性をなくすことが発明家の仕事だといえる。ちなみに道具と機械の違いを反映してか、道具の改良は算術的に進行するが、機械の改良はしばしば指数関数的に発展する。〔 ロ 〕

7 さて、機械の発明による設計の思想の貫徹は、まぎれもなくそのまま観念の発見の過程であり、観念的な思考の定着の過程にほかならなかったことを、注意しておきたい。再確認しておけば観念の特性は三つあって、第一にはそれが単一のアスペクトしか持たないこと、第二にはそれにたいする身体の巻き込まれの程度が最少であること、そして第三にはそれが流動する体験の過去に位置することであった。

8　ここまで見てきたところ、紙に描かれた設計図にはまだ複数のアスペクトがあるが、考えられた設計そのものにはアスペクトは一つしかないはずである。もし設計の要求について複数の見方があるとすれば、共同作業は混乱するどころかまったく成立しない。また機械が身体にたいして反作用を与えず、目的の変更を求めないということは、それを使う身体が作業に巻き込まれる程度が低いということと同義語である。残るは第三の観念が過去の存在だという点であるが、これこそ機械と設計からただちに(b)演繹《えんえき》される特性だろう。〔 ハ 〕

9　あまりにも自明の事実だが、すべての設計は身体の作業に先立って与えられ、機械もまたそれを使う作業の以前に完成している。作業する身体の流れにとって、両者はつねに過去にあってそれ自体は変わることなく、しかし現在の身体の流れを勢いづけている。生産のような現実行動はつねに目的の設定から始まるから、それに従う現実行動は既定の過去をめざして進行するというのが正確なのである。

10　もとよりすべての現実行動は行動の長い歴史的連鎖のなかにあって、設計も機械もその長大な流れに打ちこまれた拍節にすぎない。設計も機械もそれを生みだした行動の産物であり、それ自体が変わらないということも、より大きな流れの一時的な堰《せ》き止めと見るべきだろう。生産の歴史にも随所に確実に [(3)] が働いていて、機械と設計はその水受けの役割を果たして、ときには産業革命のような飛躍ももたらしたのであった。〔 ニ 〕

11　ついでながら歴史的連鎖といえば、神話もまたつねに過去を語っていたことを忘れてはなるまい。祖先神であれ創造神であれ、すべての超越者は現実世界に先立って遠い過去にあった。やがて宗教が高度化して神話が神学化するにつれて、神は世界の設計者であり被造物の歴史の以前にあるという思想が一般的になった。おそらく超越神は人類が最初に知った純粋な観念の一つだろうが、それは過去にしかありえない存在だったのである。〔 ホ 〕

（山崎正和『リズムの哲学ノート』による）

問一　傍線部(X)「機械の持つこの愚直さ」とは何か。五〇字以内でわかりやすく説明せよ。

問二　本文中には、次の一文が脱落している。いずれかの段落の末尾に入るが、最も適切な箇所を空欄〔　イ　〕～〔　ホ　〕の中から一つ選び、解答欄にマークせよ。

蒸気機関からガソリン・エンジンへの転換は、石油革命ともいうべきパラダイム転換を必要としたのであった。

問三　著者は本文と異なる箇所で、次のように述べている。

人類学者レオ・フロベニウスの報告に触発された私は、彼の用語を借りて、二つの世界観を「世界開豁《かいかつ》」「世界閉塞」の思想と呼び、それぞれに対応する身体を「する身体」と「ある身体」と名づけておいた。世界を無限に開かれた可能性として信じ、たえずみずからを拡張しようと試みる人間の一面と、世界を限界だらけの閉じられた場所として受けいれ、そのなかで自分自身の内部に立て籠もろうとする一面とを対比したのだった。

これを踏まえて、空欄 (1) に入る最も適切なものを次の中から一つ選び、解答欄にマークせよ。

イ「する身体」ではなく、むしろ「ある身体」の側に見いだされる
ロ「ある身体」ではなく、むしろ「する身体」の側に見いだされる
ハ「する身体」の側にも、また「ある身体」の側にも見いだされる
ニ「ある身体」の側にも、また「する身体」の側にも見いだされない
ホ「ある身体」と「する身体」との、混合ないし融合として見いだされる

7

問四　空欄 (2) に入る語句として最も適切なものを次の中から一つ選び、解答欄にマークせよ。

イ　少なくとも　　ロ　いいかえれば　　ハ　逆にいえば　　ニ　しかし　　ホ　おそらく

問五　傍線部(a)「設計の思想」とあるが、ここでいう「設計の思想」に**あてはまらないもの**を次の中から**二つ**選び、解答欄にマークせよ。

イ　目的を絶対化し、その目的のために手段を完全に服従させることを要求する思想。
ロ　計画と成果とが何一つ違わず、誤差が限りなく無になるように目指し続ける思想。
ハ　人間の関与と機械の自律との二重の計画性を担保し、常に安全性を貫徹する思想。
ニ　身体的な経験や蓄積よりも、かくあるべしという観念によって貫かれている思想。
ホ　素材の汎用性を削ぎ落とし、規格を画一化しつつ普遍的なものに洗練させる思想。

問六　傍線部(b)「演繹」とあるが、その説明として最も適切なものを次の中から一つ選び、解答欄にマークせよ。

イ　相違を明らかにするために二つ以上の事物を比べること。
ロ　いくつかの類似点をもとにして他の事を推しはかること。
ハ　個々の具体的事実から一般的な命題や法則を導き出すこと。
ニ　一般的原理から論理的に個々の事実や命題を引き出すこと。
ホ　種々の事柄の関係を統一的に説明するために仮説を立てること。

問七　空欄 (3) に入る語句と、その説明として最も適切なものを次の中から一つ選び、解答欄にマークせよ。

イ　「水車構造」が入る。川から引き込んだ水を動力として回転し続け、製粉や精米などをおこなう水車のように、長い歴史的連鎖のなかで、設計や機械は絶えず進歩し革新され続けているから。

ロ「間歇泉《かんけつせん》構造」が入る。一定の時間を隔てて、周期的に熱湯や水蒸気を噴出する間歇泉のように、長い歴史的連鎖のなかで、革新的な設計や機械は一定の周期によって何度も登場してくるものだから。

ハ「水琴窟《すいきんくつ》構造」が入る。地中に埋めた甕《かめ》に水滴が落ち、共鳴して響く音を楽しむ水琴窟のように、長い歴史的連鎖のなかで、表面にはあらわれてこない設計や機械にこそ真の革新性が秘められているから。

ニ「釣瓶《つるべ》構造」が入る。滑車の力を利用して、底の深い井戸水を汲み上げる釣瓶のように、長い歴史的連鎖のなかで、過去の埋もれた遺産を掘り起こして光を当てる設計や機械が革新性を産みだすものだから。

ホ「鹿《しし》おどし構造」が入る。竹筒に少しずつ水を落とし、溜まった水の重みで上下が反転する鹿おどしのように、長い歴史的連鎖のなかで、蓄積され停滞していた設計や機械が一気に革新されることがあるから。

問八　著者は本文中で道具と機械についてどのように理解しているか。その説明として最も適切なものを次の中から一つ選び、解答欄にマークせよ。

イ　一般に道具は単純で機械は複雑だと思われているが、実は道具のほうが複雑でさまざまな用途にも適合し、機械は単一の目的にしか使用できないという点で、人間の手作業とも親和性の高い道具の存在が今日において見直される必要がある。

ロ　道具の改良から産みだされた機械は、単一の目的に奉仕する設計の思想を貫徹させたが、それは人間が自己という観念を発見する過程とも不可分で、結果として近代における人間の強い自意識や身体性へのこだわりを育む土壌となった。

ハ　道具はあくまでも人間の身体と素材との対話や抵抗から生まれ、またその過程で常に身体が問い返されることになるが、設計図どおりに造りだされるとともに製品を設計図どおりに造りだす機械からは、人間の身体性が排除されている。

ニ　設計図にしたがって単一の目的に奉仕する機械は、道具のもっていた汎用性を減らして個別の用途に特化することに専ら力を注いできたが、時代の進展と複雑化のなかで、多様な要求を満たすための飛躍的な革新が求められている。

ホ　人間は古くから道具を使いこなして改良を重ねてきたが、その改良の極致が機械であって、いまや機械は世界の設計者であり、純粋な観念によって完璧にこの世界を創造する過去の超越神を想起させるような存在になっている。

【解答欄】

問一（10点）

設問	解答欄 イ	ロ	ハ	ニ	ホ	配点
問二	○	○	○	○	○	（6点）
問三	○	○	○	○	○	（7点）
問四	○	○	○	○	○	（3点）
問五	○	○	○	○	○	（各3点）
問六	○	○	○	○	○	（4点）
問七	○	○	○	○	○	（6点）
問八	○	○	○	○	○	（8点）

第8講

問題
Question

『坪内稔典の俳句の授業』

（坪内稔典）

〔出題：早稲田大（改題）〕

解答時間	目標得点	学習日	解答頁
30分	35／50点	／	P.95

◆歌は「個人」の創作か

芸術を「個の表現」として捉えるのは近代以降に浸透した一つの立場に過ぎない。古典の授業で「本歌取り」を習っただろうか。有名な古歌（＝本歌）の言葉や趣向を取り入れて新しい歌をつくる手法である。たとえば、藤原良経の「きりぎりすなくや霜夜のさむしろに衣かたしきひとりかも寝む」は、柿本人麻呂の「あしひきの山鳥の尾のしだり尾のながながし夜をひとりかも寝む」を本歌としたもので、「山鳥の尾」のイメージが加わることで、一人で寝る長い夜の寂寥《りょう》が一層深みを増している。その意味で、「きりぎりす」の歌は良経個人の創作とは言い切れない。近代という視点で俳句について考えよう。（西原）

第8講　次の文章を読んで、あとの問いに答えよ。

1　一般的には、感動があって俳句を作る、と考えられていますね。俳句だけではなく、そもそも表現というものは、まず感動があり、その感動を言葉で表現するものだと考えられています。でも、何かの感動を五七五音の短い言葉で表現することはとてもむつかしい。ほとんど不可能ではないでしょうか。

2　おおまかな言い方ですが、表現には二つのかたちがあります。

①　感動を表現する。

②　表現して感動を探す。

3　この二つです。近代の中心になったのは①でした。作文にしろ詩歌、小説にしろ、作者の感動がまずあって、その感動を書くとみなされてきました。俳句でもそうで、近代の俳句の方向を定めた正岡子規は、俳句は個人の感情の表現だと言いました（『俳諧大要』明治二十八年）。「個人の感情の表現」という規定が、まさに近代の文学としての条件だったのです。近代の文学は基本として個人の感情に根ざし、個人の感動から出発するものでした。

4　感動を表現する。これは言葉としては大変に美しい。でも、あまり感動しない者にとっては、自分の感動を表現しなさいと言われると大変に困る。実はわたしたちはあまり感動しないのではないでしょうか。

5　俳句は感動から出発する表現ではありません。［甲］、さきの②の立場が俳句です。［乙］、感動から出発しないのは近代的ではないのですね。［丙］、俳句もしばしば、その前近代性を非難されてきました。坪内逍遥は『小説神髄』（明治十八〜十九年）において、俳句や短歌のような短い詩型は作者の思いの十分な表現ができないと言いました。そして、作者の思いの十分な表現ができない詩型は未開の世の詩歌だと言いました。逍遥は西欧の長い詩型を頭に置いて考えているのですが、作者の思いの十分な表現とは、感動の十分な表現ですね。それがあまりにも短い俳句ではできず、だから俳句は未開の世の詩歌だというわけです。

6　ところで、(a)俳句の基本的な作り方は、題に応じて作る題詠です。この題詠は、今では宮中の歌会始めに残っていますね。歌会始めではお題が出て、そのお題に応じて歌が詠まれます。俳句も、和歌から伝えられたその題詠を基本的な作句法にしてきました。

7　でも、この題詠は、近代では一度、否定されるのです。たとえば、子規は、自分の目で対象を見つめる写生を俳句や短歌の方法として導入しましたが、それは、題詠の否定でした。題で発想するのではなく、自分の目で見た感動から発想するのが写生だったのですから。

8　近代の伝統的な定型詩には、短歌と俳句があるのですが、題詠の否定は、短歌の方が積極的でした。歌会始めに例外的に題詠を残していますが、与謝野鉄幹、正岡子規などに始まった近代短歌は、題詠の伴う遊び的な要素を嫌い、感動をうたう詩型としてひた走ってきたといえます。その点では、(b)近代以前のはるかな昔に起源を持つ伝統詩型でありながら、短歌はもっとも近代的な詩型でもあったのです。

9　そんな短歌に比べると、俳句はずいぶんいい加減というか、曖昧でありまして、題詠的な要素を強く残して続きました。子規にしてからが、一題十句などの題詠が大好きでした。一題十句とは、たとえばストーブという一つの題で十句を作ること。子規の場合、実際に写生した句ももちろんありますが、多くは一題十句のような題詠による作でした。

10　俳句は、作者の感情を表現する（子規）という意味では、まさに近代の文学でした。写生という方法もそんな近代性を支えました。でも、その作者の感情（感動と言ってもよい）は、表現に先立って存在するとは限りませんでした。むしろ、俳句では、感動は題詠による表現の後で発見されるものでした。

11 俳句の言葉を生き生きと楽しむには、俳句について次のような認識をもっておくとよいかもしれません。俳句、つまり五七五音の表現とは、日常の言葉とは違う、(c)虚構の言葉だという認識です。

12 実際、わたしたちは、日常生活では五七五でしゃべりません。試みに「ねえあなた　けさはなんだか　寒いわね」「そうだなあ　窓には雪が　舞ってるね」「アメリカン　それともココア　ねえあなた」「ココアだな　けさはココアだ　雪だから」……たとえばこんな調子で五七五でしゃべりますと、なんともおかしい。つまり、五七五音は日常の言葉の形式ではないから、それを日常へ持ち込むと違和感が際立つのですね、もっとも、その違和感のために、日常が新鮮になるという効果があります。友人とか夫婦の間でときに五七五音でしゃべることにすると、関係が新鮮になるかも知れません。

13 要するに、俳句や短歌の定型は、日常の言葉の世界とは違う、いわば虚構の世界を作るものです。俳句を楽しむとは五七五音の虚構の言葉を楽しむことなんです。

14 俳句は五七五音の虚構の世界だと言いました。この虚構の世界を楽しみ、また充実させるために、人々は伝統的に知恵を(d)発キしてきました。それは俳号です。芭蕉、蕪村、一茶、子規……こういう名前は言うまでもなく俳号ですが、俳諧師、俳人は伝統的に俳号を名乗りました。それは本名で過ごしている現実とは別の世界、つまり虚構の世界へ入るためだったと言ってよいでしょう。

15 俳号はいわゆる雅号の一種ですが、俳号を名乗ることで仲間が平等になったわけです。句会などに、現実の社会的地位をそのまま持ち込むと(e)キュウ屈でどうしようもありません。それで、俳号を名乗ることで現実の身分、地位を離れ、俳句仲間はみんな平等になった訳です。古くはこうした俳諧の座の平等を「俳諧自由」といいました。

16 近代に入って次第に俳号は使われなくなります。本名のままで押し通すことが美徳というか、近代的なふるまいのようにみなされてくるのですね。近代の文学の中心になった小説でも、明治のころはまだ坪内逍遥、二葉亭四迷、尾崎紅葉、夏目漱石というようにみんな雅号を名乗っていましたが、本名が目立つようになるのは「白樺」派の小説家、武者小路実篤、志賀直哉、有島武郎あたりからでしょうか。かれらは当時の上流階級の子弟でしたが、彼らの恵まれた環境が、本名のままの自分、すなわち現実の自我を押し通すことを可能にしたと考えられます。

17 近代とは個人を基礎にした社会です。だから、しっかりした自己を持つことが要請され、〈自己の確立〉というようなことが時代の目標になりましたね。今でも、人々、ことに若い人たちは、〈自己の確立〉を目標にしているといえます。

18 〈自己の確立〉は、もちろん大事なことですが、(f)雅号をやめて本名だけにしてしまうことを、あたかも〈自己の確立〉だと錯覚したきらいはなかったでしょうか。ぼくは、本名だけのただ一つの自己よりも、雅号という仮面をかぶることで出現するいくつもの自己を好みます。自己が一つだけではとてもキュウ屈なんです。

19 雅号や俳号は仮面（ペルソナ）です。わたしたちは、仮面の働きをよく知っていますね。たとえばサングラス一つ、あるいは化粧や衣装を変えるだけで、まるで人格がかわったように感じます。こういう仮面の働きを、わたしたちはうまく日常生活のなかで利用しているわけですが、それをそのまま、表現において利用しない手はありません。ところが、感動を表現するという近代の主流になった考え方は、本名の自己の感動をもっぱら重んじたのです。その重視は、作品の享受、読解において作者中心主義を広める結果になりました。たとえば、

いくたびも雪の深さを尋ねけり　子規

という句を鑑賞する場合、子規という作者に即して読解するのです。子規は寝たきりの病人だったから、自分で雪の降るようすを確認できなかった、それで家人などに何度も深さを尋ねているのだ、と読むことになります。でも、この句の場合、〈いくたびも雪の深さを尋ねけり〉という五七五音からは、つまり、作者を考慮しないで作品だけに注目したときには、病人のようすを読み取ることはかなり無理なのではないでしょうか。むしろ、電話で、両親のいる故郷の雪のようすを尋ねているとか、あるいはスキーに行く雪国の雪の深さを尋ねているというような読み方がまず出てくるのではないでしょうか。もちろん、そういういろんな読み方の一つとしてこれは病人のようすだという読み方もありえます。

20 さて、子規は句会を好みました。そこでは、作者名を伏せて互選が行われたわけですね。つまり、作者名とはかかわりなしに、五七五音の表現が読解されたのです。このことがとても大事だと思います。つまり、句会における作者とはかかわりなしに五七五音の表現を読む慣習は、俳句の読み方の基本とみなしてよいのではないでしょうか。このようにみなすとき、近代の［丁］とは異なる俳句という文芸に接近できるし、俳人たちが俳号を用いてきた伝統も理解できます。俳号は、作者から現実のさまざまな痕跡を消し、要するに五七五音の表現だけを際立たせる工夫だったのです。

（坪内稔典『坪内稔典の俳句の授業』による）

問一　空欄［甲］、［乙］、［丙］には接続詞が入る。その組み合わせとして最も適切なものを次の中から一つ選び、解答欄にマークせよ。

イ　**甲**　つまり　**乙**　だから　**丙**　そして
ロ　**甲**　つまり　**乙**　でも　**丙**　だから
ハ　**甲**　したがって　**乙**　だから　**丙**　なぜなら
ニ　**甲**　したがって　**乙**　でも　**丙**　つまり

問二　傍線部(a)「俳句の基本的な作り方は、題に応じて作る題詠です」とあるが、著者の題詠に対する主張として最も適切なものを次の中から一つ選び、解答欄にマークせよ。

イ　俳句における題詠は、個人の感動から出発するという近代文学のあり方とは違うという点で、俳句を近代文学として位置づけられないと主張している。
ロ　俳句における題詠は、宮中の歌会始めの題詠と同様のものであり、その伝統的なあり方は、文学の近代性を支えるものとして位置づけられると主張している。
ハ　俳句における題詠は、短歌における題詠とは、その方法が本質的に異なっている点で、近代短歌での題詠は否定されても、俳句における題詠は否定されないと主張している。
ニ　俳句における題詠は、個人の感動から出発するという近代文学のあり方とは違うものの、俳句には表現してから感動するという独特のあり方があると主張している。

問三　傍線部(b)「近代以前のはるかな昔に起源を持つ伝統詩型でありながら、短歌はもっとも近代的な詩型でもあった」とあるが、その説明として最も適切なものを次の中から一つ選び、解答欄にマークせよ。

8

イ 短歌には長い伝統があるが、近代になって題詠が根本的に否定されることで、本物の個人の感動ということを重んじる近代的側面が重要視されたということ。

ロ 短歌には長い伝統があるが、近代でも歌会始めがあるように、時代に応じたあり方が模索されることで、近代的詩型として成功したということ。

ハ 短歌には長い伝統があるが、その蓄積によって、作者の思いの十分な表現ができるような近代性をも兼ね備えるに至ったということ。

ニ 短歌には長い伝統があるが、近代において、俳句短歌刷新の大きな議論を経験することで、俳句よりも近代的な詩型として再生し得たということ。

問四 傍線部(c)「虚構の言葉」とあるが、その説明として最も適切なものを次の中から一つ選び、解答欄にマークせよ。

イ リズムを持つ五七五音の形式によって、日常生活のリアリティを再評価するもの。

ロ 日常生活で使わない五七五音を利用することで、世界の見方をずらすもの。

ハ 五七五音の形式で日常とは別の世界を作り、その表現からの感動を楽しむもの。

ニ 非日常の五七五音という形式によって、日常の虚構性を気づかせてくれるもの。

問五 傍線部(d)「発キ」、(e)「キュウ屈」のカタカナの部分に用いられるのと同じ漢字をカタカナ部分に含むものを、それぞれ次の中から一つ選び、解答欄にマークせよ。

(d)「発キ」

イ キ道に乗る　ロ キ格外の寸法　ハ キ色満面　ニ キ権する選手　ホ キ発性の油

(e)「キュウ屈」
イ 進退キワまる　ロ キワめて優秀　ハ キワどい勝負　ニ セマい部屋　ホ 危険がセマる

問六 傍線部(f)「雅号をやめて本名だけにしてしまうことを、あたかも〈自己の確立〉だと錯覚したきらいはなかったでしょうか」とあるが、どういう点で「錯覚」といえるか。これを説明するものとして最も適切なものを次の中から一つ選び、解答欄にマークせよ。

イ 雅号にすることで言葉の表現だけを際立たせる効果もありえたのに、本名だけを貫くという近代的自己確立の方を優先させてしまったということ。

ロ 本名のままの自分を押し通すことが大切だと思われたために、雅号を使っていた夏目漱石らの自己確立を見逃してしまったということ。

ハ 仮面としての雅号のあり方を考えず、本名の自己の感動を表すことでしか近代的な自己確立がありえないと考えてしまったということ。

ニ しっかりした自己確立が要請される近代社会において、雅号と本名を隠す方法としてのペンネームとの違いを混同してしまったということ。

問七 空欄 丁 に入る最も適切な六字の語句を本文中から抜き出して、記述解答用紙の所定の欄に記せ。

問八 筆者の議論に従えば、俳句作者としての子規のあり方は、文学の近代化の主張とそぐわない側面がある。それはどのような側面か。またそういえる理由はなにか。記述解答用紙の所定の欄に、七〇字以上一〇〇字以内で述べよ。論述においては次の条件を必ず守ること。なお、採点においては、誤字や表現の不自然さなどは減点の対象となるので注意すること。

・二文以上で書くこと。最初の文は「子規は」から文章を始め、最後の文は「からである。」で終わること。

・文中で「題詠」「感動の発見」「表現」という語句を使うこと。

・冒頭を一字下げにする必要はない。

・句読点や符号等も一字とし、それらが行頭行末にきても、必ず一つのマス目内に記すこと。

設問		解答欄 イ	ロ	ハ	ニ	ホ	配点
問一		◯	◯	◯	◯	◯	(6点)
問二		◯	◯	◯	◯	◯	(6点)
問三		◯	◯	◯	◯	◯	(6点)
問四		◯	◯	◯	◯	◯	(5点)
問五	(d)	◯	◯	◯	◯	◯	(2点)
	(e)	◯	◯	◯	◯	◯	(2点)
問六		◯	◯	◯	◯	◯	(6点)

8

【解答欄】

問七（4点）

問八（13点）

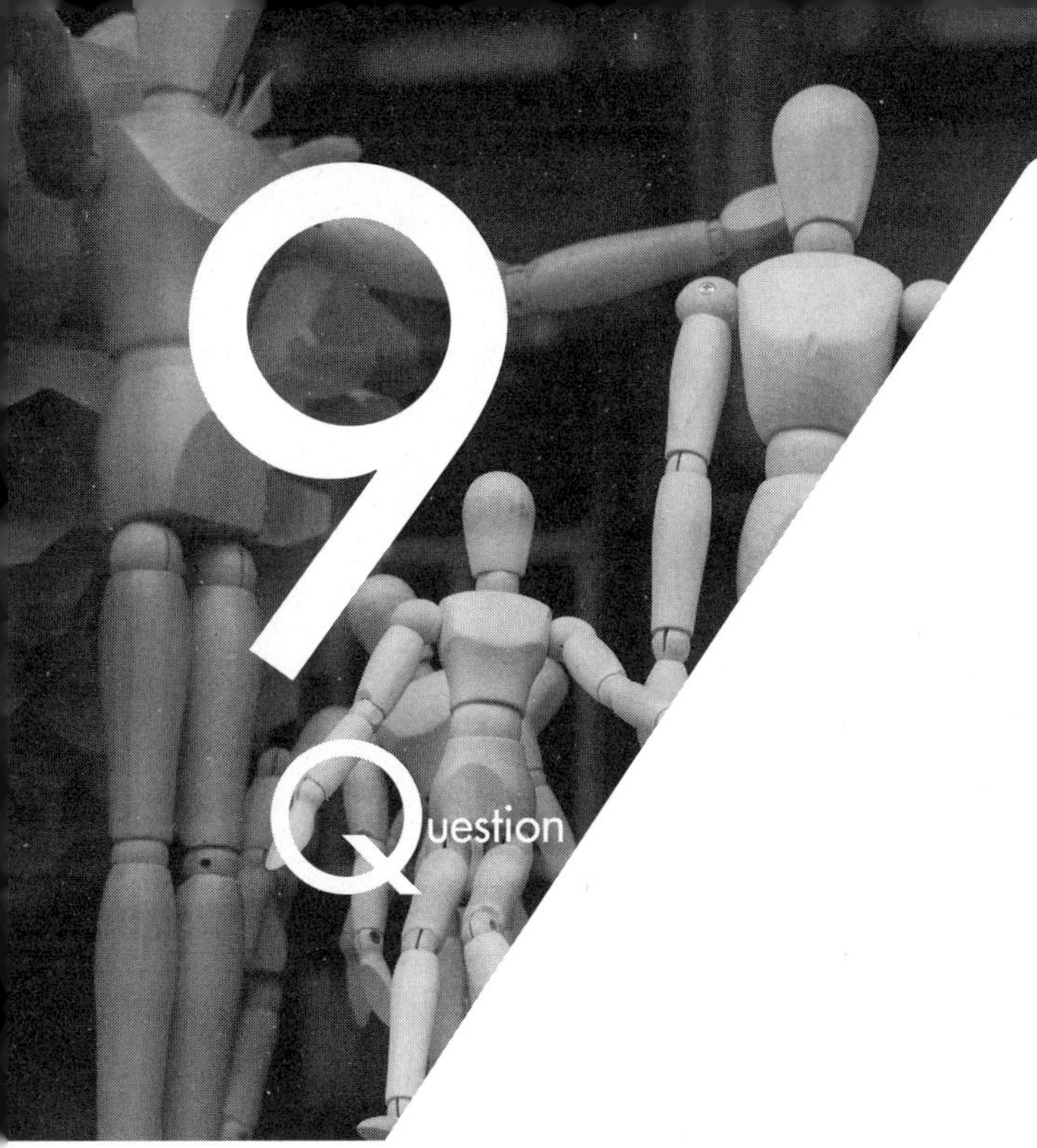

第9講

問題
Question

『「摩擦」の意味』

（鷲田清一）

〔出題：静岡大（改題）〕

解答時間	25分
目標得点	35/50点
学習日	／
解答頁	P.111

◆分断への防波堤

——私はあなたの説には反対である。しかしあなたがそれを発言する権利は命をかけて擁護する——フランスの思想家ヴォルテールの言葉とされている。皆が「同じ意見」をもつ社会は恐ろしい。その裏には必ず、異分子の苛烈な排除があるからである。人間とは重層的で、流動的でときに矛盾した生き物である。そうした複雑さを自他の中に認め、完全な友でも完全な敵でもない他者と、粘り強く対話を続けていく姿勢が大切だ。相手の意見を批判するのは自由でも、相手の意見する権利を否定することは許されない。社会の分断が叫ばれる今、「摩擦」の意味を考えよう。（西原）

第9講　次の文章を読んで、後の問いに答えなさい。

1「話せばわかる」――。これは、五・一五事件、昭和七年五月一五日に海軍青年将校たちによって時の内閣総理大臣、犬養毅が銃撃されたその直前に口にした言葉として伝えられているものです。こうした言葉がなんの逡巡《しゅんじゅん》もなしに無視されるとき、社会は壊れるのだと思います。

2　とっさに口をついて出たこの言葉に、言論の力と相互理解の可能性が賭《か》けられていたことは疑いありません。けれども、それを聴き入れる魂をもはやもたない人たちにおいては、犬養が信じた言論の力は肉体の（暴）力に転位し、［　(1)　］。

3　意見の対立が調停不可能なまでに激化していたこと、そのことに問題があるのではありません。そうではなくて、そういう対立が対立として認められる場所そのものが損ねられたこと、壊れてしまっていたこと、それが問題なのだと思います。理路をつまびらかにする、そういう説得にもはや「耳を貸す」「聞く耳をもつ」ことを拒む人たちが、暗殺といった惨劇を惹《ひ》き起こしました。ここには、別の言葉はあっても、そのあいだに公分母は存在しませんでした。

4　わたしがこれまでとおなじくここでもしようとしているように、「わたしたち」という語を使うということには、つまり、みずからの個人的な主張を（他の人たちにもさまざまの異論がありうることを承知のうえで）「わたしたち」というふうに第一人称複数形で語りだすことには、わたしが「わたしたち」を僭称《せんしょう》する、という面がたしかにあります。あるいは、おもねりやもたれつき、つまりは同意への根拠なき期待といったものがあるにちがいありません。とはいえそこで、「わたしたち」を「わたし」と言い替えたところで、事は変わりません。「わたし」

とはそのように語る者のことであるという「話者」の当然の権利を、というか了解を、他者にあたりまえのように求めているからです。この了解を拒むこと、それを「問答無用」と言って拒んだのが、あの狙撃者《そげきしゃ》たちです。その襲撃の場では、「わたし」という第一人称と「きみたち」という第二人称を(ア)ホウカツする「わたしたち」が一方的に否認されたのでした。

5 「話してもわからない」ことはもちろんいっぱいあります。そういうときでも「わかりあえないこと」からこそ始めようという姿勢が、メッセージが、「わたしたち」という語には籠《こ》められています。けれども、それがもはや他者に通用しないとき、意味（meaning）として理解できても意味あるもの、※1significantなものとしては聴かれないとき、一つの社会、一つの文化が壊れてしまいます。

6 そうした壊れ、崩れには、すくなくとも二つのかたちがあります。一つは、外部の権力による侵襲、あるいは内部の権力による圧制が、その社会の構成員を「難民」として離散させるかたちであり、いま一つは、ある社会のなかで格差と分断が修復しがたいまでに昂《こう》じるというかたちです。

7 後者について、※2T・S・エリオットはかつて「文化の定義のための覚書」のなかで、こんなふうに述べていました——

文化の解体は二つもしくはそれ以上の社会層が全くかけ離れてしまって、それらが事実上別個の文化と化する場合に現われます。また上層水準の集団における文化が分裂して断片化し、それらの各々が一つの文化的活動のみを代表する場合にも現われます。

（「文化の定義のための覚書」『エリオット全集５』深瀬基寛訳、中央公論新社、２４６頁）

8 交通の不能、伝達の不能。そういうかたちでの人びとのあいだの乖離《かいり》によって一つの〈文化〉が崩壊する可能性は、そもそも社会というものが、異なる共同体、異なる文化集団、異なる階層が「統合」されたものとしてある以上は、その社会につねに伏在しています。それは、ここに述べられているように、職能の複雑化や個別化などをとおして、茎に鬆《す》が入るようにそれと気づかれることなく進行することもあれば、社会の異なるセクター、異なる階層、異なる文化集団などの利害が和解不能なほどに対立し、その軋轢《あつれき》がいっきょに激しく噴きだすというふうに起こることもあります。しかしそれらがめったなことでは最終的な解体や崩壊にまで転げ落ちることがないのは、出自や利害や文化的な背景を異にしながらも、それらの差異をある共通の理念で覆いえてきたからです。国民国家として成形される現代の社会でいえば、〈民主制〉と〈立憲制〉という理念がそれにあたるでしょう。

9 このような理念が共有されないところでは、社会のなかの複数の異なるセクターが他との交通を遮断して、経済的な依存関係とは別に、おのおのが(イ)ヘイサされた共同性へと収縮したままです。それを超えて、たがいに見知らぬ人びとがそれでも見知らぬまま、国民国家という、一つの擬制的（fictitious）ともいえる政治的共同体を形成するには、共通の理念が、ときにはその「象徴」となる存在が必要となるのです。

10 ただ、ある理念を共有しようというその意志は、一定の権勢をもつ集団による他集団の「同化」というふうに、いわば同心円状にそれを拡大したところに成り立つものであってはなりません。いわゆる西欧発の《近代性》はある面、ヨーロッパというローカルな場所で生まれた社会の構成理念が世界へと同心円状に拡《ひろ》がっていったものと見ることができます。ですが、異なった歴史的時間を刻んできた国々に、伝搬もしくは強行というかたちで移植されたあと、それぞれの国で伝統文化との複雑な軋轢を生みました。《近代性》の諸制度はそれぞれの場所で、希望を育《はぐく》むとともにさまざまの軋《きし》みや傷や歪《ゆが》みを強いてきもしました。そうした経験をへて現在、それぞれの地域でそれぞれに異なる複数の《近代性》があらためて模索されつつあります。《近代性》を「未完のプロジェクト」と呼んだのはJ・ハーバーマス※3ですが、これは理念の完全な実現の途上にあるという意味のみならず、その理念の具体化には(2)未知の複数のかたちがありうるという意味でも解されるべきだろうと思います。

11 「支配的な思想とは、まさしくある一つの階級を支配階級たらしめる諸関係の観念的表現であり、その階級の支配の思想である」とK・マルクス※4が(ウ)カンパしたように、この共通の意志もまた、支配的な集団の一つの「信仰」であることは否めません。じじつ、《近代性》という「信仰」は、それ自身がなにより《普遍性》を謳《うた》うものであるのですから、これまでいろいろな場所で目撃されてきたように、これに従わない人たちの存在を事前に否認し、政治という交渉の場所から排除してしまいます。そしてそれゆえにこそ、ある社会を構成する複数文化のその《共存》のありようがきわめて重要になるのです。〈民主制〉と〈立憲制〉を下支えする《寛容》の精神は、他者の自由に対して不寛容な人たちにさえも寛容であることを求めるものであるはずだからです。これは綱渡りのようにきわめて困難な課題をすすんで引き受けようとする精神なのです。

12 (3)エリオットはこの《共存》の可能性を、なにかある「信仰」やイデオロギーの共有にではなく、あくまで社会の諸構成部分のあいだの「摩擦」のなかに見ようとしました。あえて「摩擦」を維持するとは、これもまたなかなか容易《たやす》いことではありませんが、エリオットはこう言っています（傍点は引用者）——

〔一つの社会のなかに階層や地域などの相違が〕多ければ多いほど、あらゆる人間が何等《なんら》かの点において他のあらゆる人間の同盟者となり、他の何等かの点においては敵対者となり、かくしてはじめて単に一種の闘争、嫉視、恐怖のみが他のすべてを支配するという危険から脱却することが可能となるのであります。

（同書、290頁）

13　一つの社会の「重大な生命」はこの「摩擦」によって育まれるというのです。社会のそれぞれの階層やセクターはかならず「余分の附加物と補うべき欠陥」とを併せもっているのであって、それゆえに生じる恒常的な「摩擦」によって「刺戟《しげき》が絶えず遍在しているということが何よりも確実な平和の保障なのであります」とまで、エリオットは言います。というのも、「互いに交錯する分割線が多ければ多いだけ、敵対心を分散させ混乱させることによって一国民の内部の平和というものに有利にはたらく結果を生ずる」からです。

14　こうした「摩擦」を縮減し、消去し、一つの「信仰」へと均《なら》してゆこうとする社会は、「牽引力《けんいんりょく》」と「反撥力《はんぱつりょく》」との緊張をなくし、その「生命」を失ってしまいます。この点についてエリオットはこう言っています。――「一国の文化が繁栄するためには、その国民は統一されすぎてもまた分割されすぎてもいけない（……）。過度の統一は(エ)ヤバンに起因する場合が多く、それは結局、圧制に導く可能性があり、過度の分割は頽廃《たいはい》に起因する場合が多く、これまた圧制に導く可能性があります」、と。

15　(4)以上の議論は半世紀以上前のものですが、現代においても、というか現代においてよりいっそう、リアルになってきています。権力といえば、わたしたちは長らく、じぶんたちの暮らしを細部まで管理し、一つに糾合しようという、「翼賛」的な権力による《統合の過剰》をひどく警戒してきました。けれども、昨今における格差の異様な肥大、排外主義の止めようのないエスカレーション[※5]などをみれば、わたしたちが(オ)ウレうべきはむしろその逆、人びとを一つにまとめさせない《分断の深化》（齋藤純一）ではないかと思われます。

（鷲田清一『「摩擦」の意味――知性的であるということについて』による）

（注）
※１ significant…意味のある、重要な。
※２ Ｔ・Ｓ・エリオット…イギリスの詩人・批評家。
※３ Ｊ・ハーバーマス…ドイツの哲学者・社会学者。
※４ Ｋ・マルクス…ドイツの思想家。
※５ エスカレーション…度合を激しくすること。

問一　傍線部(ア)〜(オ)のカタカナの部分を漢字に改めなさい。(解答は楷書《かいしょ》ではっきり書くこと。)

問二　空欄 (1) に入る内容として適切なものを、次の①〜⑤のうちから一つ選びなさい。
① 相互理解の現実性は相互遮断の可能性へと変化してしまいました
② 相互遮断の可能性は相互理解の不可能性へと転じてしまいました
③ 相互理解の可能性は相互遮断の現実性へと裏返ってしまいました
④ 相互遮断の現実性は相互理解の可能性へと逆転してしまいました
⑤ 相互理解の可能性は相互遮断の閉鎖性へと反転してしまいました

問三　傍線部(2)「未知の複数のかたちがありうるという意味でも解されるべきだろう」とあるが、筆者が「《近代性》」についてこのように考えるのはなぜか。その理由を九〇字以内で説明しなさい。(句読点なども一字と数える。)

問四　傍線部(3)「エリオットはこの《共存》の可能性を、なにかある『信仰』やイデオロギーの共有にではなく、あくまで社会の諸構成部分のあいだの『摩擦』のなかに見ようとしました」とあるが、筆者は同様の可能性をどこに見ようとしているか。本文中から一五字以内でそのまま抜き出しなさい。(句読点なども一字と数える。)

問五　傍線部(4)「以上の議論は半世紀以上前のものですが、現代においても、というか現代においてよりいっそう、リアルになってきています」とあるが、これはどういうことか。一〇〇字以内で説明しなさい。(句読点なども一字と数える。)

【解答欄】

問一（各２点）
(ア)
(イ)
(ウ)
(エ)
(オ)

問二（６点）

問三（12点）

問四（６点）

9

問五（16点）

第10講

問題
Question

『ことり』
（小川洋子）

〔出題：東北大〕

解答時間	目標得点	学習日	解答頁
25分	35/50点	／	P.123

◆文学と想像力

大学入学共通テストをはじめとして、入試では古い時代の小説が題材となることがある。また、時代は新しくとも、普通の高校生の日常からは遠い〝変わった設定〟の作品が出題されることも少なくない。そうした小説を自分事として捉えるのは難しいが、本文の記述を丁寧にたどり、登場人物の心情に少しでも近づかなければならない。第9講では社会の分断を扱った。今、われわれには自分からは「遠い」と思える他者の心情に想いを馳せる力が求められている。小説読解において登場人物の心情を考える経験は、現実社会における他者の理解にきっとどこかでつながっている。

（西原）

第10講

次の文章は、唯一の肉親であった兄を亡くした「小父《おじ》さん」の日々を描いている。兄は鳥のさえずりのような言葉を操る存在であり、その言葉を正しく理解できたのは「小父さん」だけだった。兄の死後、「小父さん」は、兄とともに小鳥を見に通っていた幼稚園の鳥小屋の掃除を定期的に行っていた。文章を読んで問いに答えよ。

鳥小屋の掃除に幼稚園へ通う以外の時間、小父さんはしばしば図書館で過ごした。公民館の二階にある、(1)こぢんまりした分館だった。借りるのは例外なく鳥にまつわる本で、図鑑や写真集や科学書はもちろん、わずかでも鳥に関わりのあるものを探しては順番に読んでいった。案外、借りるべき本は尽きなかった。野鳥の写真を撮影する方法を解説した指南書もあれば、色変わりしたコキンチョウの交配に生涯をかけたある小学校教師の伝記もある。ヨウムに言葉を理解させる研究レポートもあれば、白鳥に乗って旅をする少年のおとぎ話もある。孔雀《くじゃく》公園の飼育員、独房で文鳥を友とした死刑囚、密猟者、鳩《はと》料理専門店のシェフ、鳥の鳴き真似を得意とする口笛演奏家……。登場人物は多彩だった。

小父さんが立ち寄る時間帯、分館は空いていた。カウンターの向こう側に司書が一人、絵本コーナーの丸いテーブルに子供が二、三人、あとは書棚の陰に幾人かが見え隠れしているだけだった。天井は高く、蛍光灯の光は弱々しく、床は所々軋《きし》んで切ない音を立てた。南向きの窓には用水路に沿って延びる遊歩道の緑が映っていた。掲示板に張られた新着図書到着の案内も、本の背表紙の分類シールもどことなく黄ばんでいた。

いつしか小父さんは書棚の前に立ち、背表紙に目を走らせるだけで、求める本をパッと見つけることができるようになっていた。それを読みたいか読みたくないかは問題ではなく、大事なのはただ一点、鳥がいるかいないかだけだった。たとえそこに『鳥』の一文字がなかろうと、鳥とはどんなにかけ離れたタイトルであろうと、小父さんの目は誤魔化せなかった。本の奥深くに潜むさえずりがページの隙間から染み出してくるのを、小父さんの耳は漏らさず捕らえた。その一冊を抜き取り、ページをめくると、案の定そこには鳥の姿があった。分館に収蔵されて以来まだ誰の目にも触れていないページに、長く身を隠していた鳥たちは、(ア)「やれやれ」といった様子で、小父さんの手の中でようやく翼を広げるのだった。

「いつも、小鳥の本ばかり、お借りになるんですね」

ある日、新しく借りる本をカウンターに置いた時、突然司書から声を掛けられ、(イ)小父さんは狼狽《ろうばい》した。貸し出しカードを手にしたまま、しばらく声の主に視線を向けられなかった。

「ほら、今日の本もそう。『空に描く暗号』」

司書は本を受け取り、タイトルを読み上げた。

「渡り鳥についての本でしょう?」

その時初めて小父さんは司書の顔を見た。幾度となく分館に来ていながら、司書を意識したことなどなく、目の前の彼女とこれまでに何度くらい顔を合わせているのか、見当もつかなかった。しかし少なくとも彼女が、小父さんの読書の傾向を正しく把握しているのは間違いなかった。

「はい……」

仕方なく小父さんはうなずいた。自分が選ぶ本に気を配っている人間がいようとは思いもせず、不意打ちをかけられたようで(2)気後れがした。

「ごめんなさい。別に利用者の方の借り出し状況をいちいちチェックしているわけじゃないんです」

小父さんの動揺を見透かすように彼女は言った。

「ただ、ここまで一貫している方はそういらっしゃらないので、何と言うか、とても圧倒されているんです」

彼女は『空に描く暗号』の表紙を撫《な》で、それから上目遣いにはにかんだ笑みを浮かべた。

思いがけず若い娘だった。若すぎると言ってもいいほどだった。ふっくらとした頬にはまだあどけなさが残り、首はか細く、化粧気のない唇は潤んでつやつやしていた。短く切り揃《そろ》えられた髪は襟元で跳ね、無造作にめくり上げた事務服の袖口からは、白い手首がのぞいていた。

「ここに座っているとどうしても、誰がどんな本を借りるのかつい気に掛けてしまうんです。立派な老紳士が『不思議の国のアリス・お菓子大事典』をリクエストしたり、小学生の男の子がギリシャ哲学のシリーズを読破したり……。新着図書が到着すると、この本は誰の好みか、誰に相応《ふさわ》しいか、勝手に思い浮かべます。たまにその予想がぴったり命中すると、自分が善い行いをしたみたいな気分になるんです。そしてある時気がつきました。この人は鳥に関わりのある本しか借りない、って」

まるでそれが素晴らしい発見であるかのような口調で、彼女は言った。小父さんはただあいまいに、「ええ、まあ……」と応じるしかなかった。

「一体どこまで(ウ)鳥の法則は続くのだろうかと、ずっとどきどきしていました」

そう話しながら司書は、小父さんの手から貸し出しカードを受け取り、ノートに書名と分類記号と利用者番号を記入した。几帳面《きちょうめん》で綺麗《きれい》な字だった。

「一見、鳥と無関係な本だと、ちょっと心配になるんです。だから返却された時、そっとページをめくって、鳥を探します。見つけられた時は、なぜかほっとするんです」

外見の幼さとは裏腹に、彼女の声にはあたりの静けさを乱さない落ち着きがあった。絵本コーナーの子供たちはいつの間にかいなくなり、他の人たちは皆書棚の間に隠れて姿が見えなかった。彼女がなかなか『空に描く暗号』を手渡してくれないせいで、小父さんはカウンターの前に立っているよりほか、どうしようもなかった。

「でも、今日は心配ありませんね。渡り鳥の本だって、はっきりしていますから」

ようやく彼女は本の上にカードを載せ、小父さんに差し出した。どう反応していいか分からないまま、彼は黙ってそれを受け取った。

「ね、小鳥の小父さん」

と、司書は言った。あなたは小鳥の小父さんなのだから、そう呼んだまでです、とでもいうような素直な微笑が口元からこぼれていた。思わず小父さんは「えっ」と短い声を上げた。

「幼稚園の子供たちは皆、そう呼んでいますものね」

小さくうなずいたあと、小父さんはズボンのポケットにカードを突っ込み、本を脇に挟んだ。

「返却は二週間後です」

そう言う司書の声を背中に聞きつつ、小父さんは分館を後にした。

帰り道、日曜日で閉まっている青空薬局の、入口に引かれた白いカーテンの隙間から何気なく中を覗《のぞ》き、ポーポー[※1]が姿を消しているのに気づいた。小父さんは自転車を止め、もう一度よく確かめた。やはり、ポーポーの入っていた広口ガラス瓶はどこにもなかった。それがあったはずのレジ脇には、口臭予防のガムが置かれていた。

ポーポーがないだけで、そこは自分の知っている青空薬局とは違う場所のように(3)よそよそしかった。先代の店主は死に、天井のモビールと小鳥ブローチはもはや跡形もなく、結局ブローチにしてもらえなかったポーポーたちも、飛び立てないまま待ちくたびれて打ち捨てられてしまった。

これで、お兄さんがポーポーのために特別に選ばれた人間であったことが証明されたのだ、と小父さんは自分に言い聞かせた。お兄さんが死んだからこそ、広口ガラス瓶は撤去された。あの中から一本を選ぶ権利がある、唯一の人間がお兄さんだった。ささやかな薬局の片隅で羽を休めていた小鳥たちを、お兄さんは救い出したのだ。お兄さんにしかできないやり方で。

小父さんは再び自転車にまたがり、家路を急いだ。納棺の際、レモンイエローのポーポーをバスケットに納め、金具を閉じた時のパチンという音がよみがえってきた。※2言語学者の研究室へ向う汽車の中、終わりなく何度もその金具を開け閉めしていたお兄さんの震える指と、それを黙って見つめていた母親の横顔を思い出した。金具の音は、棺の蓋を閉める音よりもずっと正しく、お兄さんの死を証明していた。

自転車の籠の中で、借りてきたばかりの本がカタカタ鳴っていた。

「返却は二週間後です」

司書の言葉を、小父さんは声に出して言った。

「返却は二週間後です」

ペダルを踏む足に力を込め、もう一度繰り返した。本の立てる音と風の音に自分の声が紛れ、代わりに司書の声が耳元でよみがえってくるのを小父さんは感じた。(エ)彼女の声をもっとよく聞きたくて、更に力一杯ペダルを踏んだ。

(小川洋子『ことり』による)

(注) ※1 ポーポー…青空薬局で売っていた、包装紙に小鳥の絵が印刷された棒付きキャンディー。「小父さん」の兄は毎週この

キャンディーを買い、包装紙がたまると貼り合わせて小鳥の形のブローチを作った。

※2　言語学者の研究室…兄が小さい頃、その言語能力に不安を抱いた母が、検査のために兄を言語学の研究室に連れて行ったことがある。

問一　傍線の箇所(1)(2)(3)の意味を文脈に即して簡潔に記せ。

問二　傍線の箇所(ア)「『やれやれ』といった様子」には、「鳥たち」のどのような「様子」が表れているか。本文の内容に即して四十字以内で説明せよ。

問三　傍線の箇所(イ)に「小父さんは狼狽《ろうばい》した」とあるが、「小父さん」はなぜ「狼狽」したのか。その理由を本文の内容に即して四十五字以内で説明せよ。

問四　傍線の箇所(ウ)「鳥の法則」は何を指しているか。本文の内容をふまえて三十字以内で説明せよ。

問五　傍線の箇所(エ)「彼女の声をもっとよく聞きたくて、更に力一杯ペダルを踏んだ」には、「小父さん」のどのような気持ちが表れているか。「小父さん」の心情の変化に着目して七十五字以内で説明せよ。

10

【解答欄】

問一（各3点）

(1)

(2)

(3)

問二（9点）

問三（9点）

問四（5点）

問五（18点）

現代文の読解力を伸ばすための おすゝめ本一覧

【評論・その他】

①『**中動態の世界** 意志と責任の考古学』國分功一郎
★人間の思考を規定する言語の在り方から自由と責任の在処《ありか》を探る鋭い論考。

②『**健康的で清潔で、道徳的な秩序ある社会の不自由さについて**』熊代亨
★昔の方が良かった、とは言わない。だが、この「生きづらさ」は何だろう。

③『**ガザに地下鉄が走る日**』岡真理
★完全封鎖され「生き地獄」と化したガザ地区の今。無知は罪かもしれない。

④『**日本語が亡びるとき** 英語の世紀の中で』水村美苗
★日本語が今こうして在ることの奇跡。日本語の来し方と行く末をめぐる旅。

⑤『**近代科学を超えて**』村上陽一郎
★見事な手さばきで科学の本質に迫る、当代随一の科学史家による啓蒙《けいもう》の書。

⑥『**現代倫理学入門**』加藤尚武
★十人の命を救うために一人を犠牲にすることは許されるか。本格的な倫理学入門書。

⑦『**言葉と戦車を見すえて** 加藤周一が考えつづけてきたこと』加藤周一
★知の巨人による戦争論考集。怒りに駆動された冷徹なロジックが冴え渡る。

⑧『**愛するということ**』エーリッヒ・フロム
★愛されることばかり求めて愛を与えていない人に。深い洞察に満ちた一冊。

⑨『**歴史とは何か**』E・H・カー
★過去は現在の光によって知覚され、現在は過去の光によって理解される。

⑩『**生物から見た世界**』ユクスキュル／クリサート
★世界は一つではない。それぞれの生物は異なる「環世界」を生きている。

【小説・その他】

①『**季節の記憶**』保坂和志
★何も事件は起きないのにひたすら面白い変な小説。考えるのが好きな人に。

②『**光の領分**』津島佑子
★娘と二人で過ごす透明な日々。イメージの連鎖が織り成す奇跡的な作品。

③『**抱擁家族**』小島信夫
★アメリカ人に妻を寝取られた男の屈折。戦後日本人の深層を剔抉《てっけつ》した秀作。

④『**苦海浄土**』石牟礼道子
★水俣《みなまた》病患者たちの「心の中の声」を真摯に掬《すく》い取って言葉にした魂の文学。

⑤『**銀の匙**』中勘助
★子どもだけが感じ取れる子どもの世界を大人の言葉で書き留めた稀有《けう》な作品。

⑥『**李陵・山月記** 弟子・名人伝』中島敦
★短い人生の間に作家が残した作品たちは今なお静かな光を放ち続けている。

⑦『**木犀の日 古井由吉自選短篇集**』古井由吉
★圧倒的な教養に裏打ちされた柔らかで自在な筆致。現代日本文学の到達点。

⑧『**大江健三郎 自選短篇**』大江健三郎
★ノーベル賞作家のデビュー作から後期の佳作まで。大江文学のエッセンス。

⑨『**ガープの世界**』ジョン・アーヴィング
★「物語の力」を見せつけてくれるアーヴィングの代表作。圧倒的な面白さ。

⑩『**一九八四年**』ジョージ・オーウェル
★自由に言葉を使えることがいかに大切か。ディストピア小説の最高傑作。

⑪『**ペスト**』カミュ
★ペストの発生で閉ざされた街。不条理に直面した人間を克明に描く名作。

◆目次

◆基本の読解方略（1～5）

その他の読解方略は橙色で示しています。

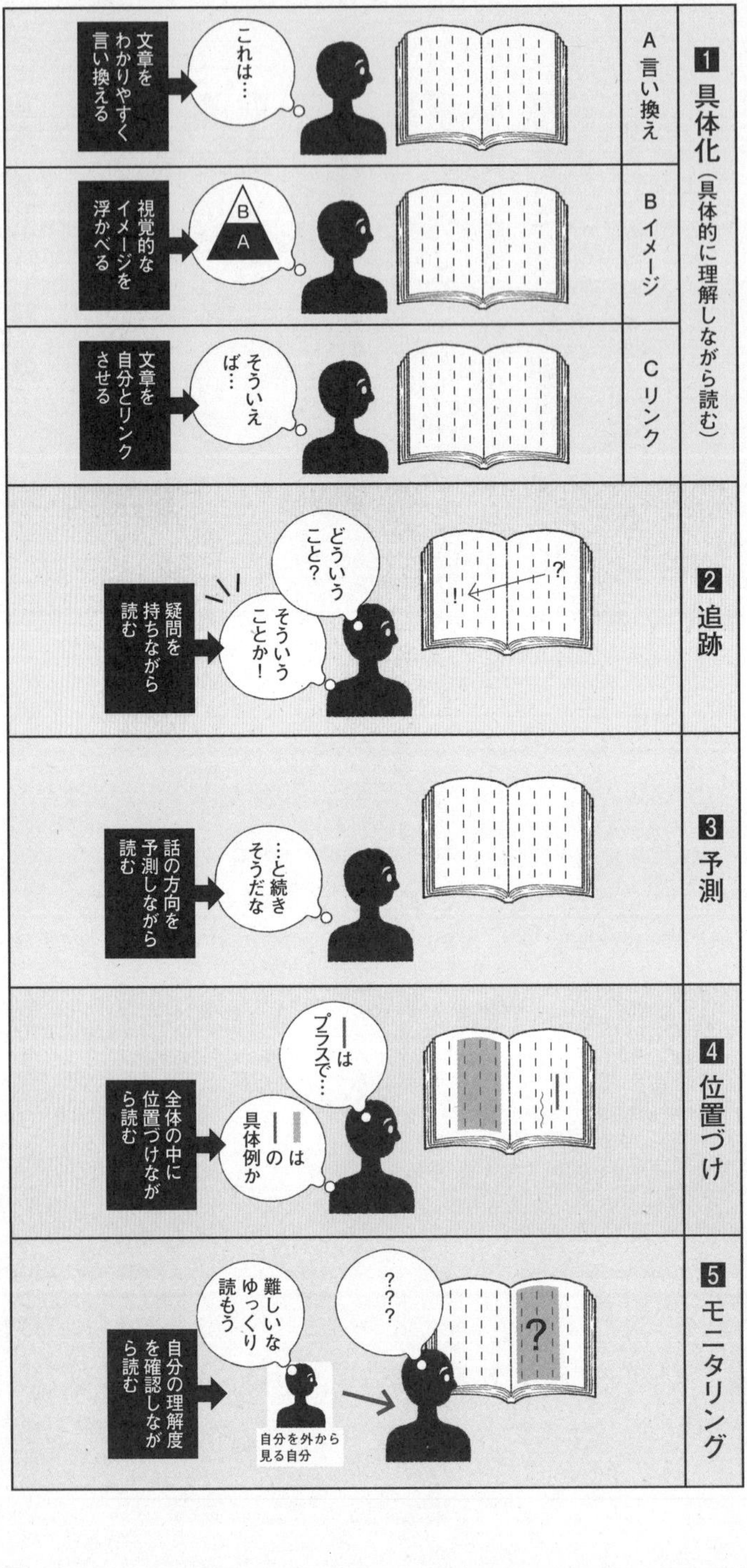

動画視聴はここから！

解説動画

第1講

解説
Answer

『政治と複数性』（齋藤純一）

〔解説：輿水淳一〕

ジャンル	字数	問題頁
評論	3040字	P.21

◆連帯の境界線

個人の自由、生の自律を守るためには国家の介入が欠かせない。それを体現しているのが社会保障制度だが、ここでは常に「範囲」が問題になる。財源に限りがある以上、すべての人の生活を「保障」することはできない。どこかで線引きが必要になるが、「支援を受けられる人」を選ぶことは「受けられない人」を選ぶことと同義である。世界のグローバル化が進み、国家の意味、国境の意味が揺らぎつつある現代社会において、われわれはどこからどこまでを「仲間」とみなすのか。「連帯」の意味を考えよう。（西原）

❶ 全文解釈

1 社会的連帯という言葉が通常用いられるとき、それは次元を異にする二つの連帯のあり方を指している。❶ 一つは、人びとが、互いの具体的な生を支え合う自発的な連帯であり、これは多くの場合人称的な関係性として形成される。❷ もう一つは、非人称の連帯であり、これは見知らぬ人びとの間に成立し、社会保障制度によって媒介されるものである。❸

2 人称的な連帯は、特定の具体的な人びとの間にネットワークとして形成されるものであり、それが可能にする生活保障は社会の全域には及ばない。（たしかに）それ（それ＝人称的な連帯）は、制度化されていないがゆえに生活保障としては不安定であり、（そうだね）加えて、誰が支援し、その支援を誰が受けているのかが見えにくい❹という難点もある。これに対して、非人称の社会的連帯は、社会の全域をカヴァーしうるものであり、それが非人称であるがゆえに、生活保障を得るために特定の誰かの意思に依存せざるをえないという生の自律にとって否定的な効果❺を避けることができる。❻ この連帯が自発的ではなく強制的な性質を帯びているのは、それが社会保険料の拠出や納税という義務を人びとに課すからである。

3 社会的連帯の理由が問われなければならないのは、資源の強制的な移転をともなう非人称の連帯についてであるが、（逆接！）このことは、もちろん、［ A ］。人びとが自発的に形成するアソシエーション（つまり人称的な連帯）が非人称の連帯のもちえない数々のメリットをもちうること、それ（それ＝人称的な連帯）が、非人称の連帯の限界ゆえに無視・黙殺されようとしているさまざまな生活の窮状に注意を喚起し、実際にそうした境遇にある人びとへの支援を行いうることは明らかである。制度化された生活保障（社会保障制度）（つまり非人称の連帯）は、人びとの生活の必要のすべてに対応しうるものでは

✔ 脳内活動・重要語彙

❶ 何と何だろう？

❷ 近所付き合いや友達付き合いのような顔の見えるつながり、「私」と「あなた」や「彼／彼女」とのつながりだから「人称的な関係性（連帯）」なんだな。

人称的な連帯

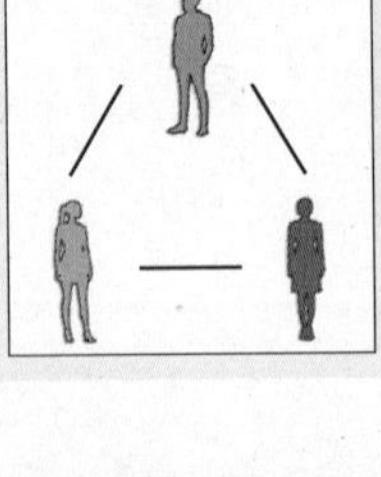

❸ たとえば、年金制度や医療保険制度によって媒介されるつながり。こちらは顔の見える特定の誰かとのつながりではないから「非人称の連帯」なんだな。

非人称の連帯

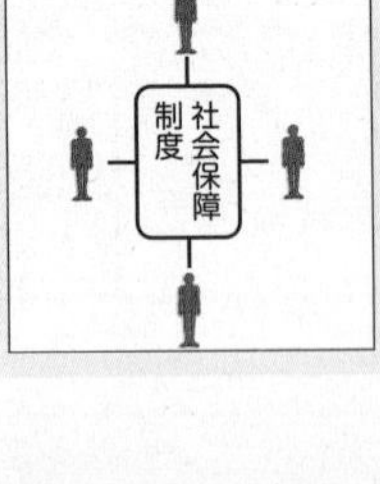

❹ ん？ 人称的な連帯は「顔の見える関係性」なんだから、「見えにくい」はおかし

なく、その必要に応じようとすれば具体的なネットワーキングとしての連帯〔つまり人称的な連帯〕が B となる局面は数多く存在する。とはいえ〔逆接!〕、資源の移転という点において、人称的な連帯は非人称の連帯にもとづく公共的な支援を必要としている以上、重要なのは、❼ X 。

4 非人称の社会的連帯は次の二つの条件を充たす必要がある。第一に、すでに述べたように、それ〔それ＝非人称の社会的連帯〕によって生活保障を得る人びとは特定の誰かの意思に依存しているのではないという意識をもちうるのでなければならない。❽ 第二に、この連帯に資源を提供している人び❾とも、特定の誰かのコストを負担しているのではないという意識をもちうる必要がある。非人称であるべき連帯が、その非人称性を失い、特定のカテゴリーに属する人びとが連帯の一方的な受益者として名指しされつつある❿のが今日の実情である。

5 こうした(1)非人称の連帯の「人称化」⓫は、高齢者や「敗者」として描かれる人びとをも社会的連帯の一方的な受益者という負のカテゴリーに押し込めつつある。ある人びとのために自分は犠牲になっているという感情は、⓬ そのような人びとを社会的連帯から排除しようとする動向を惹起*1する場合もあるが、逆に、自ら自身を社会的連帯から「排除」しようとする行動をとらせる⓭こともある。実際、社会保険の領域では、社会的連帯から離脱しようとする行動が眼につくようになっているが、そうした退出の行動は、社会的連帯を不安定にするだけでなく、それ〔それ＝社会的連帯〕をさらに否定的なものとみなす態度を招いていく。というのも、社会保障という公共的な領域は、生活保障を自らの手で構築することのできない弱者によって占拠されていると考えられるようになるからである。

い。これが問一の解答箇所だ。

❺ 特定の誰かの支えがなければ生きられないという状態は、「自分のことは自分で決める」という自律的な生き方を困難にする。

❻ たしかに、知り合いに借りたお金を自分の娯楽に使うのは後ろめたいけれど、年金として受け取ったお金であれば、そのような「特定の誰かへの後ろめたさ」を感じることなく好きに使うことができる。つまり非人称の社会的連帯は、生の自律を支えてくれる。

❼ 人称的な連帯は重要だ→とはいえ、人称的な連帯は非人称の連帯の支えを必要としている→だから重要なのは……という流れだから、空欄に入るのは「どちらか一方ではなく、両方だ」といった内容のはずだ。

❽ そうでなければ生の自律が脅かされる。

❾ たとえば、国民年金や医療保険の保険料を納めている人びと。

❿ たとえば、「自分の払っている税金が移民や外国人居住者のために使われている」など。

6 社会的連帯から離脱しようとする行動が増えている背景には、国民国家そのものが信頼にたる生活保障のユニットとはみなされなくなってきている、というより大きな変化もある。⑭N・エリアスの言葉を用いるなら、国民国家は、国民にとって長らく「サヴァイヴァル・ユニット」（最も信頼すべき生の拠りどころ）として受けとめられ、そのことがまた国民の統合を促してきた。とりわけ、第一次大戦以降、社会権※1＝社会的市民権（social citizenship）が確立されるようになると、国民国家は、社会権の享受が国民の統合にとって［C］であるだけでなく、その中心的な機能を果たす社会国家※2――E・バリバールのいう「国民社会国家」――としての性格を強めてきた。

7 しかし、⑮この四半世紀の間に、グローバル化の進展、冷戦の終焉《しゅうえん》、人口構成の変化などの諸要因が相俟《あいま》って「国民社会国家」の統合の基盤を⑯動揺させ、そのことが［D］国家をもはや「サヴァイヴァル・ユニット」とはみなさない行動を⑰惹《ひ》き起こしている。社会保障（social security）という意味でのセキュリティの後退と治安管理（public security）という意味でのセキュリティの上昇は明らかに並行しており、安全性は、相互の生活を保障しあうことから「法と秩序」のためにリスクを管理する方向へと大きく傾きつつある。社会的連帯は、もはや社会の統合には安定した基盤を見いだしがたくなり、国民国家というユニットは、あたかも一つの［E］の実在であるかのように表象されえたかつての条件を失いつつある。

世紀の四分の一＝二十五年

8 非人称の社会的連帯は、ネットワーキングとしての人称的な連帯とは異なり、一定の制度的な境界をもたざるをえず、その境界は、権利（社会保障を享受する権利）と義務（社会

⑪ この部分は直前の一文を指しているから、問五はこの段階で解けそうだ。

⑫ たとえば、「なんで老齢世代に支払われる年金を、自分がこんなに払わなければならないんだ」など。

＊1 惹起《じゃっき》…引き起こすこと。

⑬ 「老後資金※は自分で貯められるから、他人のために年金払うのをやめよう」など。

※自営業者などが加入する国民年金の保険料の二〇二二年度の納付率は、七八％。約五人に一人は納付していない計算になる。

⑭ ここからは「国家への信頼○→国家への信頼×」という変化（昔と今の対比）についての説明。

※1…人間らしい生活を送るために、国家に対して要求できる権利。日本国憲法においては、生存権（健康で文化的な最低限度の生活を営む権利）・教育権（ひとしく教育を受ける権利）・労働権（働いて収入を得て人間らしい生活を営む権利）などがそれに当たる。

※2…国民の生活の保障を主な使命とし、社会的経済的領域にも積極的に介入する国家のこと。対義語は「自由国家（国民の自由の確保を主な使命とし、社会的経済的領域に極力介入しない国家）」。

⑮ 昔と今の対比。

保険料の拠出・納税の義務）をもつ成員資格によって画されざるをえない。*2 ⑱ いま、この成員資格の問題を考えるうえで重要なのは、二〇世紀後半から、社会的連帯の範囲は、多くの国々において、制度上は国民の範囲をすでに越えているという事実である。難民条約の批准（一九八一年）を大きな転機として、ようやく日本においても社会権は国籍をもたない市民によっても享受されるようになった。⑲

9 社会的連帯は国民（国籍保有者）の枠をすでに超えており⑳、しかもそのことが、少なくともこれまでのところは強い異論に曝《さら》されることなく受けいれられてきた。たしかに、移民が現に享受している社会権を剥奪し、連帯の範囲をあらためて国民の範囲に制限しようとする思潮や運動も散見されるが、それはまだ社会権の成員資格に関する実質上の合意——国民《ナショナリティ》であることではなく㉑、市民《シティズンシップ》であることを成員資格とする——を覆しうるだけの力を獲得するにはいたっていない。

10 社会的連帯は、「国民の他者」としての市民にも実質的に及んでいる。市民としての法的地位《シティズンシップ》を永住民《デニズン》のみならず一定年数以上の居住者にも拡げるならば、その連帯の幅はさらに広範なものとなるだろう。このように社会的連帯が国民と非国民の境界をすでに横断しているということの意義を真剣に受けとめるなら、「国民」をどう定義するのであれ、(2)社会的連帯を再び国民の間に限定しようとする議論㉒がもつ問題性は明らかだろう。国民がエトノス（民族）ではなくデモス（政治的市民権の担い手）に準拠して定義される場合にも、新たに参入してくる人びとは既存の国民の連帯に潜在的な脅威を及ぼすリスキーな存在として警戒されることになるだろう。㉓

⑯ 社会権の享受による国民の統合。

⑰ 国家を、「社会権を保障してくれる生の拠りどころ」とみなさない行動。たとえば、「老後に国家から年金をもらえるかどうか怪しいから、年金払うのをやめて貯蓄に回そう」など。

＊2 **画《かく》されざるをえない**…区切られざるをえない。

⑱ 「非人称の社会的連帯の範囲」という新しい話題だ。

⑲ 日本在住の外国人の数は約三百万人。約四十人に一人が「国籍をもたない市民※」なのだから、国籍をもつ市民＝日本国民だけが社会権を享受できればよいという考えでは社会秩序は保てないな。

※ここでの市民とは、たとえば「横浜市民」のような「市の住民」という意味ではなく、「社会を支える構成員」という意味であり、国籍保有者としての「国民」よりも、広い概念（【図1】参照）。

⑳ →【図1】（8ページ参照）。

㉑ →【図2】の青矢印（8ページ参照）。

㉒ この「議論」は㉑の「思潮や運動」と同じ内容だな。

11

制度をともなう社会的連帯はつねにメンバーシップによって画される境界線をもたざるをえないが、うん 重要なのは、㉔ 内部の連帯を強化するためにその境界線を前もって固定することではなく、目下その境界線によって排除されている人びとの必要や権利要求に曝されながら、現在の社会的連帯の範囲が正当化されうるものであるかどうかを問い返し、それを通じて、境界線の内側にどのような実質的な排除が生じているかをも併せて問題化していくことである。社会的連帯は、すでに特権を享受している者たちの内向きの連帯であってはならない。㉕

【図1】

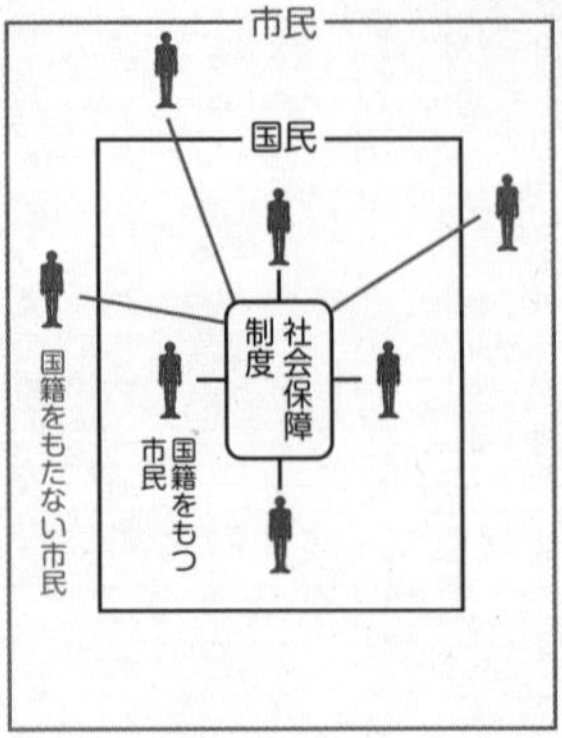

【図2】

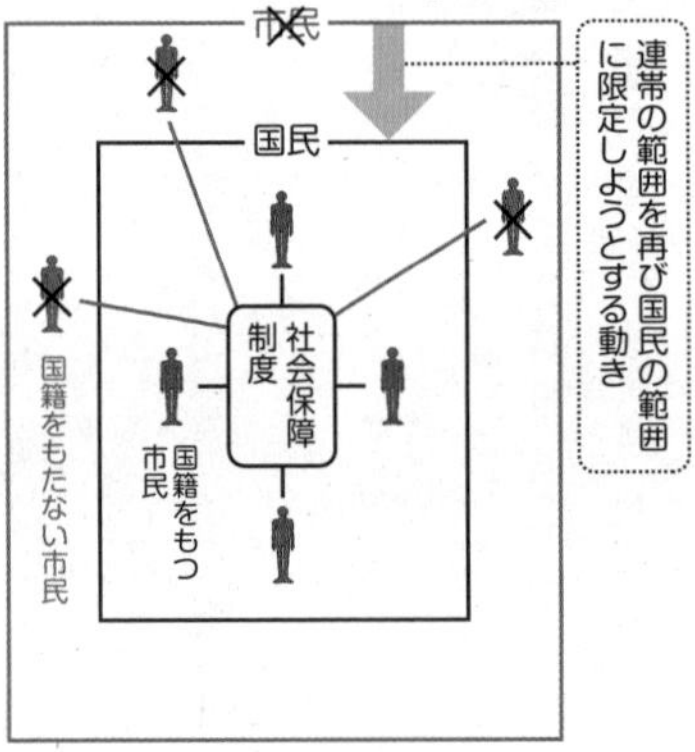

㉓ つまり、「国民」をどう定義するのであれ、社会的連帯の範囲を国民の間に限定することには問題がある。

㉔ ここからが結論部かな。

㉕ 私たちは、境界線の内外に生じている「排除」に常に目を向けることで、連帯の範囲が本当にこれでよいのかという自問自答を続けていかなければならない。

❷ 解答・解説

問一　早稲田大が時折出題する**【誤記訂正問題】**である。文章の内容を理解しながら読むことができていれば容易に解けるが、そうでなければ何度読み返しても解けない、要するに「字面読み」では対応できない問題だ。「字面読み」の悪癖と決別するにはうってつけの問題なので、この問題集のシリーズでも何度も取り上げてきた。これまで授業で扱ってきた経験からすると、今回のこの問題の正答率は七割くらい。君は問題なく解けただろうか。

「文意が通らない所」、つまり解答箇所は②中にあるが、その箇所に違和感を抱くことができるかどうかは、①の理解度にかかっている。《全文解釈》❷で確認した通り、「人称的な連帯」とは、「近所付き合いや友達付き合いのような顔の見えるつながり」だから、②の二文目の「それ（人称的な連帯）は、……誰が支援し、その支援を誰が受けているのかが見えにくいという難点もある」という表現は明らかにおかしい。したがって解答は「**見えにくい**」→「**見えやすい**」である。

「見えにくいという難点」という表現に違和感を覚えずに見逃してしまった人もいるかもしれないが（「見えにくい」ことは多くの場合難点なので）、②の後半にあるように、「生活保障を得るために特定の誰かの意思に依存せざるをえない」ことは「生の自律」を妨げるので、この文脈ではむしろ、誰に支援されているかが「見えやすい」ことが難点になる。

問二　空欄Aの前後の文脈を整理して図示すると次のようになる。

> 理由が問われるのは非人称の連帯である
> だが、このことは、もちろん、［ A ］。
> ［人称的な連帯の重要性］

空欄Aとその後文との間には接続詞がない。接続詞とは山道における道標（方向指示札）のようなものであり、それがないということは「そのまま進め」ということ。つまり後文は前文と同方向の内容になる。したがって空欄A（前文）には、後文の「人称的な連帯は重要だ」と同方向の**イ**か**ホ**が入る。そのうち、空欄Aに代入したときに文意が通るホが正解。

イを選んだ人、あるいは**イ**・**ホ**はどちらも同じではないかと思った人へ。たしかに**イ**と**ホ**はどちらも同じような内容を述べているように思えるが、ニュアンスは大きく異なる。たとえば「人気がないわけではない」という言い方は、「人気がない」という誤解を打ち消す必要があるときに用いられる言い方であり、単に「人気がある」と述べるのとは異なる。同様に**イ**の「重要であることを意味する」と、**ホ**の「重要ではないということを意味しない」は大きく異なる。空欄Aの直前の「このこと」は「理由が問われるのは非人称の連帯であるということ」を指しているが、「理由が問われる」ということは「議論に上がる」ということであり、そこから、「非人称の連帯は重要な問題であり、それに比して人称的な連帯は重要ではない」と誤解する人がいるかもしれない。したがって、その誤解を打ち消すためには、**イ**ではなく**ホ**を入れなければならない。

問三　空欄Cの正答率がやや低い問題だが、ここを間違える人の大半は、設問の「このうち二箇所には同じ語が入る」という条件を見落としている。設問文には必ずしっかりと目を通そう。

前後の文脈から、空欄B・空欄Cには、「必要」という意味の語が入らなければならない。したがってどちらも答えはハ「不可欠」。**ホ**「不可避」では、「本当なら避けたいけれど避けようがない」というニュアンスが含まれてしまい、文脈に合わない。

次に空欄Eについて。空欄Eを含む一文は、社会の統合・国民の統合が失われつつある中で国家への信頼もまた失われつつある、ということを述べている段落の末尾の一文だ。国民国家というユニット（単位）のかつての表象（イメージ）が、「一つの［E］の実在」だったというのだから、空欄Eには「まとまった」「統合された」といった意味の語が入らなければならない。正解は「結びつきが密接で分けられないこと」を意味する、へ「不可分」。空欄直前の「一つの」という言葉とのつながりも大きなヒント。

問四　脱文挿入問題のポイントは「脱文中にヒントあり」ということだ。特に、脱文中に「指示語」「接続詞」が含まれている場合は、それをヒントに「直前の内容」を推測することができる。今回の脱文を改めて確認しよう。

> そうでなければ、特定の誰かのために自分は犠牲になっているというネガティヴな感情が醸成されることになる。

この脱文は、逆に言えば「そうであれば、〜が醸成されることはない」ということなので、「そう」という指示語が指す直前の内容は、「特定の誰かのせいで自分は損をしている、という否定的な感情の醸成を抑えるために必要なこと」であるはずだ。そうした内容を4・5中から探すと4の三文目に「〜特定の誰かのコストを負担しているのではないという意識をもちうる必要がある。」とある。「末尾の七字」、「句読点を含む」といった解答条件を見落とさないようにしよう。

〈＊〉ちなみに、脱文挿入問題に関しては、本シリーズの「レベル 4」第 4 講に西原先生による詳しい説明がありま す。〈＊〉

問五　傍線部(1)は直前の一文を指している。

> 4 非人称であるべき連帯が、その非人称性を失い、特定のカテゴリーに属する人びとが連帯の一方的な受益者として名指しされつつあるのが今日の実情である。
>
> 指示語
> こうした(1)非人称の連帯の「人称化」は、……。

「誰が支援し、その支援を誰が受けているのか」がわからないことが、非人称の連帯のメリットであったはずだ。しかし、今日、たとえば「生活保護受給者は俺たちの払った税金で生活している」などといった不満が語られることがある。そうした、「特定のカテゴリー」に属する人びとが名指しされつつある今日の悪しき実情を、筆者は「非人称の連帯の『人称化』」といっている。正解はハ。

イ・ロ・ニ・ホはすべて、「人称化」を、「(顔の見える「特定の人びと」との連帯を意味する) 人称的な連帯への変化」と捉えてしまっている。

問六　やや正答率の低い問題だ。まず選択肢の語句の読み方と意味を確認しておこう。

イ 挙《こぞ》って…一人残らず。

ロ 翻《ひるがえ》って…これとは反対に。

ハ 奮《ふる》って…自分から進んで。積極的に。

ニ 因《よ》って…それが原因で。

空欄**D**が置かれている文脈を確認しよう。

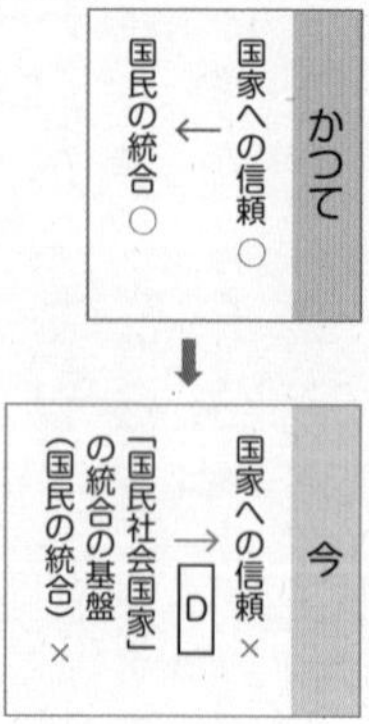

この図の矢印の向きが変わっていることに注意してほしい。かつて、国家は国民にとって最も信頼すべき生の拠りどころであり、そのことが国民の統合を促してきた。しかし、この二十五年間の変化は「国民社会国家」の統合の基盤（＝国民の統合）を動揺させ、そのことが逆に、国家を信頼すべき拠りどころとはみなさない行動を惹き起こしている。空欄**D**には「逆に」というニュアンスの言葉を入れなければならない。したがって正解は**ロ**「翻（ひるがえ）って」。

内容的に判断するのが難しければ、空欄に代入して文意が通るか否かで判断するという泥臭いやり方でもいいだろう。**ロ**以外は日本語として違和感があるはずだ。

イ「そのことが挙って〜を惹き起こしている」×。

ハ「そのことが奮って〜を惹き起こしている」×。

ニ「そのことが因って〜を惹き起こしている」×（「そのことに因って」であれば文意は通るが、「そのことが因って」では日本語としておかしい）。

問七 《全文解釈》㉑で示した通り、「社会的連帯を再び国民の間に限定しようとする議論」とは、9の「移民が現に享受している社会権を剥奪し、連帯の範囲をあらためて国民の範囲に制限しようとする」議論である。傍線部(2)で「（そのような議論がもつ）問題性は明らかだろう」と述べているように、筆者はそうした議論に対して批判的な立場をとっている。設問文がわかりにくいが、選択肢を見ると、いずれも「そのような議論には（が）明らかに〜」となっているので、どうやらこの設問は傍線部(2)の「問題性」という言葉の意味を問いたいのだろうと思われる。ここでの「問題性」

とは、たとえば「幼児虐待の問題性」「人種差別が抱える問題性」といった「批判の対象となる良くない性質」のこと。「問題性」をそのような意味で言い換えている選択肢としてロが正解になる。**ロ**の「疑問がある」は、何かを婉曲的に、回りくどく批判するときの用法（たとえば「彼のやり方にはちょっと疑問がある」＝「彼のやり方は良くない」）。

イ「有効性がある」は論外。

ハ「問題提起の意義がある」も「良くない性質がある」という意味にはならない。

ニ「難題である」は、ここでは難しいか簡単かという話をしているわけではないので×。

ホ「不必要である」も、「良くない性質がある」という意味にはならない（「良いけれど不必要」というケースも当然ある）。

問七は「疑問がある」という言葉の婉曲的な用法の理解を要する問題であり、正答率の低い難問であった。

問八　問題文の趣旨と一致するものを選ぶ内容一致問題。内容一致問題は（傍線部問題と違って）問題文と照らし合わせながら消去法で解いていく。

イは後半の因果関係がおかしい。「強制的・義務的な制度であるがゆえに」のあとに来るのは「理由が問われねばならない」である。また、非人称の連帯が「社会的連帯として定着することは困難である」の部分も、年金制度や医療保険制度が定着している現実と矛盾する。

ロは「公共の支援が十分に機能しなくなった今日」が誤り。また、人称的・非人称的連帯のどちらも必要だ、というのが本文の趣旨である以上、「人称的な連帯の重要性が増している」も誤り。

ハは7の内容と一致する。ハが正解。

ニは「『国民』をどのように定義するかによって、どちらの結論になっても承認できる」が誤り。本文の趣旨は、「国民」をどのように定義したとしても、社会的連帯の範囲を国民の間に制限することは誤りだ、というもの。

ホは「本来の社会的連帯は、その境界線を横断する人びとのネットワークによってのみ形成される」が誤り。社会的連帯は、境界線内部の人びとのネットワークによっても形成される。

問九　設問に複数の条件が付された記述問題である。早稲田大や明治大など受験人数が多いマンモス大学では、（おそらくは添削効率向上のために）設問に条件が付されることが多い。それに恐れをなす受験生もいるかもしれないが、設問条件とは、ある意味で「誘導」であり、むしろ設問の難易度を下げてくれるヒントとして捉えるべきだ。この問題の設問条件を列挙してみよう。

❶「非人称の連帯」と「人称的な連帯」との関係をどのように考えるべきか、問題文の趣旨に即して筆者の立場を述べる。
❷「二つの連帯」「あるべき関係」「排他的な関係」の三つの語句を解答に含める。
❸空欄Xに当てはまる形で記す（「重要なのは、」という主語につながる形で記す。空欄直後に句点があるので解答には句点不要）。
❹字数は四十五字以上五十五字以内。

次に、空欄Xをゴール地点とする、3の論の流れを改めて確認しよう。

理由が問われるのは非人称の連帯
←
だが、このことは、もちろん、人称的な連帯が重要ではないということを意味しない（空欄A）。
←
人称的な連帯は、非人称の連帯のもちえないメリット・重要性をもつ（人称的な連帯は、非人称の連帯をサポートする）
←
とはいえ、資源の移転という点において、人称的な連帯は非人称の連帯にもとづく公共的な支援を必要としている（非人称の連帯は、人称的な連帯をサポートする）
←
そうである以上、重要なのは、［ X ］。

この流れを踏まえると、空欄Xには、「どちらか一方の連帯だけではダメ、二つの連帯の両方が必要」といった内容がきていないとおかしい。この【正解のイメージ】を、三

1

つの指定語句を用いつつ、**「重要なのは」という主語につながる形で**まとめる。

重要なのは、
- 二つの連帯のあるべき関係を探ることであり、
- 二つの連帯を排他的な関係に置くことではない

「排他的な関係」を否定しなければならない以上、解答の骨格は、「(重要なのは、) AではなくBだ」、あるいは「(重要なのは、) BであってAではない」といった形にすべきだろう。

【解答例】
二つの連帯が互いに補い合えるようなあるべき関係を探ることであり、両者を排他的な関係に置くことではない (50字)

【採点基準】
A　二つの連帯をあるべき関係に置くこと、あるいは二つの連帯のあるべき関係を模索／維持することを、肯定的に述べている　5点
B　二つの連帯を排他的な関係に置くことを否定的に述べている　5点
C　「重要なのは」という主語と対応する述語がない　2点減
D　解答の文末に句点を打ってしまっている　2点減
E　指定語句が一つでも欠けていれば採点外　0点
F　字数の指定を守れていない場合は採点外　0点

【解答】

問一（5点）　見えにくい→見えやすい

問四（5点）　る必要がある。

問六（2点）　ひるがえ

問九（10点）　二つの連帯が互いに補い合えるようなあるべき関係を探ることであり、両者を排他的な関係に置くことではない（50字）

設問		解答欄 イ	ロ	ハ	ニ	ホ	ヘ	配点
問二		○	○	○	○	●	○	（5点）
問三	B	○	○	●	○	○	○	（2点）
	C	○	○	●	○	○	○	（2点）
	E	○	○	○	○	○	●	（2点）
問五		○	○	●	○	○	○	（5点）
問六		○	●	○	○	○	○	（2点）
問七		○	●	○	○	○	○	（5点）
問八		○	○	●	○	○	○	（5点）

第2講

解説

Answer

『現実』

（森口美都男）

〔解説：輿水淳一〕

ジャンル
評論
字数
2890字
問題頁
P.31

◆お世話様の関係

我が家には三人の子どもがいる。それぞれが別の習い事をしており、親はほぼ毎日誰かを送迎している。習い事のイベントや大会が重なると、両親だけでは手が足りず、チームメイトの親を頼ることになる。そのとき、「申し訳ないな」という負い目の気持ちが生まれ、次はうちがその家の子の面倒を見ることになる。そして、その積み重ねの中で他の家庭とのつながりが生まれていく。送迎を「一回〇〇円」で頼めば、後ろめたさはなくなるだろう。しかし、あらゆる行為をお金に還元し関係性をその都度清算していては、人とのつながりは生まれない。われわれはときに「世話になる」ことが必要だ。（西原）

❶ 全文解釈

[1] われわれは人間として、誰しも自らの幸福を希《こいねが》っている、われわれはまた、人間である限り、自分の幸福だけではなく、他の人びとの幸福をも希いえなくてはならない、幸福を希うということは人間存在の本質に属する、と誰しも――今日でも――いうであろう。❶

[2] しかし、❷(1)自らの幸福を希うとは、恵みを受けいれる用意ができているということではないだろうか。❸「幸福である」とは、「恵まれている」こと、「恵みをうけている」ということである。❹私が「私は幸福だ」といいうるのは、つまり他人から見て幸福そうだというのでなく自ら幸福を体験しうるのは、ただ私が自らを恵まれたものとして見出す場合だけである。自分を恵まれたものとして自覚する可能性がある場合にのみ、人は真に幸福でありうるのである。だから幸福であることには、恵みを知ることが先立っているであろう。そして、この恵みを知ることもまた恵みによって可能なのであり、恵みの自覚は、それ自身が一つの恵みであるであろう。

[3] あるものを希う（wünschen）ということは、そのあるものを欲する（wollen）ということと直ちに同じではない。❺われわれが希うものも、欲するものも、われわれがそのものを現在何らかの仕方で欠如しているがゆえにかつ欲しかつ希うのであり、その意味では、希うことのうちには、欲することが含まれているともいえる。❻しかし 逆接！ (2)希うということ、それは欲すること以上のことである。❼単なる欲求にあっては、それが遂げられるのであれ遂げられぬのであれ、他者の意向や意志は、それとしては顧慮されていぬであろうが、希求の対象には、何よりも他者の配慮によって成就されるということが不可欠の因子として含まれて

✓脳内活動・重要語彙

❶ 飛ばし読みを拒絶するような端正な文体だな……。しっかり読んでいこう。

❷ 最初の逆接。ここからが本題かな。

❸ どういうことだろう？

❹ そうか、「恵まれている」は受動態なんだな。幸福とは「他者によって恵みを与えられている状態」……。普通の「幸福」のイメージとはずいぶん違うな。

❺ 「希う」と「欲する」の対比。どう違うのだろう？

❻ 「希う」と「欲する」の共通点。

❼ ここから「希うこと」と「欲すること」の相違点。

いなくてはならない。❽願いは聴かれ、あるいは聴かれない。(3)かなえられ、あるいはかなえられない。❾願いの成就は第一次的に自己以外の力、私に対する自由なる他者の配慮に依存するのである。他者の認められぬところにはそもそも願うということは成り立たぬ。他者の意志へ私の意志が合致して欠如を満たされる可能性のあるところにのみ希求、願望がありうるのである。日本語の「ねがう」は、「祈《ね》ぐ」の延であるという。同じ言葉から出た「ねぎらう」というのは、他者の労に謝することである。他者が無視されるところには、希望なるものは原理上ありえようがなく、そこにはただムキ出しの要求、裸の欲望があるだけである。単なる欲望の満足には通常 (4) は続かない。❿

4　幸福というものは、本来恵みを享《う》けることとして他者なしにはありえない。それはまた、単に欲求されるものではなく、ましてや企図されるものではなく、ひたすら願望され希求さるべきものとして、他者を抜きにしては、わが身に現に欠如していることすらも実はありえないのである。⓫そこでもし今日の人間が、自己に対する他者をもはやもっていないとすれば、(5)今日の人間は幸福になりうる根本条件をいわば二重に欠いているといわねばならぬ。今日の人間にとって「よく生きる」ということが全然問題にならないのもそこからくる。「幸福《エウダイモニア》」と「よく生きること《エウゼーン》」とはもともと同じものであり、今日われわれが哲学をもたないのも、まず他者を失った結果なのである。「よく生きる」ということは、決して人間がただ自らの力だけに頼ってなしうることなのではない。

(恵みは他者から与えられる)
(企てられるもの)
(それ＝幸福)
(そこ＝他者をもたないこと)

5　幸福であることはしかし、(6)実は人間なるものの義務なのである。⓬人が他者を認め、それに向かって応答せねばならぬということは、すでに彼の恣意的《しいてき》自由の制限を意味するが、

(それ＝他者)
(自分のしたいようにする自由)

---

❽ たとえば、「何かを食べたい」というのは単なる自己の欲求だけど、「あなたと結婚したい」と希求することは、その成就が「あなた」にかかっているという点で単なる欲求と区別される。

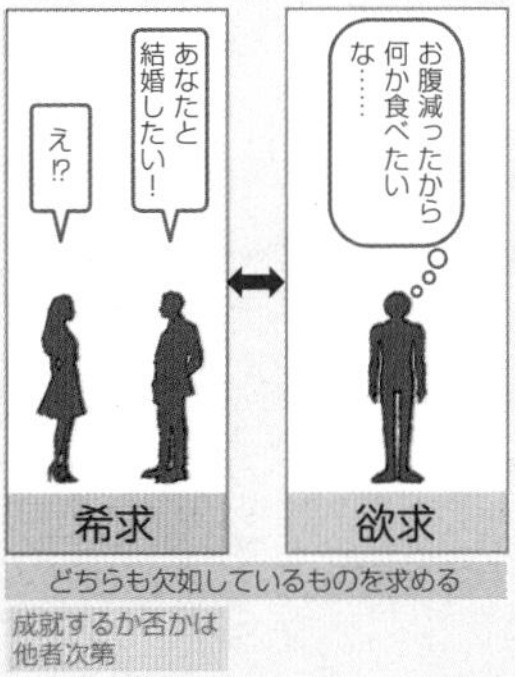

お腹減ったから何か食べたいな……
欲求
あなたと結婚したい！
え⁉
希求
どちらも欠如しているものを求める
成就するか否かは他者次第

❾ つまり希求の成就は他者次第。

❿ 「欲望の満足には」の「は」は区別の助詞。「希望の成就」との対比で考えよう。

⓫ たとえば、結婚したいと思う相手がいなければ、「あなたと結婚していない私……」という欠如の認識が生まれるはずもなく、したがって「あなたと結婚したい」という願望もありえない。

⓬ ん？　どういうことだ？

素直な応答が最もなされにくいのは、それがまさに恵まれることとの応諾である場合である。⑬恵まれた状態に身をおくということは、実は自己の劣位者の身分を認めること、身を卑しくすることにほかならない。つまり幸福は一種の負い目、したがって一種の重荷でもある⑭のであって、さればこそ〔そうだからこそ〕、現代の人間がそうであるごとく、人間が幸福を希わなくなることが可能なのである。人間は、自己の恵まれてあるというその事態を否認し、お情けを蒙《こうむ》っているという状況からの脱出を企てるのである。

6 しかし、人はこの途《みち》〔幸福からの脱出を企てる途〕によっては人間たることをやめねばならない。⑮彼〔幸福を希わなくなる人〕は恐らく、願望は欲求と対比する時、非実践的であり怠惰であり、空想的であるなどといい、⑯それ(7)をこの人間たることの廃棄の口実にするであろう。しかしそうではない。実は願いを、希望をもつことにまさる敢為はない。それ〔幸福への願い、希望をもつには〕には自己の自我を捨てる決心と行動、他者の自由を認める宏《こう》量《りょう》が要求されるからである。⑰幸福は決して他から闘いとることはできない。もしも幸福のためにも闘いがあるとするならば、それはただ自分自身との闘いでのみありうる。そして、この希望のあるところにのみ人間的創造もまたありうるのである。

7 現代の世界では、人は幸福ではありえない。なぜなら現代の人間は、自分の手で幸福がつくり出せると思っているから。だが、もっと怖ろしいことは、彼〔自分の手で幸福がつくり出せると思っている現代人〕がもはや不幸のうちに自らを見出す能力をも失ってしまっているということであろう。⑱幸福を希わなくなった時、人間は人間たることをやめた。人は「幸福」という言葉の意味を忘れてしまった。それが希わるべきものであって、この希うという以外の仕方では本来関与されえないものであるという、この単純なことが解らなくなってしまった。最も野蛮な原始人ですら知っておった

---

⑬ ああ、たしかに。もし誰かに「これを君に恵んであげよう」なんて言われたら素直には受け取れないかもしれない。

⑭ そういえば、出世して偉くなった友達に飲み代をおごってもらったときに、かすかに屈辱感というか、マウントを取られたような感覚を抱いたことがあったな……。「恵まれる」よりは「恵む」方が気持ちとしては楽かもしれない。

⑮ 幸福（他者から恵みを与えられている状態）から逃避することは人間であることをやめること。ということは、人間が人間であるためには幸福を希わねばならない。これが傍線部⑹の「幸福であることとは人間の義務」ということか。

⑯ たしかに、「〜したい」という欲求と比べると、「〜してほしい」という願望は他人任せの怠惰なものに感じられるかもしれない。

⑰ 「幸福」＝「恵まれること」は自分を劣位者の身分に置くことだから変なプライドは捨てなきゃいけないし、願いが成就するか否かは他者次第だということも受け入れなきゃいけない。

ものを、今日の人間はもはや知らぬ。仕合せ、不仕合せということを彼はもはや知らぬ。

8 「よく生きる」ということは自力でできることなのではないとわれわれはいった。⑲ しかし実は、善くも悪しくも、人がともかく生きてありうることがすでに恵みなのだ。生命は人が自分の手で、自分のうちからつくり出したものではない。「よく」生きることよりも以前に、およそ生きうるというそのことがすでに恵みを享けてあることであったのだ。

9 しかし人間は、「然り」を言い「否」を言うことを許されていた。（イエスとノーを言うこと）彼のみは、その然りと否とを向けるべき他者をもち、恵みを受けいれたり受けいれなかったりする能力をもっていた。われわれ人間のみは恵みをうけとるために決断をなさねばならなかった。⑳ それがまた人間のみが自殺しうる理由なのである。（自殺＝生の拒絶）恵みをうけることほど容易なことはない、幸いに与かるのに躊躇《ちゅうちょ》する人はないという人があるかもしれない。しかしその考えは、浅薄であるのみならず間違っている。㉑ どのような恵みをでも私は素直に享けいれるといいうるためには、人間は(8)いかにあつい信仰をもたねばならぬことであろう。「結構です」、「間にあっています」、「御親切は有難いが」といいうる時の、あの爽快さを知らぬ人があろうか。「お言葉に甘えます」といわねばならぬ時、どれほどかすかにもせよ屈辱を、少なくとも抵抗を覚えぬ人があろうか。どのような恵みをも辞退せぬほどに大いなる肯定の力が人間自身にあると考えるなら、それは人間の自惚《うぬぼ》れである。㉒ 他者からの恵みを素直に享けることの不能ということは人間に特有な欠陥なのであり、そしてそれは人間のみが自らの意志によって恵みを享けいれることを許されているという㉓ 特権と不可分なのである。

⑱ 自分が幸せでない（＝恵みを享けていない）ことに気付くことができなくなったということ。

⑲ そうか、「幸せ」とは、恵まれたいという自分の意志が、恵みを与えようという他者の意志に合致することだから「仕合せ」なのか。

⑳ 人間だけが、与えられた恵みを拒絶するか受けいれるかの決断を下す必要がある。逆に人間以外の動物には、恵みを受けいれる以外の選択肢がないだろうから決断の必要もない。

㉑ たとえば、進んで物乞いになる人のいないことがそれを証拠立てている。

㉒ つまり、どんな恵みをも素直に享けいれられるほどの力は、人間自身にはない。ああ、だから「信仰」が必要なのか。

問八

㉓ 恵みを享けいれることの困難を感じつつ、それでもなお、恵みを享けいれることを選べるのは人間だけ。だからその途を拒絶することは「人間たることの廃棄」になるし、その途を選ぶには「用意」が必要なんだな。

❷ 解答・解説

問一　非常に正答率が低い問題だ。この問題を間違えてしまう理由は主に二つある。

> ❶ 傍線部問題を内容一致問題のように解いている。
> （傍線部の理由として適切な選択肢を選ばなければならないのに、単に「本文に書いてあるか否か」という基準で選択肢を選んでしまっている。）
>
> ❷ 解くタイミングを間違えている。
> （筆者が傍線部(1)のように考える理由は、本文の最後まで（少なくとも5まで）読まなければわからないのに、2〜3あたりを読んだだけで解いてしまっている。）

選択肢に頼らずに、自分の頭の中に【正解のイメージ】を持ち、それを基準に選択肢を選ぶという解き方であれば右の二つの陥穽《かんせい》（落とし穴）にはまることはない。では【正解のイメージ】作成のプロセスを確認しよう。

「理由を考えること」は「論理の飛躍・情報の欠落を埋めること」。本文を根拠にして、「自らの幸福を希う《こいねが》（＝幸福の希求）」ことと、「恵みを受けいれる用意ができているということ」との間にある論理の飛躍を埋める。

> 2 幸福の希求＝恵みを享けることの希求
> 4 恵みを享けること＝他者なしにはありえない
>
> ↓
>
> 5 恵まれた状態に身をおくこと＝自己の劣位者の身分を認めること＝負い目、重荷
>
> ↓
>
> 9 他者からの恵みを、屈辱や抵抗を覚えずに、素直に享けることは難しい（だから現代人は幸福を希わない）
>
> ↓ **（それにもかかわらず幸福を希求する。だから）**
>
> (1)自らの幸福を希うとは、恵みを受けいれる用意ができているということ

右の囲い部分を【正解のイメージ】として選択肢の検討に入ろう。

Aで述べられているのは「幸福が他者の配慮に依存するものであること」の理由であり、「幸福を希うとは、恵みを

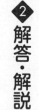

受けいれる用意ができているということ」の理由ではない。「恵みを受けいれる用意ができている」という表現は、「用意ができていなければなかなか受けいれられないのが（他者からの）恵みである」ということを含意している。そのような「恵みを受けいれることの困難さ」に言及していなければ、傍線部⑴の理由とはなりえない。「書いてあるか否か」だけで正誤を判断することのないようにしよう。

B、Cも傍線部⑴の理由とはならない。正解はD。

問二　希うこと（希求）と欲すること（欲求）の違いを整理すると、次のようになる。

> 希求とは、単に自己に欠けているものを求める欲求とは違い、自己に欠けているものを他者に対して希うことであり、したがってその成就は他者の配慮に依存している。

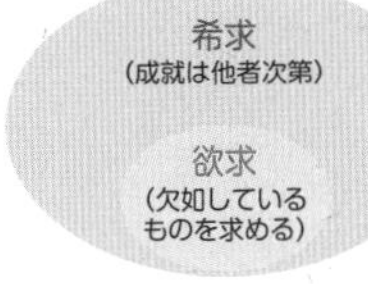

これを【正解のイメージ】として選択肢の検討に入ると、正解はB。

Aは希求を「他の人びとの幸福を顧慮することによってはじめて成立する」が誤り。

Cは前半部分は正しいが、後半の「他者の意志は〜希求を左右することがある」が誤り。欲求と希求の違いは、「他者の意志が影響を与えるか否か」ではなく「他者の意志に依存するか否か」である。あるいは、希求は他者なしにはありえないのだから、「他者の意志は〜することがある」という文末表現を誤りの根拠としても良い。

Dは欲求と希求の違いを「幸福と結びついているか否か」としている点が誤り。また「希求することはつねに幸福と結びついている」ともいえない。

問三　正答率の高い問題だが、解答根拠を確認しておこう。

> 願いは聴かれ、あるいは聴かれない。
> （願いは）⑶かなえられ、あるいはかなえられない。
> ＝（接続詞なし＋文末「のである」）
> 願いの成就は第一次的に自己以外の力、私に対する自由なる他者の配慮に依存するのである。

※主語が省略されている文……前文の主語を補う。
※「……。［接続詞なし］……のだ／のである。」という連続する二文……後文は前文の「言い換え」or「理由」。

省略されている主語を前文から補い、言わんとすることを後文から汲み取ると、【正解のイメージ】は次のようになる。

> 願いがかなえられるか否かは、他者の配慮次第だということ。

正解はD。A・B・Cは【正解のイメージ】と異なる。

問四　正答率の低い問題。《全文解釈》⑩でも述べたが、ここは対比的に考えるべきところ。たとえば「彼は他人には厳しい」という表現に「しかし自分には甘い」という意味が含まれているように、「単なる欲望（欲求）の満足には通常 (4) は続かない」という表現には、「願望（希求）の成就には通常 (4) が続く」という意味が含まれている。

問二でも確認したように、欲求と希求の違いは、他者の存在を必要とするか否か。単なる欲求の満足とは違い、希求の成就はひとえに他者の配慮に依存する。他者によって願望（希求）が成就した場合、その後に続くもの、それが空欄(4)である。

欲求
お腹が減っているので、何か食べたい。
←何かを食べた（欲望の満足）
←その後に (4) は続かない

希求
お腹が減っているので、何か食べ物を恵んでください
←他者からの恵みを享ける（希求の成就）
← (4)

正解はAの「感謝」。「単なる欲望の満足」では、右の例ではお腹がいっぱいになるだけで、誰か（他者）への感謝がその後に続くことは通常ないだろう。「ねがう」と同じ語源をもつ「ねぎらう」が「他者の労に謝すること」であるという記述も間接的な根拠となる。

Bの「幸福」を入れると、「単なる欲望の満足には通常「幸福」は続かない」となり、稀に（例外的に）幸福が訪れることもありうるということになるが、空欄(4)の次の文にもあるように、本文における幸福とは「本来恵みを享ける（授かる）こととして他者なしにはありえない」ものなのだから、

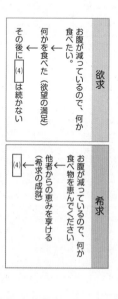

他者を無視した裸の欲望は、そもそも幸福と無関係である。したがって「単なる欲望の満足」に（本文における）幸福が生じることはありえない。

また、「祈り」とは願望が成就する前にするものであって、成就した後に続くものではないから、Cも×。

D「配慮」も、「（他者の私に対する）配慮→願望の成就」という順序であって、「願望の成就→配慮」ではおかしい。

問五　傍線部(5)に至る流れを改めて確認しよう。

4　幸福というものは、❶本来恵みを享《う》けることとして他者なしにはありえない。それはまた、単に欲求されるものではなく、ましてや企図されるものではなく、❷ひたすら願望され希求さるべきものとして、他者を抜きにしては、わが身に現に欠如していることすらも実はありえないのである。そこでもし今日の人間が、自己に対する他者をもはやもっていないとすれば、(5)今日の人間は幸福になりうる根本条件をいわば二重に欠いているといわねばならぬ。

傍線部(5)の一文の冒頭の「そこで」は「だから」や「したがって」と同様に因果関係を示す接続詞。「そこで」の前の二文にはそれぞれ、幸福には他者の存在が不可欠の条件であるということが述べられている。したがって、傍線部(5)に至る論理を整理すると次のようになる。

❶ 幸福は恵みを享けることであり、恵みは他者から与えられるから、幸福は他者なしにはありえない

＋　また

❷ 幸福は希求されるべきもので、希求は他者なしにはありえないから、幸福は他者なしにはありえない

← そこで（だから）

今日の人間が、自己に対する他者をもはやもっていないとすれば

←

(5)今日の人間は幸福になりうる根本条件をいわば二重に欠いているといわねばならぬ

【正解のイメージ】はおおよそ次のようなものになる。

> 幸福は❶、❷という二つの意味で他者を必要とするが、今日の人間は、自己に対する他者をもはやもっていないから。

Aは❶・❷いずれの内容とも合致しない。

Bの前半は❶と合致するが、後半の「他者との比較によって〜」は誤り。もし本文の❷に当たる内容が「幸福とは他者との比較で決まる相対的なものであり、他者を抜きにしては、幸福の欠如も認識できない」といったものであれば**B**が正解になるが、実際の本文はそうではない（《全文解釈》⓫）。

Cは前半が❶、後半が❷と合致する。**C**が正解。

Dは❶・❷いずれの内容とも合致しない。

問六 根拠が見つけにくく、正答率のやや低い問題だ。なぜ人間は幸福であらねばならないのか。疑問を持ちつつ「追跡」していくと、6の冒頭に次の一文がある。

> 6 ……人はこの途《みち》（幸福からの脱出を企てる途）によっては人間たることをやめねばならない。

この一文が解答根拠であると気付くためには、「この途」という指示語を無視しないこと、その指示内容をしっかり把握しながら読むことが肝要だ。

《全文解釈》❹・⓮でも見たように、「幸福＝他者から恵みを与えられている状態」は自己にとって負い目であり、重荷でもある。しかし、それを嫌ってその状態から逃げ出そうとすることは、人間であることをやめること。だから、人間が人間であるためには幸福を希い、実際に幸福であらねばならない。

> 幸福、つまり他者から恵みを与えられている状態を、負い目に感じ、その状態から逃げ出そうとすることは、人間であることをやめることを意味するから。

この【正解のイメージ】に合致する**D**が正解。

Aの後半の「他者が〜を認めることもまた人間の義務である」は本文にない内容であり、また傍線部(6)の理由にもならない。

Bの「よく生きること（＝幸福であること）が人間の義務である」は、傍線部(6)の「（幸福であることは）人間なるものの義務」と同義であり、理由にはならない。

Ｃの後半の「他者の存在を認めることこそ人間の義務である」は本文にない内容であり、また傍線部(6)の理由にもならない。

問七　正答率のやや低い問題。ポイントは三つ。

> ❶「それ」＝願望が欲求に比べて非実践的、怠惰、空想的であること
> ❷「人間たることの廃棄」＝人間であることをやめること＝幸福を希わなくなること
> ❸傍線部(7)の構造＝❶を❷の口実(理由)にするであろう＝❶を口実(理由)にして❷するだろう

右の三つのポイントを押さえたうえで、文意を具体的に理解し、【正解のイメージ】を作る(《全文解釈》⑯)。

> 願望が欲求に比べて他人任せの怠惰なものであることを口実にして、幸福を希うこと(人間であること)をやめるだろう。

Ａは【正解のイメージ】と合致する。Ａが正解。

Ｂは「それはたんなる願望にすぎず現実味に欠けることを理由に」が誤り。正しくは「願望は欲求に比べて現実味に欠けることを理由に」である。

Ｃ・Ｄは、「〜を口実にして〜する」という傍線部(7)の構造(❸)を踏まえておらず、したがって傍線部(7)の言い換えになっていない。これらの選択肢を選んでしまった人は、「傍線部問題」を「内容一致問題」として解いてしまっていないかどうか、自分の解き方を今一度、見直してほしい。

問八　傍線部(8)の直後にあるように、他者の恵みを享けることには誰しも抵抗を覚える。だからどのような恵みをも素直に享けいれることは人間には難しい(できると考えるのは自惚れ)。したがって、もしあらゆる恵みを素直に享けいれようとするならば、人間を超えた存在(神や仏)の力に縋《すが》るより他ない。傍線部(8)の「あつい信仰」とはそのようなことだろう。

【正解のイメージ】は次のようになる。

> どのような恵みをも素直に享けいれることは、人間を

超越した存在の力を借りなければならないほどに困難なことだから。

正解はD。

Aは「どの恵みを受け入れるかいつも迷い、その決断には勇気がいるから」が誤り。

Bは「恵みとして与えられるものは現世的な意味で好ましいものばかりとは限らないので」が誤り。

Cは「恵みを与える人が真の善意をもっているかどうかは誰にもわからないので」が誤り。

問九　内容一致問題なので、本文に書いてある内容か否かという判断基準で選択肢を見ていく。

aは「真剣に幸福になる努力をする人は少ない」が誤り。「幸福を希う」ことと「幸福になる努力をする」ことは全く異なる。幸福（恵みを享けること）は、自分の努力で得るのではなく、他者の配慮に依存する。

bは「幸福は他者と分かち合うことによって〜感じられる」が誤り。幸福とは他者の恵みを享けていること。

cは4・7の内容に合致している。cが正解。

dは「現代人は他者への依存を拒否し、自らの手で幸福がつくり出せると思っている」という本文の論旨と逆。

eは5の内容に合致している。eが正解。

fは紛らわしいが、「自己と他者の関係に無関心になる」が不正確。正確には「他者に無関心になる」である。「自己と他者の関係に無関心になる」といった場合、無関心の対象は「関係」であって「他者」ではない。

gは「結局人間には自力でできることはない」が誤り。人間は、恵みを受容するか拒絶するかの決断を、自らの意志で下すことができる。

hは「〜という錯覚」が誤り。

【解答】

問一（5点）	D	問二（5点）	B	問三（5点）	D	問四（5点）	A
問五（5点）	C	問六（5点）	D	問七（5点）	A	問八（5点）	D
問九（各5点）	c・e						

第3講

解説
Answer

『物語の哲学』

（野家啓一）

〔解説：輿水淳一〕

ジャンル	字数	問題頁
評論	2283字	P.41

◆コロナ禍という「思い出」

『史上最悪のインフルエンザ』（A・W・クロスビー）という、スペイン風邪の流行を分析した本がある。スペイン風邪とは、一九一八―一九年に世界中で猛威を奮った感染症で、同時期に起きた第一次世界大戦を超える犠牲者を出した。しかし、第一次大戦は戦後、様々な学問上、文学上のテーマとなって広く語り継がれてきたのに、スペイン風邪は終息後ほとんど言及されなくなり、人々の頭からきれいさっぱり消え失せた。この著書の最終章のタイトルは「人の記憶というもの――その奇妙さについて」である。今から、十年後、二十年後、われわれは、コロナ禍の経験をどのように思い出し、物語るのであろうか。（西原）

1

❶ 全文解釈

太古から現在に至るあらゆる出来事をくまなく記録し、能《あた》う限り正確に記述することは、歴史学者の夢であろう。その夢をA・ダントは「理想的年代記作者」と呼んでいる。すなわち、すべての歴史的出来事を、それが起こった瞬間にありのままに描写する能力を備えた超人的な歴史学者のことである。しかし、たとえそのようなことが可能だとしても、彼が作成する「年代記」は脈絡を欠いた(ア)ボウダイな歴史年表のようなものであり、それは歴史叙述の基礎資料とはなりえても、「歴史叙述」とはなりえない。なぜなら、そこには出来事と出来事とをつなぐ脈絡、すなわち「物語」が欠落しているからである。❶ このような歴史学者のことを、小林秀雄は「一種の動物に止まる」と喝破《かっぱ》*1した。今さら引用するのも気が引けるほど(A)人口に膾炙《かいしゃ》した文章だが、ここはやはり『無常といふ事』の一節に登場してもらわねばならない。❷

（能う限り＝できるかぎり／彼＝理想的年代記作者／それ＝理想的年代記）

思ひ出が、僕等を一種の動物である事から救ふのだ。記憶するだけではいけないのだらう。思ひ出さなくてはいけないのだらう。多くの歴史家が、一種の動物に止まるのは、頭を記憶で一杯にしているので、心を虚《むな》しくして思ひ出す事が出来ないからではあるまいか。(中略)上手に思ひ出す事は非常に難かしい。だが、それが、過去から未来に向かつて飴《あめ》の様に延びた時間といふ蒼《あお》ざめた思想(僕にはそれは現代に於《お》ける最大の(イ)モウソウと思はれるが)から逃れる唯一の本当に有効なやり方の様に思へる。❸

（それ＝上手に思ひ出す事）

脳内活動・重要語彙

❶「物語」という言葉は〈因果の連鎖〉といった意味で使われることがあるけど、ここでの意味もそうかな?

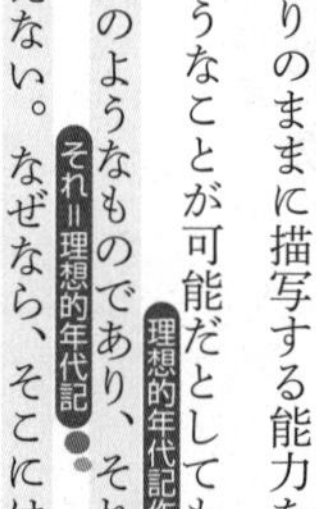

*1 喝破…①大声で叱りつけること。②誤った説を排し、真実を説き明かすこと。

❷ 引用文だ。「何のための引用か」を把握しよう。

❸「飴の様に延びた時間」という比喩は、〈どこをとっても変わらない客観的で均質な時間〉ということだろう。でも「思ひ出す事」で、それが必ずしも正しくないと気付くことができる。濃密で長く感じた二十代、あっという間に過ぎ去ってしまった三十代というように……。

❹ この区別を際立たせたくて小林秀雄の文章を引用したのか。

2

ここに見られる「記憶」と「思い出」との対比は、「理想的年代記」と「歴史叙述」との区別を際立たせてくれる。❹記憶をあらゆる歴史的出来事が細大漏らさず*2貯蔵された巨大な水甕《がめ》だとすれば、思い出とは、その水甕のわずかな割れ目から滲《し》み出した一筋の水滴にでもなぞらえることができる。その水滴は(B)朝まだきの光に照り輝くこともあれば、夜の冷気に(ウ)ヒョウケツすることもあるであろう。小林秀雄は一滴の水が乾いた舌にしたたり落ちるその瞬間を捉《とら》えて、それを「歴史」と呼んだのである。❺それゆえ、思い出は過去の出来事のありのままの再現ではない。それは(1)経験の遠近法による濾《ろ》過と選別とを通じて一種の「解釈学的変形」を被った出来事である。❻強烈な印象を刻みつけた出来事はクローズアップで大写しにされ、さほど印象に残らない些《さ》末な出来事は遠景に退いてフェイドアウトすることであろう。❼そこにはおのずからなる想起の❽力学が働いているのである。

「思い出」は、それを思い出す現在によって評価が変わる

それ＝思い出

3

しかし、小林の思い入れに反して、「思い出」はそのままでは「歴史」に転成することはできない。❾❿思い出されただけで、それが再び記憶の闇《やみ》の中に消え入るならば、思い出は甘美な個人的感懐*3ではあっても、間主観的な歴史ではない。⓫(2)思い出が歴史に転生を遂げるためには、何よりも「物語行為」による媒介が不可欠なのである。思い出は断片的であり、間欠的であり、そこには統一的な筋もなければ有機的連関を組織する脈絡も欠けている。それらの断片を織り合わせ、因果の糸を張りめぐらし、起承転結*4の結構をしつらえることによって一枚の布に(C)あえかな文様を浮かび上がらせることこそ、⓬物語行為の役目にほかならない。物語られることによってはじめて、断片的な思い出は「構造化」され、また個人的な思い出は「共同化」される。「物語る」という言語行為を通じた思い出の構造化と共同化こそが、

*2 **細大漏らさず**…細かいことも大きいこともすべて。全部。

❺
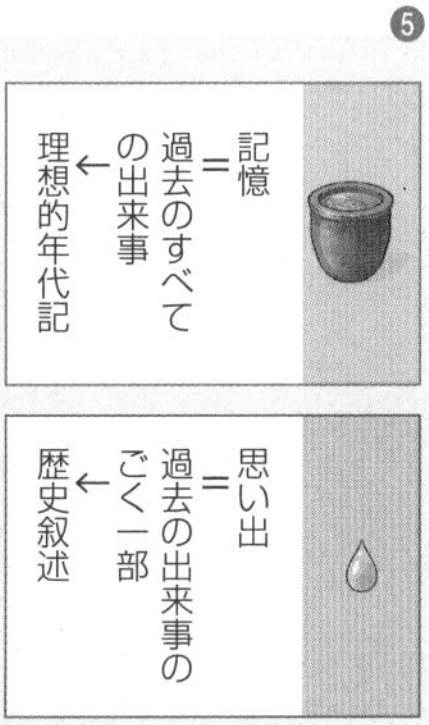

❻ こんなイメージかな。
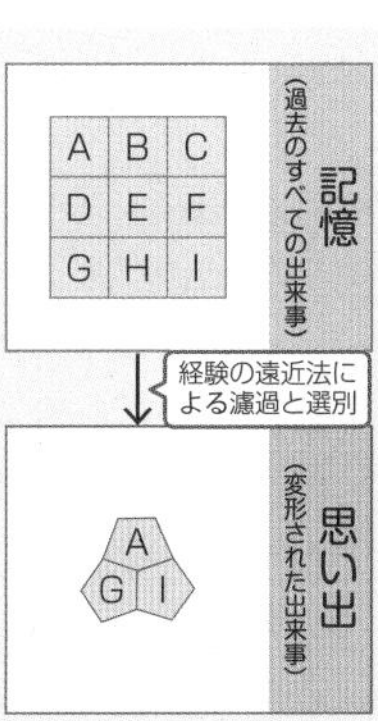

❼ この部分は「経験の遠近法による濾過と選別」の比喩的な説明。

❽ 思い出すときに自然と働く作用。

❾ 逆接だ。「論の方向」が変わるぞ。

❿ 2は「記憶→思い出」の話だったけど、ここからは「思い出→歴史」の話。「思い

ほかならぬ歴史的事実の成立条件なのである。⑬ それゆえ、歴史的事実は、ありのままの「客観的事実」であるよりは、むしろ物語行為によって幾重にも媒介され、変容された「解釈学的事実」と呼ばれねばならない。⑭

4 このように言えば、歴史的事実の客観性は、文献史料や考古学的資料によって保証されているはずではないか、という反論がなされるであろう。⑮ しかし、文献史料は言語による記述であることによって、ありのままの過去を再現する手段ではなく、すでに「解釈」の産物なのである。われわれは、たとえ知覚の現場で直接的に体験したことですら、それを完璧《ぺき》に再現し記述することはできない。たしかに 意識的にであろうと、無意識的にであろうと、われわれが言語によって記述を行うとき、そこには関心の遠近法が働いており、記録に値する有意味な情報の取捨選択がなされているのである。⑯ その意味では、文献史料はすでに一つの「物語」を語っているのだと言ってよい。⑰ 考古学的資料ですら「解釈」の(エ)オセンを免れてはいないことについては、次の川田順造の文章が雄弁に語っている。

一方、土器の破片も、人間の解釈をまったく排除したものではない。それが人間によって、作られたり使われたりした以上、その土器は、当時の社会で何らかの意味をもっていたのであり、それをこしらえた人は、自然の素材に対する人間のある「解釈」と働きかけの結果として、その土器をつくりだしたのだから。ただ、「もの」では文字や言葉ほど解釈ははっきりと表明されていないが、土器の形や、そこに(オ)ホられたり描かれたりしている、さまざまな紋様や図形に注意を払えば、土器と文字との史料と

出」はどうすれば「歴史」に転成できるのだろう?

＊3 **感懐**…心に抱く思い。

⑪ 対比。思い出＝個人的なもの⇔歴史＝多数の人間の主観に共通して存在するもの。

＊4 **結構**…物事の構造や組み立て。

⑫ 断片的な思い出を因果関係でつないで脈絡のあるストーリーにすること。

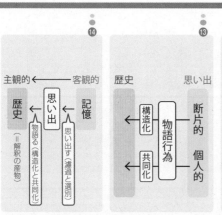

⑬
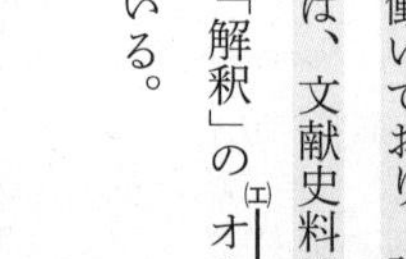

⑭
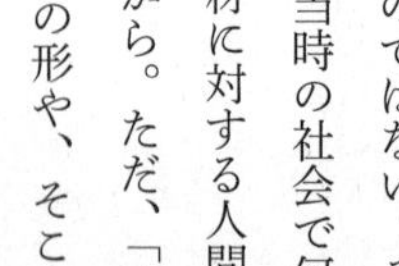

してのへだたりも、実は連続したものであることがわかる。⑱

5

それゆえ、歴史の「史料」⑲もまた、過去の「客観的事実」そのものではない。そこにすでに「解釈」の鑿《のみ》が刻み込まれているのである。だとすれば、(3)歴史叙述は「解釈の解釈」の行為とならざるをえないであろう。その観点からすれば、歴史叙述は「記述」であるよりは、むしろ「制作（ポイエーシス）」に似ている。歴史家のP・ヴェーヌの言葉を借りれば、「小説と同じで、歴史はふるいにかけ、単純にし、組み立てる。一世紀を一頁にしてしまう」⑳のである。

【図】

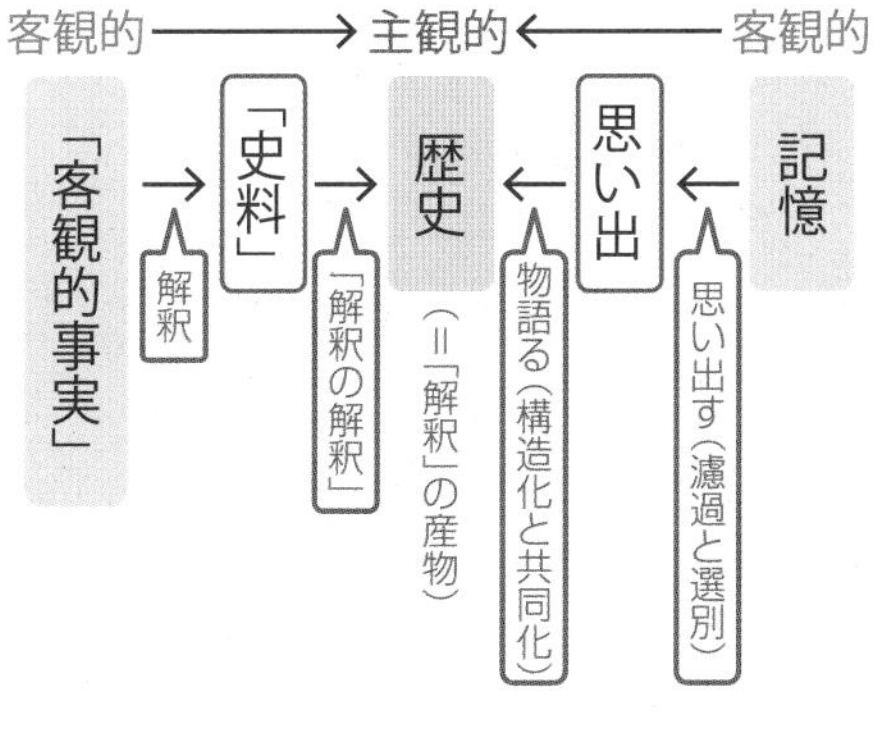

⑮ 予想される反論に対する筆者の反論が来る。

⑯ 日記に、今日一日に起きたすべての出来事を記述したりはしないし、そもそもそんなことはできない。

⑰ つまり文献史料は客観的事実ではなく「解釈」の産物。

⑱ 文字で書かれた文献史料も土器などの考古学的資料も、どちらも「解釈」の産物であり、その違いは程度の差でしかない。

⑲ 文献史料と考古学的資料を合わせて「史料」としているのだろう。

⑳ 歴史は「過去の出来事そのもの」をそのまま記述したものではなく、解釈によって「制作」されるもの、ということが良くわかる表現だ。→【図】

3

2 解答・解説

問二 (A)「人口に膾炙する」は、〈(詩や文章などが)世間の人々に広く知れ渡り、もてはやされること〉を意味する故事成語。「膾」はなます(肉や魚を細かく刻んで酢で和えたもの)、「炙」はあぶり肉で、ともに誰の口にも美味と感じられ、もてはやされることからできた言葉。「人口」を「人工」と書き間違えやすいので注意。

(B)「朝まだき」は〈朝が未だ来ていない時〉のこと。

(C)「あえか」は〈か弱く、きゃしゃで頼りない様子〉を意味する古語であり、女性の美しさを形容する言葉だったが、明治以降、はかなげで美しい事柄、景物を形容する言葉として使われるようになった。ここでは「文様(装飾として施された図柄)」を修飾していることに留意する。

問三 設問は、傍線部(1)とあるが、それはどういうことか、六〇字以内でわかりやすく説明せよ、というものだ。

ここで一度基本的なことを確認しておきたい。「説明」とは何だろうか。

辞書で「説明」という言葉を引くと、〈ある事柄の内容や意味を、相手によくわかるように述べること〉とある。「説明」とはあくまでも「相手」に向けてなされるものであり、その目的は「相手によくわかってもらうこと」だ。たとえば「傍線部を要素ごとに分割する」・「その各要素を言い換える」といった作業は設問を解く上で有用なことではあるが、それらの作業自体が目的やゴールであってはならない。それらはあくまでも目的のための手段だ。試験本番で君たちは、自分の理解した内容を、「相手」=「採点官」に、よくわかるように伝えなければならない。記述問題に向き合う時には、常にそのことを忘れないようにしよう。

さて、設問に戻ろう。求められているのは、傍線部(1)が「どういうことか」を「わかりやすく説明すること」である。傍線部(1)の置かれた文脈を確認しよう。

---

2 それゆえ、(1)思い出は過去の出来事のありのままの再現ではない。それは経験の遠近法による濾《ろ》過と選別を通じて一種の「解釈学的変形」を被った出来事である。強烈な印象を刻みつけた出来事はクローズアップで大写しにされ、さほど印象に残らない些《さ》末な出来事は遠景に退いてフェイドアウトすることであろう。そこにはおのずからなる想起の力学が働いているのである。

傍線部(1)の主語は「それ」＝「思い出」。したがって傍線部(1)とその前文はワンセット。「～を通じて」は「～によって」などと同様に因果関係を表す。そうすると【解答の骨格】は次のようになる。

Ⓧ思い出は（主語）
Ⓐ～ではなく
Ⓑ～を通じて
Ⓒ～された（～を被った）出来事だということ。

傍線部(1)がどういうことかを説明するのだから、優先順位が高いのはⒷとⒸだが、「わかりやすく説明せよ」という要求に応えるためにはⓍやⒶの要素も加えたい。この【骨格】で相手に伝わるな、と判断できたら、あとは肉付けだ。わかりやすく伝わるように「～」の部分を肉付けしていこう。

Ⓑの「経験の遠近法による濾過と選別」という比喩表現は、傍線部(1)の次の文で説明されている。思い出されるのは印象深い出来事で、そうでない出来事は忘れられていく。過去の出来事は、受けた印象の強弱でふるいにかけられる。そうした内容を端的に表現しよう（この部分は本文そのままの抜き出しだと字数を超過してしまう）。

その結果、変形された出来事が「思い出」だ。Ⓒの『解釈学的変形』を被った出来事」は説明しづらいが、3にある「解釈学的事実」という表現が、その直前にある「客観的事実」と対比されていることを踏まえれば、「主観的に変容された出来事」とでも言い換えれば大過ないだろう。解答例では、Ⓒとの対応を取るためにⒶの「過去の出来事のありのままの再現」を「過去の出来事の客観的な再現」とした。

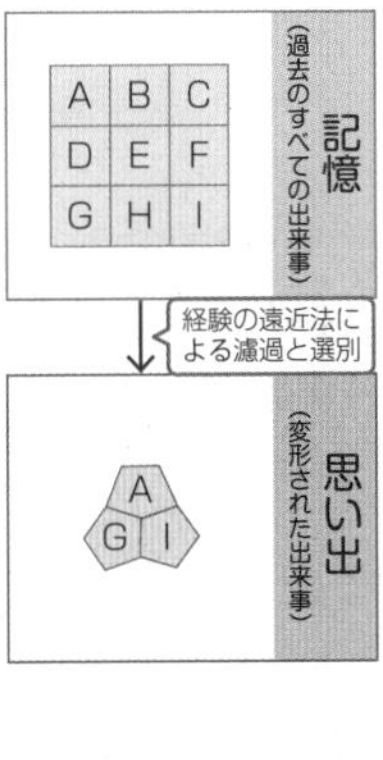

先ほどの【解答の骨格】に以上の肉付けを施すと次のようになる。

Ⓧ思い出は　2点
Ⓐ過去の出来事の客観的な再現ではなく、　2点
Ⓑ受けた印象の強弱に応じた取捨選択により　6点
Ⓒ主観的に変容された出来事だということ。　2点

※句点「。」忘れ、誤字脱字　各1点減

【解答例】
思い出は過去の出来事の客観的な再現ではなく、受けた印象の強弱に応じた取捨選択により主観的に変容された出来事だということ。(60字)

Ⓐ・Ⓑ・Ⓒの各要素は、同内容表現と判断できれば加点してよい。ただ、自分の解答の良し悪しを判断するときには、「要素が入っているかどうか」だけでなく、「文全体として、相手にわかりやすい解答になっているかどうか」も重視しよう。いくら要素が入っていても、全体として相手にわかってもらえない文章であれば、それは「説明」をしたことにはならない。

問四　傍線部(2)とあるが、「思い出」が「歴史」に転生するためには、「物語行為」は［どのような働き］をするのか、六〇字以内でわかりやすく説明せよ、という設問である。答えなければならないのは設問文の［疑問詞部分］なので、解答は「～という働き。」とすればよい。〈「物語行為」は～という働きをする〉のように主語、述語を解答に含める必要はない（含めても減点はされないが字数の無駄遣いになる）。「物語行為」の働きについては、傍線部(2)の少し後ろに端的な説明がある。

3　物語られることによってはじめて、断片的な思い出は「構造化」され、(また)個人的な思い出は「共同化」される。「物語る」という言語行為を通じた思い出の構造化(と)共同化こそが、ほかならぬ歴史的事実の成立条件なのである。

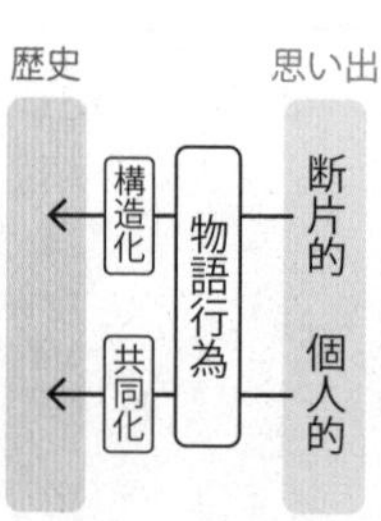

したがって【解答の骨格】は次のようになる。

Ⓐ 断片的な思い出を
Ⓑ 構造化し、

また
Ⓒ個人的な思い出を
Ⓓ共同化する働き。

これだけでは指定字数に届かないので、この骨格に、Ⓑ構造化とⒹ共同化の説明を肉付けとして加えることで、「わかりやすい説明」にする（「断片的な思い出」や「個人的な思い出」は、既にわかりやすい表現なので、これ以上説明する必要がない）。

夜空の無数の星々から印象的な星を選別するのが「記憶」から「思い出」への変形だとするなら、「思い出の構造化」とは、選別された星と星をつないで一つの星座を作ることになぞらえられる（星々をつなぐ線は客観的実在ではないので、星座は主観的な「解釈」の産物だ）。そして「思い出の共同化」とは、そのようにして作られた星座を、多数の人間の間で共有することになぞらえられる。そのように構造化され、共同化されたとき、思い出は歴史に転生を遂げる。

Ⓑ構造化の説明に関しては、傍線部⑵の直後の二文が材料になる（「因果の糸」「あえかな文様」などの比喩表現をそのまま用いないようにしよう）。また、Ⓓ共同化の説明に関しては、傍線部⑵の直前にある、「個人的」と対置されている「間主観的」を用いたい（「間主観的」の（注）も利用しよう）。

以上を踏まえて先ほどの【解答の骨格】に肉付けを施すと次のようになる。

Ⓐ断片的な思い出を　２点
Ⓑ′筋や脈絡を備えたものとして　２点
Ⓑ構造化し、　２点
また
Ⓒ個人的な思い出を　２点
Ⓓ′多数の人間に共有されるものとして　２点
Ⓓ共同化する働き。　２点
※句点「。」忘れ、誤字脱字　各１点減

【解答例】
断片的な思い出を筋や脈絡を備えたものとして構造化し、また個人的な思い出を多数の人間に共有されるものとして共同化する働き。（60字）

【採点例】
「物語る」という言語行為を通じて、断片的で間欠的な思い出を（A○2点）因果関係で結びつけることで（B○2点）構造化し、（B○2点）共同化する働き。（55字）　6点

※断片的な思い出を共同化するわけではないので「共同化」への加点はなし。

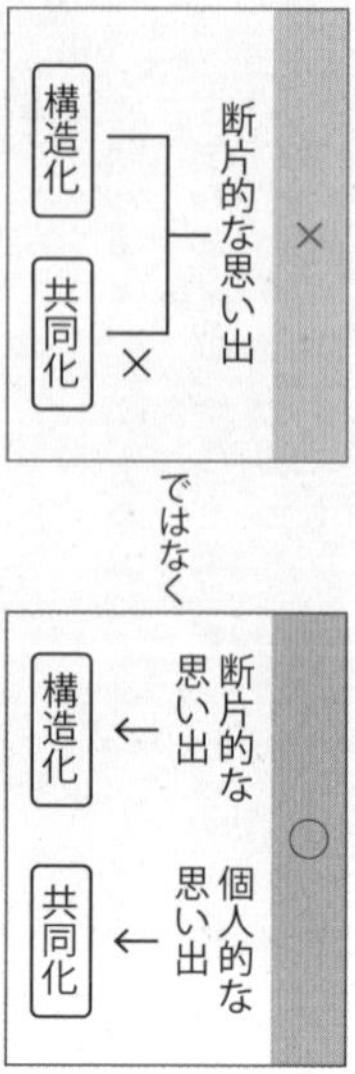

問五　傍線部(3)とあるが、それはどういうことか、六〇字以内でわかりやすく説明せよ、という設問だ。傍線部(3)は、④冒頭に述べられていた「歴史的事実の客観性は、文献史料や考古学的資料によって保証されているはずではないか」という（予想される）反論に対する筆者の見解を述べている箇所だ。「文献史料も客観的、考古学的資料も客観的、だからそれに基づく歴史も客観的だ」という反論に対して、筆者は、「文献史料は解釈の産物（だから客観的ではない）、考古学的資料もまた解釈の産物（だから客観的ではない）、だとすれば、それらの「史料」に基づいて歴史を語ること（＝歴史叙述）は、解釈されたものを解釈する行為とならざるをえない（だから歴史叙述は客観的なものではない）」と述べている。

解答のポイントは、傍線部(3)の「解釈の解釈」という表現をいかにわかりやすく説明するかということだろう。この場合、「解釈」という言葉自体を言い換える必要はない。出題者（大学の先生）が受験生に問いたいのは、「解釈」という言葉自体の理解ではないだろうし、また、「解釈」という言葉をそのまま使わなければ、「解釈の解釈」という表現の面白さを説明することができないからだ。

【解答の骨格】は、傍線部(3)の文構造に合わせる。主語はそのまま「歴史叙述は」でよい。

歴史叙述は解釈されたものをさらに解釈する行為だということ。

「解釈されたもの」とは、④に述べられていたように、文

献史料・考古学的資料の二つである。どちらかだけに偏らないように気を付けたい。また、細かなことだが、「史料」と「資料」という漢字の使い分けも間違えないようにしよう。

【解答の骨格】に肉付けを施し、表現を整えると、解答例は次のようになる。

【解答例】

歴史叙述とは、文献史料や考古学的資料といったそれ自体人間の解釈の産物であるところのものをさらに解釈する行為だということ。（60字）

【採点基準】

A 主語は「歴史叙述（と）は」　2点

B 文献史料・考古学的資料の双方に言及している　4点

どちらかにしか言及していない場合は2点

C「解釈の解釈」という表現のニュアンスが出ている　4点

※句点「。」忘れ、誤字脱字　各1点減

【採点例】

歴史叙述は、言語によって記述され、記録に値する有意味な情報の取捨選択がなされた歴史の「史料」を解釈する行為だということ。（60字）　4点

A○2点　B△2点　C×0点

「言語によって記述され」た「史料」といった場合、そこに考古学的資料は含まれないので、Bは2点。Cは0点。

最後に本文の２００字要約を示す。できれば要約例を見る前に、自分の力で要約を作成してみよう。

【要約】

思い出は過去の出来事のありのままの再現ではなく、解釈学的変形を被った出来事である。そして断片的で個人的な思い出は、物語行為によって構造化され、共同化されることではじめて歴史に転生する。それゆえ、歴史的事実は客観的事実ではありえない。歴史的事実の客観性を保証するかに思われる歴史の「史料」もまた、解釈の産物である以上、歴史叙述は「解釈の解釈」の行為であり、それは「記述」よりもむしろ「制作」に似ている。（２００字）

【解答】

問一（各2点）	(ア)	膨大（厖大）
	(イ)	妄想
	(ウ)	氷結
	(エ)	汚染
	(オ)	彫
問二（各2点）	(A)	広く世間に知られてもてはやされた・広く人々に知られている
	(B)	早朝・夜の明けきらぬ頃
	(C)	はかなく美しい模様・かすかな模様・繊細な模様

問三（12点）	思い出は過去の出来事の客観的な再現ではなく、受けた印象の強弱に応じた取捨選択により主観的に変容された出来事だということ。（60字）
問四（12点）	断片的な思い出を筋や脈絡を備えたものとして構造化し、また個人的な思い出を多数の人間に共有されるものとして共同化する働き。（60字）
問五（10点）	歴史叙述とは、文献史料や考古学的資料といったそれ自体人間の解釈の産物であるところのものをさらに解釈する行為だということ。（60字）

第4講

解説
Answer

『風景と実感』

（吉川宏志）

〔解説：輿水淳一〕

ジャンル
評論
字数
3347字
問題頁
P.49

◆永訣《けつ》の朝

「あめゆじゅとてちてけんじゃ」（岩手県の方言で〈みぞれをとってきてください〉の意）。宮沢賢治の詩「永訣《けつ》の朝」で幾度も繰り返される言葉である。最愛の妹トシ子が亡くなる日、賢治は外に降ったみぞれをとってくるよう頼まれる。曲がった鉄砲玉のように慌てて外へ飛び出した賢治の頭には、トシ子の声――あめゆじゅとてちてけんじゃ――がリフレインで響き渡る。彼女の声をそのまま記したこの文字列によって、読者の眼前にはトシ子の姿がありありと浮かび、われわれは無意識のうちに、迫りくる現実に打ちひしがれる賢治の心に自らの心を重ねる。言葉が生み出すリアリティが人の心を結びつける。（西原）

❶ 全文解釈

1 書かれた言葉は〈記号〉なのだ、という認識が、今ほど無意識に信じられている時代はないのではないか。❶

2 目の前のパソコンに、ある言葉を入力すれば、日本のあらゆる場所から、あるいは海外からも見ることができる。そのため、言葉はどこへ行っても変質をせず、いくらでも(1)フクセイできる、デジタルな存在であるような感覚が生まれてきているように思われる。

3 加藤治郎が、

試みに打ってみたまえＪＩＳ記号〈３Ｂ６Ｄ〉濃き紅の　『マイ・ロマンサー』

という歌を発表したのは一九九〇年のことだった。※ＪＩＳ記号〈３Ｂ６Ｄ〉は「詩」という文字を表しているナンバーである。「詩」という言葉さえも、コンピュータ上では単なる記号に過ぎない、というラジカル（過激なさま。急進的）な認識を表明した歌であった❷が、それから十数年という時間が過ぎた現在、それはもう常識に近くなりつつある。

4 また、インターネット上では、おびただしい数の、誰が発言しているのかもわからない言葉があふれている。（たしかに）それを見ると、あらゆる言葉が均質化され、のっぺりとした平面になっていくような感覚に(2)オソわれる。

5 もちろん❸私も、構造主義以後の記号論的な見方で言葉をとらえていくことに反対するわけではないし、いわゆる「インターネット短歌」を単純に否定するわけではない。（きた、逆接だ）しかし、

✔ 脳内活動・重要語彙

❶ 筆者は、言葉は単なる〈記号〉などではない、と考えているのだろう。

※……ＪＩＳコードのこと。コンピュータや通信での利用のために漢字・かな・英数字などにコード（符号）を割り当てたもの。

❷ 「詩には生身の人間の生きた実感が込められている」という意味で「詩を切れば血が出る」というけれど、そんな「詩」も、コンピュータ上では無機的な記号の羅列に変換されてしまうということか……。すごい短歌だな。

❸ 「もちろん～。しかし～」という譲歩構文かな。逆接以降の内容に注意して読もう。

現在の短歌の危機は、言葉が無味カンソウ(3)な〈記号〉になってしまうことから生じていることも、無視できない事実なのではないだろうか。❹

6 唐突だが、「やすし」という、人名を表している言葉がある。この「やすし」という言葉はたしかに〈記号〉に過ぎないわけで、ほとんど意味内容をもたない。「A氏」や「Bさん」に置き換えることもできる、無色透明な文字の連なりなのである。もちろん人によっては、知り合いである一人の「やすし」の顔をこの言葉から想像するかもしれないが、その連想はあくまでも個人的なもので、だれもが同じ顔を想像するわけではない。

何の話だろう？

7 ところが次の詩を読むと、「やすし」という言葉がまったく別の印象で見えてくる。❺

慟哭《どうこく》*　　山田数子

しょうじ　よう
やすし　よう
しょうじ　よう
やすし　よう
しょうじ　よおう
やすし　よおう

❹ やっと筆者の意見が出てきた。ここからが本題だ。

❺ どんな風に印象が変わるのだろう？

＊ **慟哭**…ひどく悲しんで激しく泣くこと。

4

しょうじぃ　よおう
やすし　よおう
しょうじぃ
しょうじぃ
しょうじぃぃ

8 あるときこの詩を読んで、かなりショックを受けたことがある。『日本原爆詩集』に収められている詩で、「しょうじ」「やすし」は作者の息子の名前なのだそうだ。❻

9 内容に心打たれた、というのではない。というか、この詩の意味内容は「しょうじ」と「やすし」が繰り返されているだけで、ほとんどゼロに近い。（たしかに）それなのに「しょうじ」「やすし」という言葉が、なまなましい肉声で呼ばれているように感じられないだろうか。原爆で焼け(4)コげた街を、息子を探してまわる母親の姿が鮮明に浮かび上がり、その幻の声が、耳もとにくっきりと響いてくるようだ。❼(A)〈記号〉であるはずの言葉が❽、なまなましい身体感を帯びてくるのである。

10 私は先ほど、「やすし」という言葉を聞いて思い浮かべる顔は、あくまでも個人的な連想なのだ、と書いた。けれども、この「慟哭」という詩を読んだときに目に見えてくる情景は、日本人であるなら、かなり共通したものになるのではないか。自分だけでなく、他人にも

❻ そうだったのか……。それを知ったうえで改めてこの詩を読むと、胸に迫るものがあるな……。

❼ わかる……。「くっきりと」とまではいえないけれど、息子たちを必死に探す母親の痛切な声が頭の中に聞こえる気がする……。

同じように見えている幻影なのだ。自分だけが見えるものなら妄想であるかもしれないが、他者にも見えるものであれば、幻想以上の存在になってくる。⑧たしかに だから、この詩が生み出すイメージは、非常に強い実在感をもつことになるのである。⑨

11 私たちはしばしば、短歌を読んで「リアリティがある」とか「実感がある」と評することがある。これらは本来、定義をしにくい、(5)アイマイな批評用語である。だが、言葉で表現されている以上のイメージが脳裏にいきいきと見えてくるとき、「リアリティ」や「実感」という語を用いて、何とかその感触を言い表そうとするわけである。そして、そのなまなましさがなければ、短歌としてはどこかもの足りないと私は感じる。どんな歌になまなましさを感じるかは、人によって違うだろうけれども、基本的に私と同じような価値観をもつ歌人は少なくないはずだ。しかし、なぜそのようななまなましい感触が生まれてくるのかを説明することは非常に難しい。

12 もちろん私も、なぜそれが生じてくるかを明快に論じることができるわけではない。ただ、この「慟哭」という人名だけの詩が、なぜ詩として成立しているかを考えることは、「リアリティ」や「実感」の正体をとらえる上で、大きなヒントを与えてくれるように思われるのだ。⑩

13 まずこの詩のポイントは、⑪(B)この詩に書かれていない原爆の惨状を、読者がイメージとしてくっきりと想起することができることだ。私たちは、それがたとえ映画やテレビなどが作り出したバーチャル(仮想的)なものであったとしても、被爆地の様子をかなり鮮明に頭に思い浮かべることができる。この詩には何も描写がなされていないために、かえって想

⑧ 6に「『やすし』という言葉はたしかに〈記号〉に過ぎない」という話があったな。

⑨ なるほど。筆者の論の運び方は説得力があるな。

⑩ ここから話が展開していくぞ。なぜ、人名だけの詩が、なまなましい実感、リアリティを生むのだろうか。

⑪ 「まず」ってことは、この詩のポイントは一つではないんだろうな。

像したイメージがそのまま眼前にあらわれてくるところがある。

目の錯覚

14 よく知られた錯視だが、カニッツァの三角形という図がある。この図には、実際には三角形は書かれていないのであるが、白い三角形の幻影がありありと感じられる。⓬私たちの脳には、「見たいものを見てしまう」という機能があるらしく、このような図を見ると、白い三角形が置かれていて、黒い円の一部が隠されているのだ、と無意識のうちに思い込んでしまうらしい。それで、本当は存在しない白い三角形を、鮮やかに感じ取ってしまうわけである。

なるほど

15 おそらくそれと似たようなことが「慟哭」という詩でも起こっていて、ある程度の文脈がつくられていると、書かれていないことであっても、読者の脳裏には打ち消しがたいイメージが浮かんでしまうのだ。この詩の場合は『日本原爆詩集』に収められていることや「慟哭」という題が、一つの文脈になっている。それがカニッツァの三角形における一部欠けた黒い円のような役目を果たしていて、詩には書かれていない、原爆によって破壊された街やおびただしい死傷者の姿を幻視させるのである。⓭そして、不思議なことに私たちには、実際に書かれていることよりも、書かれていないこと――読者が「見たい」と思って想像したこと――のほうを、リアルに感じる傾向があるようなのだ。⓮詩歌において、「省略」が重視されるのは、「見えないものを見る」という読者の想像力を極限まで生かすためであろう。⓯

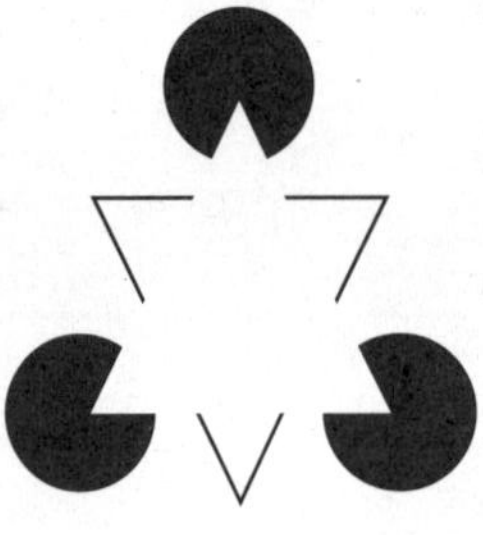

▶カニッツァの三角形

⓬ ほんとだ！　白い三角形が「見える」！

⓭ なるほどな……。問三はこのあたりを使って解けそうだ。

⓮ たしかに、カニッツァの白い三角形は書かれていないのにリアルに感じられるな。「もし、ミロのヴィーナスの失われた両腕が発見されたとしても想像された両腕を超えることはないだろう」という清岡卓行の文章（『手の変幻』）が指摘していることも同じことかもしれない。

16 もう一つのポイントは、⑯「しょうじ　よう」「しょうじ　よおう」「しょうじぃ　よおう」「しょうじぃぃ」という表記で示された、声の調子である。作者は自らの声を、文字で完全に書き表すことはできない。しかし、不完全ながらも表記を工夫することによって、泣き叫ぶような声の痕跡を残そうとする。

17 そして読者は、その表記をもとにして、息子を失った母親の声を再現しようとするのである。このとき読者は自らの声を、作者の声に同化させている。黙読をしていても、人間の⑰声帯は動いているそうで、読むという行為は意外に身体的なものであるらしい。つまり、「しょうじぃぃ」という(C)文字を媒介にして、読者と作者の身体あるいは声はつながっているのである。

18 だから、この詩を読んでいると、自分の心のなかに、なまなましい母親の声が響いてきて、恐ろしいような衝動を味わうことになるのだろう。

19 これはクラシック音楽を演奏する行為とも似ているのかもしれない。たとえばピアニストは、バッハの残した楽譜（音符という〈記号〉で書かれたテクスト）に合わせて、自らの指を動かしてピアノを弾く。そのとき演奏者は、楽譜を通して、バッハの身体の動きをなぞっていることになる。死者であるバッハの身体の動きを蘇《よみがえ》らせることによって、演奏者はバッハと〈対話〉しているのである。

20 楽譜には、作曲者のイメージの十分の一くらいしか書くことができない、という話を聞いたことがある。へぇ！ 作者が〈記号〉で表現できるのは、省略を重ねたほんのわずかな部分だけなのである。

4

⑮ なるほど。読者の想像力を生かすために、あえて省略するのか。「露の世は　露の世ながら　さりながら」（この世は露のように儚《はかな》い。露のように儚いのがこの世だということはわかっているけれど、そうだけれど……）という、愛娘を喪《うしな》った小林一茶が詠んだ俳句が思い出されるな。省略によって、書かれていない作者の心情を読者に想像させている。

問四

⑯ ここから二つ目のポイント。

⑰

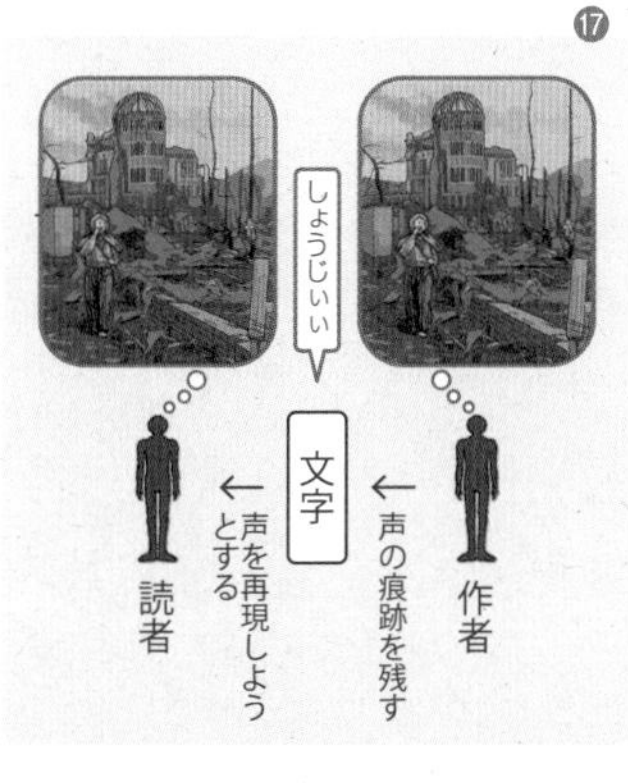

21

けれども、その〈記号〉をじっくりと読み込むことにより、作者の身体感覚を、読者の身体のなかで蘇らせることができる。⑱ 作者の声を、読者の心の中にリアルに響かせることができるのだ。それが「読む」という行為の本質なのではないだろうか。⑲

⑱ なるほど。ピアニストや読者に求められるのは、楽譜や文字という〈記号〉をじっくり読み込むことで、作者がその〈記号〉に込めたイメージを再現することなんだな。

⑲ 言葉はたしかに〈記号〉だけれど、その記号に込められた何かを読者が再現しようとすることで、言葉は単なる〈記号〉以上のものになる。それが「読む」という行為の本質。良い文章だったなぁ。

❷ 解答・解説

問二　傍線部(A)「〈記号〉であるはずの言葉が、なまなましい身体感を帯びてくる」とはどういうことか、本文に即して一〇〇字以内で説明する。

まずは傍線部(A)の置かれている文脈を確認しよう。傍線部(A)が位置するのは、6から唐突にはじまった「やすし」という言葉についての話題の、（暫定的な）結論部に当たる。

> 6「やすし」という言葉は〈記号〉に過ぎない。
> ←
> 7 ところが次の詩を読むと、その印象が変わる。
> ←
> 9 (A)〈記号〉であるはずの言葉が、なまなましい身体感を帯びてくるのである。

このように簡略化するとわかりやすいが、傍線部(A)前半の「〈記号〉であるはずの言葉」とは、「言葉一般」のことではなく、あくまで「やすし」「しょうじ」という言葉のことであり、したがってその言葉が帯びる「なまなましい身体感」も、あくまで「やすし」「しょうじ」という言葉が帯びる「なまなましい身体感」のことである。無理に一般化、抽象化した解答を作らないようにしたい。マニュアル思考に陥ることなく、その都度、設問要求に合わせた抽象度の解答を作れるようにしよう。

次に、解答の材料となる本文箇所を引用する。

---

6 唐突だが、「やすし」という、人名を表している言葉がある。この「やすし」という言葉はたしかに〈記号〉に過ぎないわけで、ほとんど意味内容をもたない。「A氏」や「Bさん」に置き換えることもできる、無色透明な文字の連なりなのである。……

7 ところが次の詩を読むと、「やすし」という言葉がまったく別の印象で見えてくる。

（「慟哭」の引用）

8 あるときこの詩を読んで、かなりショックを受けたことがある。……

9 それなのに「しょうじ」「やすし」という言葉が、なまなましい肉声で呼ばれているように感じられないだろうか。原爆で焼け焦げた街を、息子を探してまわる母親の姿が鮮明に浮かび上がり、その幻の声が、耳も

4

とにくっきりと響いてくるようだ。(A)〈記号〉であるはずの言葉が、なまなましい身体感を帯びてくるのである。

「どういうことか」という設問なので、【解答の骨格】は傍線部Ⓐの構造に合わせて「［　　］が、［　　］してくるということ。」といった形でよいが、字数に余裕があれば、［　　］が、［　　］に変化した理由・条件も盛り込めるとなお良い（次のⒷの要素）。

【解答の骨格と採点基準】

Ⓐ ［　　］が（〈記号〉であるはずの言葉の説明）　5点

Ⓑ 「慟哭」という詩を読むと／「慟哭」という詩においては（印象変化の理由／条件）　2点

Ⓒ ［　　］ということ。（「なまなましい身体感」の説明）　5点

【解答例】

ほとんど意味内容をもたず、置き換え可能な文字の連なりに過ぎないはずの言葉が、「慟哭」という詩においては、原爆で焼け焦げた街で息子を探してまわる母親のなまなましい肉声として耳もとに響いてくるということ。（１００字）

問三　傍線部Ⓑ「この詩に書かれていない原爆の惨状を、読者がイメージとしてくっきりと想起することができる」のはなぜか、カニッツァの三角形の例を用いながら、本文に即して一三〇字以内で説明する。

「カニッツァの三角形の例を用いながら」という設問条件がポイントだ。筆者自身がカニッツァの三角形の例を用いて傍線部Ⓑの内容を説明している、14〜15の内容を解答にまとめればよい。

14 よく知られた錯視だが、カニッツァの三角形という図がある。この図には、実際には三角形は書かれていないのであるが、白い三角形の幻影がありありと感じられる。私たちの脳には、「見たいものを見てしまう」という機能があるらしく、このような図を見ると、白い三角形が置かれていて、黒い円の一部が隠されているのだ、と無意識のうちに思い込んでしまうらしい。

それで、本当は存在しない白い三角形を、鮮やかに感じ取ってしまうわけである。

15 おそらくそれと似たようなことが「慟哭」という詩でも起こっていて、ある程度の文脈がつくられていると、書かれていないことであっても、読者の脳裏には打ち消しがたいイメージが浮かんでしまうのだ。この詩の場合は『日本原爆詩集』に収められていることや「慟哭」という題が、一つの文脈になっている。それがカニッツァの三角形における一部欠けた黒い円のような役目を果たしていて、詩には書かれていない、原爆によって破壊された街やおびただしい死傷者の姿を幻視させるのである。

	「慟哭」という詩	カニッツァの三角形
文脈（書かれていること）	①『日本原爆詩集』に収められていること ②「慟哭」という題	一部欠けた黒い円
↓	↓	↓
文脈が生みだす幻影（書かれていないこと）	詩には書かれていない、原爆によって破壊された街やおびただしい死傷者の姿	本当は存在しない白い三角形

以上から、解答に入れるべき内容は、次の四点。

Ⓐ カニッツァの三角形における文脈　3点
Ⓑ それが生みだす幻影　3点
Ⓒ「慟哭」という詩における文脈　3点
Ⓓ それが生みだす幻影　3点
※「カニッツァの三角形」・「慟哭」という言葉がない場合　全体から各3点減
※文末は「から。」「ため。」「ので。」が原則。不適切な文末表現の場合　2点減

14の「私たちの脳には、『見たいものを見てしまう』という機能があるらしく」という箇所を解答に含めるべきかどうか、少し迷うところだが、右の四点にその箇所もプラスして一三〇字以内に収めるのは無理がある。設問条件は「カニッツァの三角形の例を用いながら」であって「脳の機能に即して」ではないのだから、やはり優先すべきは右の四点だろう。また、「見たいものを見る」という脳の機能に関連する、「見えないものを見る」という想像力は次の問四の解答箇所でもあるので、設問間の重複を避けるという意味でも、「脳の機能」に関する説明は不要と判断する。

【解答例】

一部欠けた黒い円が、実際には書かれていない白い三角形をありありと感じさせるカニッツァの三角形という図のように、「慟哭」という詩では、『日本原爆詩集』に収められていることや「慟哭」という題が一つの文脈となり、詩には書かれていない原爆の惨状を読者に幻視させるから。（130字）

問四 詩歌において省略を重視するのはなぜか、筆者の考えが述べられている部分を本文中から三〇字以内で抜き出す。15の末尾の一文にその理由が端的に述べられている。

15 詩歌において、「省略」が重視されるのは、「見えないものを見る」という読者の想像力を極限まで生かすためであろう。

網掛け部分はちょうど三〇字（かぎ括弧もそれぞれ一字と数える）なので、ここがそのまま解答箇所となる。14に「私たちの脳には、『見たいものを見てしまう』という機能がある」（二九字）という部分があるが、「詩歌において（作者が）省略を重視するのはなぜか」という問いへの理由としては不適切。

○ 詩歌において作者が省略を重視するのは、「見えないものを見る」という読者の想像力を極限まで生かすためであろう。→正解

× 詩歌において作者が省略を重視するのは、私たちの脳には、「見たいものを見てしまう」という機能がある。→日本語がおかしい

問五 傍線部Ⓒ「文字を媒介にして、読者と作者の身体あるいは声はつながっている」とはどういうことか、「痕跡」と「再現」という言葉を両方用いて八〇字以内で説明する。「媒介」（二つのものの間にあって、両者の関係をとりもつ仲立ちとなること。また、その仲立ちとなるもの）という言葉をヒントに、傍線部Ⓒの内容を具体的・視覚的なイメージに変換すると【図A】のようになる。

【図A】

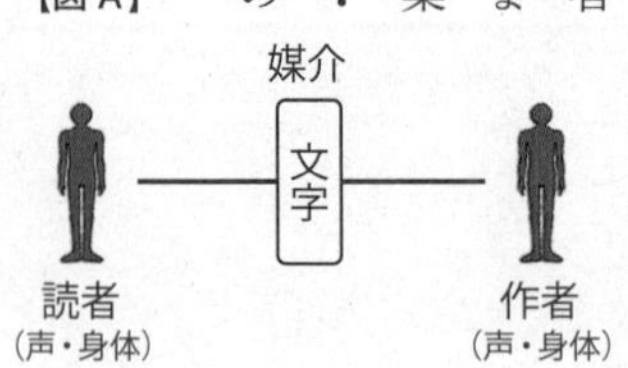

この基本イメージに、肉付けをしていこう。この場合、文字は、どのようにして作者と読者をつないでいるのか。「痕跡」と「再現」という指定語句をヒントにして、それを説明している箇所を見つけよう。

16 作者は自らの声を、文字で完全に書き表すことはできない。しかし、不完全ながらも表記を工夫することによって、泣き叫ぶような声の痕跡を残そうとする。

17 そして読者は、その表記をもとにして、息子を失った母親の声を再現しようとするのである。このとき読者は自らの声を、作者の声に同化させている。黙読をしていても、人間の声帯は動いているそうで、読むという行為は意外に身体的なものであるらしい。つまり、「しょうじぃぃ」という(C)文字を媒介にして、読者と作者の身体あるいは声はつながっているのである。

［クラシック音楽の演奏との類似点］

21 けれども、その〈記号〉をじっくりと読み込むことにより、作者の身体感覚を、読者の身体のなかで蘇らせることができる。作者の声を、読者の心の中にリアルに響かせることができるのだ。

先程の基本イメージに肉付けを施すと、【図Ｂ】のようになる。

【図Ｂ】

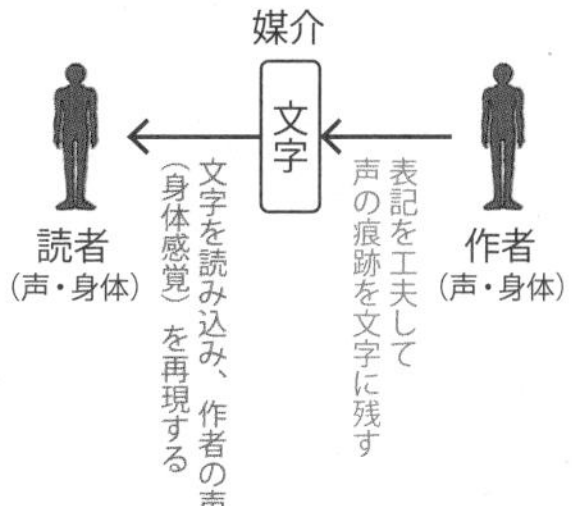

この【図Ｂ】のイメージを元に解答を作成する。解答に必要な要素は次の三点。

Ⓐ 作者と文字の関係　４点
Ⓑ 読者と文字の関係　４点
Ⓒ 「読者と作者の身体あるいは声はつながっている」の説明　４点
▼「身体あるいは声」なので、どちらかに言及できていればよい
※「黙読時の声帯の動き」は説明のための具体例にすぎないので言及しても加点なし

【解答例】

作者は表記を工夫することで、自らの声の痕跡を文字に残そうとし、読者はその文字をじっくりと読み込むことで、作者の声を自らの身体のなかで再現しようとするということ。（80字）

【別解】（身体と声の双方に言及したもの）

作者の身体や声の痕跡として表記を工夫した文字を読者が読むことで、読者は息子を失った作者の悲痛な声を再現し、自らの身体や声を作者の身体や声に同化させるということ。（80字）

【解答】

問一（各2点）

(1) 複製（覆製）
(2) 襲
(3) 乾燥
(4) 焦
(5) 曖昧

問二（12点）

ほとんど意味内容をもたず、置き換え可能な文字の連なりに過ぎないはずの言葉が、「慟哭」という詩においては、原爆で焼け焦げた街で息子を探してまわる母親のなまなましい肉声として耳もとに響いてくるということ。（１００字）

問三（12点）

一部欠けた黒い円が、実際には書かれていない白い三角形をありありと感じさせるカニッツァの三角形という図のように、「慟哭」という詩では、『日本原爆詩集』に収められていることや「慟哭」という題が一つの文脈となり、詩には書かれていない原爆の惨状を読者に幻視させるから。（１３０字）

問四（4点）

「見えないものを見る」という読者の想像力を極限まで生かすため

問五（12点）

作者は表記を工夫することで、自らの声の痕跡を文字に残そうとし、読者はその文字をじっくりと読み込むことで、作者の声を自らの身体のなかで再現しようとするということ。（80字）

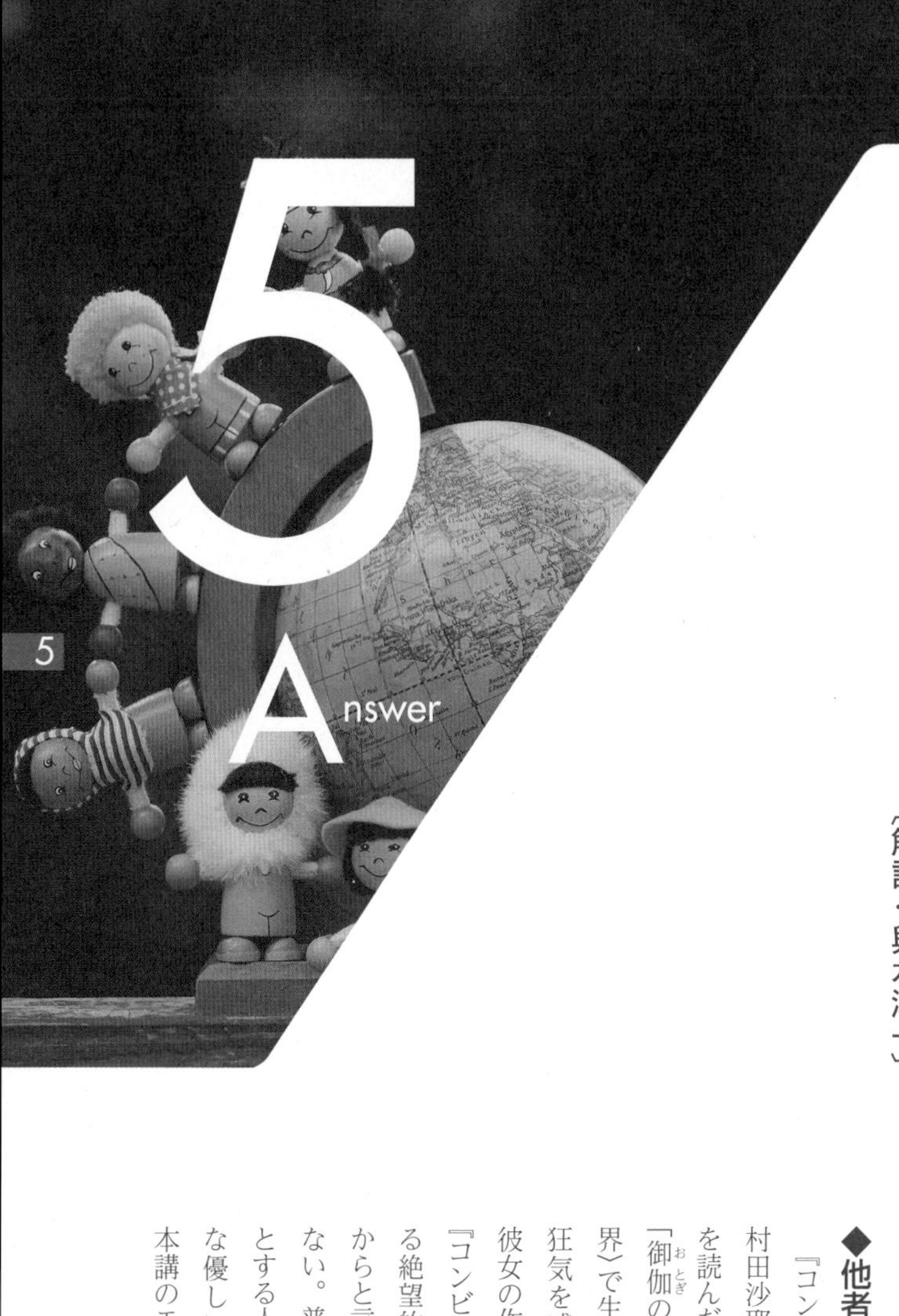

『気持ちよさという罪』（村田沙耶香）

〔解説：輿水淳一〕

ジャンル
評論
字数
3909字
問題頁
P.59

◆他者を慈しむまなざし

『コンビニ人間』（第一五五回芥川賞受賞）で村田沙耶香を知り、彼女の初の作品集『授乳』を読んだ。収録されていた「授乳」「コイビト」「御伽《おとぎ》の部屋」はどれも、儚《はかな》く脆《もろ》い〈自分の世界〉で生きようとする少女（女性）の話であった。狂気を感じさせる生々しい描写とは裏腹に、彼女の作品には慈愛が溢《あふ》れているように思う。『コンビニ人間』には、「普通」や「共感」に対する絶望的なまでの違和感が表れているが、だからと言って彼女は「普通」を断罪することもない。普通の人、普通でない人、普通であろうとする人……。それぞれの人物を、慈しむような優しいまなざしで見つめる彼女の人柄は、本講のエッセイからも窺《うかが》い知れよう。（西原）

❶ 全文解釈

1 (1)子供の頃、大人が「個性」という言葉を安易に使うのが大嫌いだった。❶

2 確か中学生くらいのころ、急に学校の先生が一斉に「個性」という言葉を使い始めたという(ア)キオクがある。今まで私たちを扱いやすいように、平均化しようとしていた人たちが、急になぜ？ という気持ちと、その言葉を使っているときの、気持ちのよさそうな様子がとても薄気味悪かった。❷ 全校集会では「個性を大事にしよう」と若い男の先生が大きな声で演説した。「ちょうどいい、大人が喜ぶくらいの」個性的な絵や作文が褒められたり、評価されたりするようになった。❸「さあ、怖がらないで、みんなもっと個性を出しなさい！」と言わんばかりだった。そして、本当に異質なもの、異常性を感じさせるものは、今まで通り静かに排除されていた。❹

3 当時の私は、「個性」とは、「大人たちにとって気持ちがいい、想像がつく範囲の、ちょうどいい、素敵な特徴を見せてください！」という意味の言葉なのだな、と思った。私は（多くの思春期の子供がそうであるように）容易《たやす》くその言葉を使い、一方で本当の異物はあっさりと排除する大人に対して、❺「大人の会議で決まった変な思い付きは迷惑だなあ。また大人たちが(イ)厄介なことを言い出したなあ」と思っていた。平凡さを求められたほうが、それを演じればいいのだから、私にとってはずっとましだったのだ。❻「（大人が喜ぶ、きちんと上手に『人間』ができる人のプラスアルファとしての、ちょうどいい）個性」という言葉のなんだか恐ろしい、薄気味の悪い印象は、大人になった今も残っている。❼

4 大人になってしばらくして、「多様性」という言葉があちこちから、少しずつ、聞こえて

✓ 脳内活動・重要語彙

❶ 何でだろう？

❷ だから「大嫌いだった」のかな。

❸ でも、度を越して個性的なものは、きっと評価されなかったんだろうな。

❹ やっぱり。結局、ここで大人たちが推奨していた個性っていうのは、大人が受け入れられる範囲での、大人にとってちょうどいい「個性」にすぎなかったんだな。

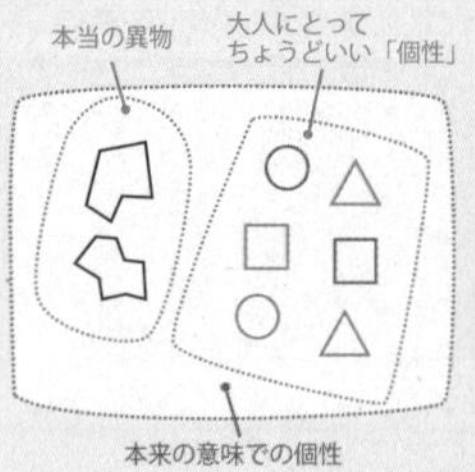

❺ 「異物」は問二の指定語句！

❻ 筆者は「平凡」な子ではなかったんだな。

❼ 傍線部(1)の理由がだいたいわかったぞ。一応、最後まで読んでから改めて戻ってこよう。

くるようになった。❽

5　最初にその言葉を聞いたとき、感じたのは、心地よさと理想的な光景だった。例えば、オフィスで、様々な人種の人や、ハンデがある人、病気を抱えている人などが、お互いのことを理解しあって一緒に働いている光景。または、仲間同士の集まりで、それぞれいろいろな意味でのマジョリティー＊1、マイノリティー＊2の人たちが、互いの考え方を理解しあって、そこにいるすべての人の価値観がすべてナチュラルに受け入れられている空間。発想が(ウ)ヒンコンな私が思い浮かべるのは、それくらいだった。❾

6　それが叶《かな》えばいいという気持ちはずっとある。けれど、私は、「多様性」という言葉をまだ口にしたことがほとんどない。たぶん、その言葉の本当の意味を自分はわかっていないと感じているからだと思う。その言葉を使って、気持ちよくなるのが怖いのだと思う。❿私はとても愚かなので、そういう、なんとなく良さそうで気持ちがいいものに、すぐに呑《の》み込まれてしまう。だから、「自分にとって気持ちがいい多様性」⓫が怖い。「自分にとって気持ちが悪い多様性」が何なのか、ちゃんと自分の中で(エ)克明に言語化されて辿《たど》り着くまで、その言葉を使って快楽に浸るのが怖い。そして、自分にとって都合が悪く、絶望的に気持ちが悪い「多様性」のこともきちんと考えられるようになるまで、その言葉を使う権利は自分にはない、とどこかで思っている。⓬

7　こんなふうに(オ)シンチョウになるのは、私自身が、「(2)気持ちのいい多様性」というものに関連して、一つ、罪を背負っているからだ。⓭

8　私は子供の頃から、異常といっていいほど内気な子供だった。⓮とても神経質で気が弱く、

5

❽ ここからは「多様性」の話だ。

＊1 マジョリティー…多数派。

＊2 マイノリティー…少数派。

❾ ずいぶん自分を卑下するな。「多様性」という言葉で思い浮かべるイメージとしては一般的なものだと思うけど……。

❿ ああ、そうか……。気持ちよさそうに「個性」という言葉を使っていた先生たちが「本当の異物」を無自覚に排除していたように、「多様性」も、「自分が受け入れられる範囲での多様性」であるならば、自分が受け入れられないものを無自覚に排除してしまうことになる……。

⓫ 自分に理解可能な、自分の価値観で受け入れられる範囲に収まる多様性。

幼稚園で他の子供に怒鳴られただけですぐに泣き、幼稚園の先生も両親も、この子はきちんと小学校に通えるのだろうか、と不安がっていたのをよく覚えている。学校に行くと、担任の先生が言った。

9 「あなたが泣き虫の村田さんね。話は幼稚園の先生から聞いてるわよ。あなたの席はここ。先生のそばのここの椅子に座ってね」

10 そのとき、自分が異物であるということを、初対面の先生がもう知っているということがとても怖かった。よく考えればそれは、(カ)カビンな私に対して学校が柔軟に対応してくれていたのだと思うが、当時の私は、これ以上異物であることが周りの子供たちにばれたら、自分は迫害されると思った。私は、周りのしゃべり方、行動、リアクションを、自分の心の中に違和感がない範囲で、トレース＊3するようになった。⑮みんなが笑っているところでは笑った。みんなが怒っているとき、あまり賛同できない場合には、曖昧な困った顔をした。トレースすることで、いかに自分が平凡な人間かということを、発信し続けた。枠をはみ出したら、この世界を追われて、いつか殺される。大袈裟《おおげさ》に聞こえるだろうが、当時の私は、それくらい真剣に思い詰めていた。

11 大人になってもその癖は続いた。だから、私の古くからの友人や、学生時代の仲間などは、私を「おとなしい無害な人」だと思っている。⑯その枠をはみ出すことは、私にとってとてつもない恐怖だったから、私は決してぼろを出さなかったのだ。

12 大人になってだいぶ経って、たくさんの友人に出会い、私を取り巻く世界の価値観は急に変わった。相手の奇妙さを愛する、という意味で、「狂ってる」という言葉が飛び交うよ

⑫ たしかにそうだな……。「自分にとって気持ちが悪い多様性」のことを考えずに安易に多様性を肯定することは、結局、自分の今の価値観を肯定することでしかない。だからこそ「気持ちがいい」のだろう。

⑬ 罪？　何だろう。

⑭ ここから新しい話題。

＊3 **トレースする**…なぞる。写す。

⑮ 自分が異物であることが露見しないように「普通の人」に〈擬態〉して生きてきたんだな……。

⑯ 友達にも自分をさらけ出さずに生きてきたのか……。

うになった。⑰

13 それは、迫害ではなく［ A ］の言葉だった。⑱ その言葉は、いつも［ B ］と一緒に渡された。⑲ ◯◯ちゃんのこんなところが変で、大好き。△△さんのこんな不思議な行動が、愛おしい。みんな狂ってる、だからみんな愛おしい、大好き。⑳ そんな言葉が交わされるようになった。

（それ＝「狂ってる」という言葉）（その言葉＝「狂ってる」という言葉）

14 私はそこで、初めて、異物のまま、お互い異物として、誰かと言葉を交わしたり、愛情を伝え合ったりするようになった。それがどれだけうれしいことだったか、(キ)ゲンコウ用紙が何枚あっても説明することができない。今まで殺していた自分の一部分を、「狂っていて、本当に愛おしい、大好き」と言ってくれる人が、自分の人生に突如、何人も現れたことが、どれほどの救いだったか。夜寝る前に、幸福感で泣くことすらあった。平凡にならなくてはと、自分の変わった精神世界をナイフで切り落とそうとしながら生きてきた私㉑は、本当はその不思議で奇妙な部分を嫌いではなく大切に思っていたのだとやっと理解できたのだった。同じように、誰かの奇妙な部分を好きだと、素直に伝えられるようになった。

（よかった……）

15 そういうあたたかい、愛情深い世界は、わかりやすく見えないだけで本当はずっと遠くまで存在しているのではないかと、驕《おご》った気持ちを持つようになった。

16 そうした日々の中で、私は、「多様性」という言葉で自分を騙《だま》し、私と同じように、「奇妙さ」を殺しながら生きている人を、深く傷つけてしまったのだった。㉒

17 誤解なく伝えられるよう願っているが、あるときから、メディアの中で、私に「クレー

⑰ その言い方、ちょっとわかる気がする。「あいつマジ狂ってて最高」みたいな感じかな。

⑱ 空欄Aに入るのは「迫害」と対比される言葉。

⑲ 空欄Bに入るのは、「狂ってる」という言葉とワンセットで渡されるもの。

⑳ 「狂ってる」という言葉とワンセットで渡されるものは「愛おしい」「大好き」という感情。

㉑ 「押し殺そうとしながら」ではなく「ナイフで切り落とそうとしながら」か……。本当に切実な問題だったんだな。

㉒ これが筆者の背負ってしまった「罪」か。なぜそんなことになってしまったのだろう？

5

ジーさやか」というあだ名がつくようになった。それは、最初は友人のラジオの中で、愛情あるお喋《しゃべ》りの延長線上で出てきた言葉だった。だから、最初、私はうれしかった。

18 けれど、だんだんとそれ（それ＝「クレージーさやか」というあだ名）が、単なる私のキャッチフレーズとして独り歩きするようになった。ある日、テレビに出たとき、そのフレーズをキャッチコピーのように使うことを、私はいいことだと思って許諾(ク)してしまった。多様性があって、いろいろな人が受容されるのは、とても素敵なことなのではないかと思ったのだ。

19 そのとき、私という人間は、人間ではなくキャラクターになった。瓶に入れられ、わかりやすいラベルが貼られた。㉓テレビに出ると、そのフレーズがテロップになり流れるようになった。私は馬鹿なので、最初はそのことが誰かを傷つけていることに気が付かなかった。

20 「村田さんがお友達に『クレージー』と言われているのは、村田さんが愛されてるのを感じて、私までうれしいのですが、テレビやインターネットでそう呼ばれているのを見ると、とてもつらく、苦しい気持ちになります」

21 文面や詳細は違うが、私の元に、何通か、このような手紙が届いた。理由は様々で、「村田さんと自分は似ていると感じるからかもしれませんが、自分が言われているような気持ちになります」㉔という方もいれば、「村田さんのことを知らない人に村田さんが笑われているのを見るのが、残酷な構造を見ているようでつらいです」㉕という方もいた。「村田さんはどう思っていらっしゃいますか?」という、心のこもった、丁寧な質問に、私はまだ返事を書くことができていない。

㉓ ここでいう「キャラクター」は、〈一人の人間の持つある性質を一面的に強調したもの〉という意味だろう。テレビの視聴者は、筆者という人間そのものを理解するのではなく、そのキャラクター（ラベル）で筆者のことを理解した気になってしまう。

㉔ 「クレージー」という言葉がキャッチコピーになってしまうと、そのラベリングは自分を異物と認識して苦しんでいる人たちを巻き込んでしまうんだな……。

㉕ いじめや差別、迫害の構造……。

22 (X)笑われて、キャラクター化されて、ラベリングされること。(Y)奇妙な人を奇妙なまま愛し、多様性を認めること。この二つは、ものすごく相反することのはずなのに、馬鹿な私には区別がつかないときがあった。

23 「村田さん、今は普通だけれど、(3)テレビに出たらちゃんとクレージーにできますか？」㉖

24 深夜の番組の打ち合わせでプロデューサーさんにそう言われたとき、あ、やっぱり、これは安全な場所から異物をキャラクター化して安心するという形の、受容に見せかけたラベリングであり、排除なのだ㉗、と気が付いた。そして、自分がそれを多様性と勘違いをして広めたことにも。

25 私は、そのことをずっと恥じている。この罪を、自分は一生背負っていくことになるのだと思う。私は子供の頃、「個性」という言葉の薄気味悪さに傷ついていた㉘。それなのに、「多様性」という言葉の気持ちよさに負けて、自分と同じ苦しみを抱える人を傷つけた㉙。

26 私には「一生背負っていこう」と思う罪がいくつもあるが、これは、本当に重く、そしてどう償っていいのかわからない一つだ。

27 (4)どうか、もっと私がついていけないくらい、私があまりの気持ち悪さに吐き気を催すくらい、世界の多様化が進んでいきますように。今、私はそう願っている。何度も嘔吐《おうと》を繰り返し、考え続け、自分を裁き続けることができますように㉚。「多様性」とは、私にとって、そんな祈りを含んだ言葉になっている。

㉖ 番組が求めているのは、村田沙耶香という一人の人間ではなく、「クレージーな人」というキャラクター。そしてそのキャラクターは、視聴者が受け入れ可能な「程よいクレージー」でなければならない、ということだろう。

㉗ ここは傍線部(X)の言い換え。

㉘ 大人たちのいう「個性」は、「本当の異物」を排除するものだったから。

㉙ 「クレージーさやか」という受容に見せかけたラベリングを許諾してしまったから。

㉚ つまり筆者が願っているのは、自分が気持ち悪いと感じてしまうものも含めた、あらゆる多様な価値観が世界に存在するようになること。他人を無自覚に傷つけかねない「自分にとって気持ちがいい多様性」を、厳しく拒絶する筆者の強い信念が感じられる。

5

❷ 解答・解説

問二　傍線部(1)「子供の頃、大人が『個性』という言葉を安易に使うのが大嫌いだった」とあるが、これはなぜか。「異物」という語を必ず用いて説明しなさい、という問題だ。

4以降は「多様性」についての話に移るので、解答の材料は2～3の範囲にあると考えてよいだろう。

傍線部(1)の二文後に「その言葉（個性）を使っているときの、（大人たちの）気持ちのよさそうな様子がとても薄気味悪かった」とあり、それに続いて、大人たちが「『ちょうどいい、大人が喜ぶくらいの』個性的な絵や作文」を褒めたり評価したりする様子、それでいて、「本当に異質なもの、異常性を感じさせるものは、今まで通り静かに排除」する様子が述べられている。3でも同様の内容が言葉を変えて繰り返されている。

まとめると、大人たちが急に言い始めた「個性」とは、あくまでも「大人にとって受け入れ可能な個性」にすぎず、その言葉を安易に使う一方で「受け入れられない本当の異物」は排除する大人たちの様子が、つまり誰かを排除しているにもかかわらず気持ちよさそうなその様子が、筆者には薄気味悪く映じたのだろう。

指定語句の「異物」を含む箇所（3の二文目）を中心に【解答の骨格】を作ると次のようになる。

> 大人たちのいう「個性」とは、～にすぎず、容易くその言葉を使う一方で本当の異物はあっさりと排除する大人に薄気味悪さを感じたから。

【解答例①】
大人たちのいう「個性」とは、大人にとってちょうどいい、素敵な特徴くらいの意味にすぎず、容易くその言葉を使う一方で、そこから逸脱する本当の異物は今まで通りあっさりと排除する大人に薄気味悪さを感じたから。（１００字）

【解答例②】
自分たちが気持ちよく受容できる範囲の異質性のみを「個性」と称して誉めそやし、そこから逸脱する本当の異物はあっさり排除する大人たちの無自覚な排他性を、なんだか恐ろしい、薄気味の悪いものに感じたから。（98字）

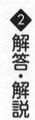

【解答例①】は、基本的に「本文の表現」を用いて作成した解答、【解答例②】は、「自分の言葉（本文にない表現）」も交えながら作成した解答だ。まずは【解答例①】のように、「本文の表現」を用いて、破綻のない、わかりやすい解答を作れるようにしよう。そこをクリアしたうえで、より良い解答を目指すのであれば、必要に応じて自分の言葉を交えた解答を作ればよい。もしそれが的確なものであれば、「本文の表現」だけを用いて作成した解答よりも高い評価を得られるだろう。たとえば【解答例②】の「大人たちの無自覚な排他性」というような表現は、本文には直接使われていない。しかし本文から読み取ることのできる内容であり、また読み取るべき内容でもある（「気持ちよさという罪」という本文のタイトルにもかかわる）。したがってこうした表現は採点の現場において高く評価されるだろう。

【採点基準】

A　大人たちのいう「個性」＝大人が受け入れ可能な個性　2点

B　本当の異物／本当に異質なものはあっさり／静かに排除　2点

C　そのくせ気持ちよさそうに／安易に／容易く「個性」という言葉を使う（自分のしていることに対して無自覚）　2点

D　そういう大人たちが薄気味悪かったから　2点

〈＊〉「読んで意味がわかる言葉＝理解語彙」だけでなく、読書などを通じて、「自分のものとして使いこなすことができる言葉＝使用語彙」を増やし、必要に応じ、自分の言葉で説明することのできる表現力を身につけよう。〈＊〉

問三　「『気持ちのいい多様性』が実現した状態」について書かれているのは、筆者が「心地よさと理想的な光景」に思いを巡らせている［5］。その中から、「二十八字」で「〜状態」につながる箇所を探すと「**すべての〜れている**」がある。

問四　本文の該当箇所を再掲する。

12 大人になってだいぶ経って、たくさんの友人に出会い、私を取り巻く世界の価値観は急に変わった。相手の奇妙さを愛する、という意味で、「狂ってる」という言葉が飛び交うようになった。

13 それは、迫害ではなく A の言葉だった。その言葉は、いつも B と一緒に渡された。○○ちゃんのこんなところが変で、大好き。△△さんのこんな不思議な行動が、愛おしい。みんな狂ってる、だからみんな愛おしい、大好き。そんな言葉が交わされるようになった。

14 私はそこで、初めて、異物のまま、お互い異物として、誰かと言葉を交わしたり、愛情を伝え合ったりするようになった。

「狂ってる」という言葉は、相手の異質性を非難し、相手を迫害する言葉ではなく、むしろその異質性を愛する A の言葉だった、という文脈。「迫害」と対比される言葉として、やや離れた箇所だが、24に「受容」という言葉がある。

　空欄Bには、「狂ってる」という言葉とワンセットで渡されるものが入る。空欄Bの少し後に「みんな狂ってる、だからみんな愛おしい、大好き」とあり、次の14に「愛情」という漢字二字の言葉がある。

問五　傍線部(X)「笑われて、キャラクター化されて、ラベリングされること」(前者)および傍線部(Y)「奇妙な人を奇妙なまま愛し、多様性を認めること」(後者)の違いについて、指定された形式で答える問題。着目すべき点は以下の三点。

1 前者と後者は「ものすごく相反すること」
2 傍線部(X)は24で「安全な場所から異物をキャラクター化して安心するという形の、受容に見せかけたラベリングであり、排除」と言い換えられている
3 指定された形式は「前者が～のに対し、後者は～である」

以上から、【解答の骨格】は次のように考えることができる。

前者が〜排除であるのに対して、後者は〜受容することである。

この骨格にたどりつくことができたら、あとは、指定字数内に収まるような肉付け（説明）をここに施せばよい。「排除」の肉付けは、**2**の内容「安全な場所から異物（異質な人間）をキャラクター化して安心するという形の排除」を用いればよいだろう。見知らぬ視聴者からなされる(X)（前者）が「安全な場所から（ⓐ）」「異質な人間をキャラクター化（ⓑ）」して排除することであるなら、親しい友人とのつき合い方であろう(Y)（後者）は、「目の前にいる（ⓐ）」「異質な人間の異質性をそのまま愛する（ⓑ）」などと説明すればよい。筆者と友人たちとの「愛情深い世界」について書かれた12〜14の内容、また筆者に届いた手紙の内容が書かれた20の対比（「村田さんがお友達に『クレージー』と言われているのは、村田さんが愛されてるのを感じて、私までうれしいのですが、テレビやインターネットでそう呼ばれているのを見ると、とてもつらく、苦しい気持ちになります」）もヒントになる。解答例と採点基準は次の通り。

【解答例】
前者が、安全な場所から異質な人間をキャラクター化して安心するという形の、受容に見せかけた排除であるのに対し、後者は、目の前にいる異質な人間の異質性をそのまま愛し受容することである。（90字）

【採点基準】
A　前者が排除である　2点
B　Aの説明（ⓐ安全な場所から・ⓑ異質な人間をキャラクター化）　各1点
C　後者は受容である　2点
D　Cの説明（ⓐ目の前にいる・ⓑ異質な人間の異質性をそのまま愛する）　各1点

問六　傍線部(3)「テレビに出たらちゃんとクレージーにできますか？」とあるが、これはどのようなことを意図した発言か。「ちゃんと」という表現の意味が明確になるように説明しなさい、という設問。

23「村田さん、今は普通だけれど、(3)テレビに出たらちゃんとクレージーにできますか?」

この番組プロデューサーの発言からわかるのは、テレビ(番組側)が求めているのは、村田沙耶香という一人の人間ではなく、「クレージーな人」というキャラクターであるということ。もし村田沙耶香という一人の人間を求めているのならば、「普通」のままで出ることに何の問題もないはずだ。そうすると、ここでいう「ちゃんと(できますか)」という表現は、「番組側の期待通りに(できますか)」ということになろう。そして、番組側が求めている「クレージーな人」というキャラクターは、番組自体を不成立にさせるような、あるいは視聴者が受け入れることのできないような本当の狂気ではなく、視聴者が笑って受け入れられるような「程よいクレージーさ」であろう。以上の内容を指定字数内にまとめる。

【解答例】
テレビに出るときには、番組側が求める、そして視聴者の想像の範囲に収まる、ちょうどいい「クレージーな人」というキャラクターを演じてほしいということを意図した発言。(80字)

【採点基準】
A「ちゃんと」の説明(素の自分で出るのではなく、番組側の期待に沿ったキャラクターを演じてほしい) 4点
B 求められているのは程よいクレージーさ 4点

問七 傍線部(4)「どうか、もっと私がついていけないくらい、私があまりの気持ち悪さに吐き気を催すくらい、世界の多様化が進んでいきますように」とあるが、ここに言う「世界の多様化」とはどのようなことか、説明しなさい、という問題。

傍線部(4)の「私があまりの気持ち悪さに吐き気を催すくらい」という表現が重要だ。6の表現を用いるならば、ここでいわれている「世界の多様化」とは、「自分にとって気持ちがいい多様化」ではなく「自分にとって都合が悪く、絶望的に気持ちが悪い多様化」である。筆者が子供の頃、大人の使う「個性」という言葉の薄気味悪さに傷ついたのは、その言葉が「大人にとって気持ちがいい個性」にすぎず、そ

こから逸脱する「本当の異物」はあっさり排除されていたからだった。それと同じように、「自分にとって気持ちがいい多様性」は必ず何かを、誰かを、排除してしまう。だから筆者は「自分にとって気持ちが悪い多様化」が進んでいくことを願う。自分というちっぽけな人間の価値観などを飛び越えて、自分の受け入れることのできない多様な価値観が世界に存在するようになることを願う。そうした内容を指定字数内にまとめよう。傍線部(4)の「あまりの気持ち悪さに吐き気を催すくらい」を無視して、安易に「人々が互いの考え方や価値観を理解し合い、受容し合うこと」などとまとめないようにしたい。

「世界の多様化」を「多様な価値観が世界に存在するようになること」と言い換えて、【解答の骨格】は次のようにすると良いだろう。

~多様な価値観ではなく、~多様な価値観が世界に存在するようになること。

【解答例】
自分が気持ちよく受け入れることのできる程度の多様な価値観ではなく、自分が受け入れることのできないものも含めたあらゆる多様な価値観が世界に存在するようになること。(80字)

【採点基準】
A「自分にとって気持ちがいい多様化ではなく」という内容　4点
B「自分にとって気持ちが悪い多様化」という内容　4点
C「世界の多様化」の言い換え　2点

「気持ちよさという罪」出典：朝日新聞 二〇二〇年一月十一日掲載

【解答】

問一（各1点）
(ア) 記憶
(イ) やっかい
(ウ) 貧困
(エ) こくめい
(オ) 慎重
(カ) 過敏
(キ) 原稿
(ク) きょだく

問二（8点）
大人たちのいう「個性」とは、大人にとってちょうどいい、素敵な特徴くらいの意味にすぎず、容易くその言葉を使う一方で、そこから逸脱する本当の異物は今まで通りあっさりと排除する大人に薄気味悪さを感じたから。（100字）

問三（4点）
すべてのれている

問四（各2点）
(A) 受容
(B) 愛情

問五（8点）
前者が、安全な場所から異質な人間をキャラクター化して安心するという形の、受容に見せかけた排除であるのに対し、後者は、目の前にいる異質な人間の異質性をそのまま愛し受容することである。（90字）

問六（8点）
テレビに出るときには、番組側が求める、そして視聴者の想像の範囲に収まる、ちょうどいい「クレージーな人」というキャラクターを演じてほしいということを意図した発言。（80字）

問七（10点）
自分が気持ちよく受け入れることのできる程度の多様な価値観ではなく、自分が受け入れることのできないものも含めたあらゆる多様な価値観が世界に存在するようになること。（80字）

第6講

解説

Answer

『民衆という幻像』

（渡辺京二）

〔解説：西原剛〕

ジャンル
評論
字数
3636字
問題頁
P.71

◆人間もまた自然

難しい文章だったと思うが、そのポイントはいたってシンプルだ。すなわち「人間もまた自然」。牛が草を食《は》むことも人間がビルを建てることも大きく見れば自然の営みであり、人間が自然を美しいと思うその感性も自然の一つの表れだ。小説家の保坂和志はかつてこう述べた。「人間は進化の系の末端に位置する種として、鳥や虫たちが花や木の実を発見するメカニズムと同質のメカニズムを人間的に変形させて、花や木の実を見て『美しい』と思う。人間は自然と完全に断ち切られているわけではなくて、動物と同じ自然への感受性（＝神経細胞の発火）を濃厚にとどめている」（『世界を肯定する哲学』）。異論反論は後回し。まずは筆者の主張を把握しよう。（輿水）

❶全文解釈

[1] 自然はある意味では、現代文化の寵児*1となりつつあるのかもしれない。アウトドアライフ、バードウォッチング、一坪農園、(A)ケイリュウ釣り。自然はいまやヒマとカネのある人間によって再発見され、喰《く》い荒されている。自然と対立して極限的な人工世界をつくりあげた人類は、こんどは車という機動力を駆使して、自然へ向けて逆流を開始した❶のだ。

（新宿や六本木の高層ビルとか）（否定的な言い方だな）

[2] だが、このように再発見され再び価値づけられた自然は、かつて人間がその中で生きざるをえなかった❷自然とは異なり、文明化された人間のホビーの対象❸でしかない。自然が都市住民のナウいホビーでありうるのは、あくまでテクノロジカルな生活基盤と装備があればこそなのである。もちろん、このようなホビーとしての自然再発見は、森や川の破壊に歯止めをかける役割を果すかもしれないという点では、一定の積極的意義を認めてもよいものであろう。だが、こういう自然との「親しみ」かたは、文明論的な一兆候ではあっても、けっしてわれわれ人間を自然との正しい関係へ導くものではあるまい。❹

（プラスの面もある）

[3] 人類は初期文明の成立と同時に、大地に円を描いて、そこに自然の威力の及ばない人間の占守空間として宣言する習性を身につけた。❺それはすなわち、自然から自立する意識の成立でもあった。人類がみずからを意識として自然から弁別し、それ自身の根拠において存立する意識＝精神が、対象としての自然を工作し操作するという、精神対自然、文化対自然の図式❻が成立したのは、もちろん根拠あることといわねばならない。大地の重力から解き放たれて天空の高みへ飛翔したいというのは、イカルス※1以来の人性である。❼このような意識の自然からの自立が西ヨーロッパにおいてのみ徹底的に遂行されたというのは、興

✔脳内活動・重要語彙

＊1 寵児《ちょうじ》…時流に乗ってもてはやされる人。

❶ たとえば、週末に車で山や海に遊びに行くようになった。

❷ 生活の場であり、恵みと共に命の危険をもたらすような自然。

❸ 趣味として週末気軽に訪れる場所。

❹ 筆者はやはり、ホビーとしての自然の再発見には否定的だな。「正しい関係」って何だろう？

❺ 比喩的な表現だな。たとえば、風雨をしのぐために家を建てるというのも「占守空間」の具体的な形かな。

❻ 入試評論文でよく出てくる近代の図式だな。

※1…ギリシア神話に登場する人物。蝋で固めた翼で自

味ある一個の論題だろう。だが、このような精神の自然離脱は近代テクノロジーという裏づけを得て、その歴史的出自を超え、いまや世界を主導する普遍的指向となるにいたっている。

4　しかし、意識がそれ自身存立するものとして絶対化しつつ自然を対象化する❽ありかたは、意識の気づきの過程❾としては、それ自体あくまで歴史的で過渡的[*2]なものにすぎない。(1)意識の気づきの力学は、そういう意識の自己絶対化をのりこえて、実在系における意識の総体的な位相の気づき❿にまで至らずにはやまない。意識による自然の対象化とは、この実在系における歴史的出来ごととしてみるならば、(2)自然による自然自身の気づきにほかならなかった。

5　人間が物質進化の産物であり、その意味で人間もまた自然にほかならぬことはおよそ否認しがたい事実である。⓫だが、多くの人びとは、人間の肉体は自然として承認しながら、精神もまた自然の一分出型であるとは認めたがらない。しかし精神と肉体は、分離しがたい生命的統一を区分という⓬(B)ベンギ的な初級論理によって解体したときに生ずる仮設概念（便宜上分けただけの概念）にすぎず、実在するのは、精神とは肉体であり肉体とは精神であるような分割すべからざる生命現象なのである。⓭そしてその生命が、地球という実在系の一構成因であり、しかも進化による地球そのものの分出的表現型である以上、人間の精神とはまさに自然そのものの働きにほかならない。⓮

6　分析的区分的な認識枠組は、⓯生物を地球という天体と区別し、さらに人間以外の生物を自然に組みいれて人間＝精神と弁別する。なるほど、それは認識のためのひとつの便法[*3]で

由に空を飛び回るが、あまり高く飛び過ぎてはいけないという忠告を忘れ、太陽に接近し過ぎたため蝋が溶け、海に墜落した。

❼「精神対自然」という二項対立は、西洋近代のイメージが強いけれど、初期文明の成立段階からその萌芽はあったんだな。

❽

❾言い方がヘーゲル※っぽいな。

※ドイツの哲学者。『精神現象学』（ヘーゲル）。「意識」が様々な経験を通じて、少しずつ次元の高い意識（欲望・信仰・理性・良心など）に変化していく様を描き、意識の最終形態を「絶対精神」と名付けた。弁証法的哲学と呼ばれる。

絶対精神
▲ Lvアップ！
意識（理性）
▲ Lvアップ！
意識（欲望）

はある。だが、たかが便法にすぎないもののために、実在の真のありかたへの眼を曇らせてはなるまい。人間は地球という乗物に、あたかもひとが車や船に乗っかるように乗っているのではない。このようにイメージされたときの地球とは、まさに地殻的構造物としての天体そのものであろう。そしてその構造物の上に寄生しているもろもろの生命は、偶然が人間のためにしつらえてくれた調度なのであろう。地球・生命・精神をこのように分断して、部屋という構造物と、その中にしつらえられた備品・装飾などの調度と、その中に住む人間のようにイメージして来た近代的な地球観には、まことに無邪気な人間中心主義的刻印がしるされている。⑯この鏡に映った実在の像は奇天烈《きてれつ》に(C)歪曲されているのだ。

（人間は地球の一部であるということ）（物体としての地球）

7 しかし、ビッグバン以来の宇宙の創成を思いみれば、生命にせよ精神にせよ、いずれも地球という一実在系のメタモルフォーゼにほかならず、人間＝精神はとりもなおさず自然＝地球の分出的表現型なのだ。

（地球が形を変えて表れたもの）

8 われわれは文化を形成し意識そのものと化すことによって、自己を自然とは別ななにものかと自覚するにいたったけれども、じつはわれわれ自身が自然の一部なのであり、意識は自然自身、地球自身の働きの一局面なのだ。⑰われわれの自然認知・自然の対象化は、自然による自然の認知であり、対象化であったのだ。⑱このことの確認は何をもたらすか。われわれ人間の活動環境としての自然についての、改変されたより的確な認識をもたらす。

（分出型！）

9 自然は人間の生存・活動の環境であり、利用すべき資源の一大倉庫でありうるけれども、人間にとって自然がもつ本源的意味はそれ以前のところにある。

10 山河はそして草木は、そして空とそこを往き来する雲と風は、なぜわたしたちにとって

＊2 **過渡的**…物事が移り変わる途中であるさま。

⑩「意識の総体的な位相の気づき」って何だろう?

⑪たしかに人間も、タンパク質・炭水化物といった自然物でできている。

⑫「分出型」って何だろう?

⑬精神と肉体はどちらも自然物から生まれたものであり、人間を〈精神⇔肉体〉に分けることなどできない。

⑭「分出」は、「分かれて、出現した」ということだよな。人間は自然物から構成されているのだから、人間やその精神は自然から分かれ出た存在といえる。それを「分出型」といっているのか！

⑮「分出」ではなく「分析」的な認識枠組み。⑦のような考え方。

＊3 **便法**…便利な方法。

美しくここちよいのだろうか。それはわたしたちの感性が、ということは全神経系が、そういういわゆる自然を美しくここちよいものとして感受するように、系統発生上、形成されて来たことを意味する。⑲日本人と西洋人とで花の美しさが異なるというのは、歴史的な修飾《モディファイ》(3)の問題にほかならず、自然を美しいと見る感性が系統発生的にビルドインされていることへの反論にはならない。

進化の過程で

[11] つまり、われわれの心は山河にかたどられているのである。⑳自然は人間にとって資源である以前に、人間が人間として形成される場なのである。山や川や風や雨や、さらにはその中で生をいとなむ花や木や鳥やけもののイメージなしには、人間にはいかなる思考も想像も不可能であったろう。なぜか。その理屈はかんたんで、人間の意識は、宇宙船で飛来して宇宙空間から地上を観察しているような純粋理性ではなく、㉑地球という実在系の一構成因として、系全体との関係＝相互浸透のうちにあらしめられているからである。人間は自然の結節点なのであり、それゆえにこそ己れのうちに全コスモスを映し出しているのだ。㉒人間が古代からさまざまなシンボルを駆使して来た理由はここに求められる。自然はわれわれの心の生みの親であるというばかりでない。われわれの心の拠って立つべき範型なのである。

埋め込まれている

人間も自然も、地球の一部

結び目

宇宙

[12] われわれは意識を確立することによって自然をコントロールして来た。だからこそ、コントロールしてはならない。いやコントロールすることが不可能な実在を自覚することが必要なのだ。なぜなら、人工の世界は自然にもとづいてのみ成り立ちうるからである。㉓人間が意識にもとづいて、反自然的にさえみえる精神的冒険にのりだして来たのは、彼の光栄

この言い方もヘーゲルっぽい

6

⑯「人間」と「それ以外」を明確に分けて、「それ以外」のものを人間が暮らすための道具、舞台と考えてきたのであれば、たしかに「人間中心主義的」だな。

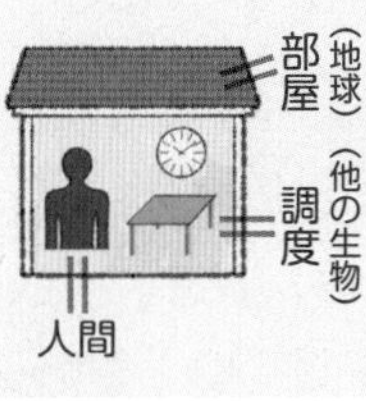

⑰
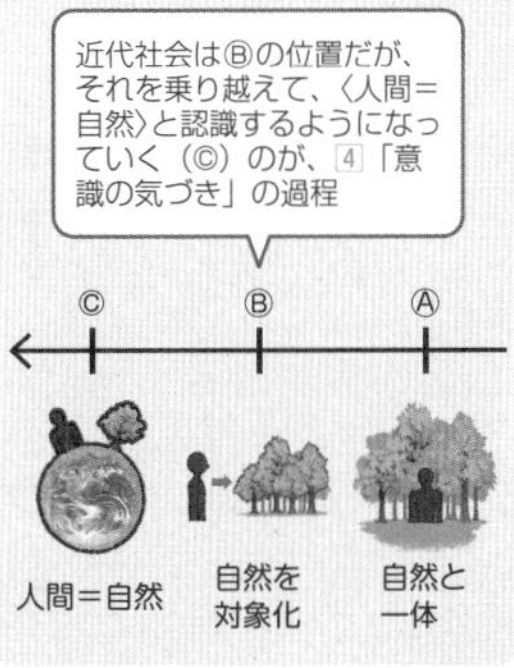

⑱「人間＝自然」だから、「人間による自然の対象化」＝「自然による自然の対象化」となる。

⑲自然の中で狩猟採集生活を数百万年も続けるうちに、自然に調和的な身体が作られてきたってことかな……。

である。だが、それは自然という実在あっての話だったのだ。しかもこの自然というのは歴史的な形成物である。その歴史的生成の基盤なしには、人間は反自然的であることすらできない。(4)いわゆる二次林を自然でないという論者は、自然ということをなにか思いちがえているのだ。

13 都市という人工の世界の典型をとってさえ、それがいかに自然をかたどってつくられて来たことか、われわれはおどろかずにはおれない。いまはやりの都市論は、ようやく都市のカオス性・迷路性㉔にふたたび気づいたようである。なぜ都市は、多様で複雑な要素が微妙にいりくんだ世界であらねばならないのか。われわれはそこに自然の編成原理の反映を見出すだろう。㉕造成された杉山は自然にあるものでもなければ美しくもない。自然は多様で複雑であればこそ美しいのだ。

14 わたしたちは今日、自然などというものはない、人間は徹頭徹尾文化的産物であって、自然と切れているからこそ人間である、といった具合の言説にとりかこまれている。こういう議論には、その出現の歴史的な根拠も意義もあるのだが、今日の反自然論はいちじるしくトリッキーになっている㉖のが特徴である。ものはいいようということがある。だが同時に、どういおうとも動かぬ真実というものはある。今日の知的言説は小林秀雄風にいえば「様々なる意匠」に血道をあげて、動かぬ真実を(D)軽侮することをもって流行と心得ているらしい。だが、われわれの文明の行くすえは、自然と人間の関係を再設定すること㉗、いいかえれば自然のなかでの人間の位置㉘についてより正確な見取り図を構成することの成否にかかっているといえよう。いま行われている議論は一切過渡期の言説㉙である。自然につい

人間は自然の一部であるという真実

⑳ 山、河が「そもそも美しい」のではなく、山、河を美しく感じるように、人間の心が形成されてきたってことかな。

㉑ 自然を対象化して眺める主体としての理性。

㉒ たとえば、僕の身体を構成している物質はすべて、宇宙の生成の過程で生まれてきたものであり、その意味でこの身体は宇宙の姿を映し出している。

㉓ 「人工」と言っても、そもそも人間が自然の一部だもんな。

㉔ 秋葉原のような雑然としたイメージかな。

㉕ 自然は本来多様で複雑。人間は自然の一部であり、自然の中で進化してきたから、人間は都市に、自然のような多様性、複雑さを求める。

㉖ 自然の一部である人間が、反自然論を唱えるのはおかしい。

㉗ 2「正しい関係」とつながりそうだな。

㉘ 4「実在系における意識の総体的な位

てさえ、それは往々にして大局を離れようとする。私は明るい望みはもっていない。見通しは暗いとさえいえる。しかし、真実は見ようとする意志があれば見うるものとして、われわれのまえにかけられている。自然は資源の倉庫でもなければホビーの対象でもない。それはヒトがヒトとなる場であり、ヒトの生そのものなのだ。㉚

相」と似た表現だな。人間は自然の一員であるということ。

㉙〈人間＝自然〉という正しい認識に向かう途中の言説。

㉚人間は自然の一部であり、自然によってつくられる存在である。これが、人間と自然の②「正しい関係（の認識）」だな。

❷ 解答・解説

第6講からは西原が解説します。基本的には輿水先生の解説と同じ方針で進めますが、人が違う以上、アプローチが若干異なる箇所もあるかと思います。この問題集では、そうした「違い」も意図的に残していますので、二人の解説を参考にしつつ、考え方の幅を広げていってください。

問二　傍線部の内容説明問題（記述）。記述説明の原則は**詳しくわかりやすく**である。傍線部のわかりにくい表現を、詳しくわかりやすく言い換えていこう。

○○○○／△△△△△／□□□□□。

わかりやすく言い換える　　※わかりやすい表現はそのままでOK

●●●●●●▲▲▲▲▲□□□□□。

---

④ ……意識がそれ自身存立するものとして絶対化しつつ自然を対象化するありかたは、意識の気づきの過程としては、それ自体あくまで歴史的で過渡的なものにすぎない。(1)そういう意識の自己絶対化をのりこえて、実在系における意識の総体的な位相の気づきにまで至らずにはやまない。

指示語は原則直前を指す。傍線部(1)「そういう」に注目して前を見ると、「意識がそれ自身存立するものとして絶対化しつつ自然を対象化するありかた」とある（左上図Ⓑの状態）。ちなみに、傍線部(1)の「絶対化」は「自然との関係を絶する」、すなわち、「自然から離れる、自立する」という意味である。

文明以前の段階では、人間は、自然を自然として意識することなく、自然と一体化して暮らしていた（左上図Ⓐ）。そうした状態から、自然を対象化して生きる状態（左上図Ⓑ）へと移行したのが文明の段階である。

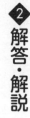

次に、傍線部⑴「実在系における意識の総体的な位相（の気づき）」とは何か。これは、次段落以降、繰り返し説明されている。

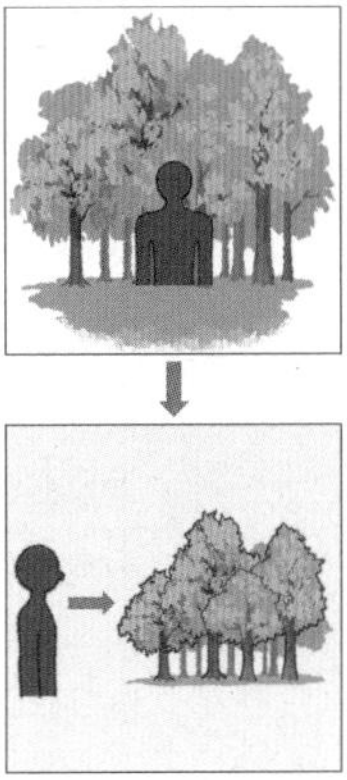

Ⓐ文明以前

Ⓑ文明

4　⑴意識の気づきの力学は、そういう意識の自己絶対化をのりこえて、実在系における意識の総体的な位相の気づきにまで至らずにはやまない。（略）

5　……生命が、地球という実在系の一構成因であり、しかも進化による地球そのものの分出的表現型……（略）

7　……生命にせよ精神にせよ、いずれも地球という一実在系のメタモルフォーゼにほかならず、人間＝精神はとりもなおさず自然＝地球の分出的表現型なのだ。

8　……意識は自然自身、地球自身の働きの一局面なのだ。

《全文解釈》⓮で説明したように、人間は自然の一部であり、地球の分出的表現型といえる。これが、この世界における人間（意識）の位相（位置）である（左図Ⓒ）。

Ⓐ文明以前

Ⓑ文明

Ⓒ今後

まとめると、文明以前の人間は、自然の中で特に自然を意識することなく生きていた（右図Ⓐ）。文明以後、人間は自然を対象化するに至った（右図Ⓑ）が、それはまだ過渡的な（＝変化の途中の）段階である。われわれは、〈人間（意識）＝自然〉、〈人間（意識）＝地球の分出的表現型〉という認識（右図Ⓒ）にまで至らずにはやまないということである。

答案では、傍線部⑴「意識の自己絶対化」を「人間の意識は自然から自立して自然を対象化してきた（＝Ⓐ）」などと説明する。「自立」と「対象化（距離をとって客観的に眺めること）」は、意味に重なる部分があるものの、**詳しくわかり**

やすくの原則で、答案にはどちらも含めよう。

次に、傍線部(1)「実在系における意識の相対的な位相」を「意識も結局は自然の一部であり、地球の分出的表現型に過ぎないこと(＝Ⓑ)」などと説明する。「自然の一部」と「地球の分出的表現型」も結局のところ同じような意味内容だが、「分出的表現型」は、**筆者の認識が端的に表れた重要な言葉**であり、かつ、それだけでは意味のわかりにくい言葉なので、答案にはどちらも含めよう。

最後に、「気づきにまで至らずにはやまない」に対応する表現(＝Ⓒ)も入れること。

【解答例】
人間の意識は自然から自立して自然を対象化してきたが、意識も結局は自然の一部であり、地球の分出的表現型に過ぎないことに、いつかは必ず思い至るはずだということ。(78字)

【採点基準】

A 人間(意識)は自然から自立し、対象化してきた　6点

▼「自立」の要素がない場合　4点

B 人間(意識)は自然の一部であり、地球の分出的表現型であること　8点

▼「自然の一部」の要素がない場合　5点

C「気づきにまで至らずにはやまない」に対応する表現　加点なし

▼傍線部(1)の言葉をそのまま使用してもよい。対応する表現がない場合　全体から2点減

問三　傍線部の内容説明問題。前後も含めて抜き出す。

④ 意識による自然の対象化とは、この実在系における歴史的出来ごととしてみるならば、(2)自然による自然自身の気づきにほかならなかった。

筆者の立場からすれば〈人間(意識)＝自然〉なので、「意識による自然の対象化」は「自然による自然自身の気づき」と言い換えることができる。傍線部(2)の「自然」は「人間(意識)」のことなので、ウが正解。

ア「生命」では範囲が広すぎる。「生命」の中でも「人間(の意識)」の話をしているので誤り。**イ**「地球」、**オ**「宇宙」

も同様に、「人間」に限定できていない点で誤り。**エ**「文化」を入れると、「文化による自然自身の気づき」となり、意味が通らない。

問四　傍線部の内容説明問題。前後も含めて抜き出す。

> 10 ……わたしたちの感性が、……自然を美しくここちよいものとして感受するように、系統発生上、形成されて来たことを意味する。日本人と西洋人とで花の美しさが異なるというのは、歴史的な(3)修飾《モデファイ》の問題にほかならず、……。

自然を美しいと思う心は進化の過程で形成されたものなので、人類に共通する感性である（自然を忌み嫌う人はいないだろう）。そうした人間の本性からすれば、どの花が好きかという違い（たとえば、日本人は桜が好きでイギリス人はバラが好きという違い）は、表面的なものに過ぎない。傍線部(3)の「修飾」は「本質的ではない、ちょっとしたお飾り」という否定的な意味で使用されている。正解は**エ**。

ア「異文化理解」の話はしていない。**イ**「歴史的に形成された違い」は、述べていることは正しいが、傍線部(3)「修飾」の説明になっていない。**ウ**「系統発生的に説明できる」、**オ**「人間にとって本源的問題である」はいずれも、傍線部(3)とは反対の内容である。

問五　傍線部の内容説明問題（記述）。「二次林」は、（注）に説明がある。

> 12 (4)いわゆる二次林を自然でないという論者は、自然ということをなにか思いちがえているのだ。

（注）「伐採／災害」で破壊後に「自然に／人為的に」再生した森林。

筆者の立場は〈人間＝自然〉である。「二次林を自然でないという論者」は、二次林に人為（伐採や植林など）が及んでいることを理由に「自然でない」と主張するのだろう。これは**〈人間⇔自然〉という分析的な考え方**である。しかし、筆者の立場からすれば、人の手が加わっていてもそれは結局「自然」なのだから、二次林も当然「自然」ということになる。

〔論者〕…〈人間⇕自然〉→二次林は人の手が加わっているので自然ではない。
→**思いちがい**
〔筆者〕…〈人間＝自然〉→二次林も「自然」である。

答案では、二次林が「人の手が加わった林（＝Ⓐ）」であることを指摘すること。次に、傍線部(4)「思いちがい」の**語義の反映**を考える。「本当は○○なのに、△△△と考えていること」、「○○であると認識せず、△△△と捉えていること」などと書けば、思いちがっているさまをうまく表現できる。ここでは、「二次林を自然でないという論者（＝Ⓑ）は、〈人間＝自然〉と認識せず（＝Ⓒ）、〈人間⇕自然〉と捉えている（＝Ⓓ）」といった形で書けばよい。

【解答例】
人の手が加わった林を自然でないとする論者は、人間が自然の一部であると認識せず、人為の対立概念として自然を捉えていること。（60字）

【採点基準】
A 二次林の説明…人の手が加わった林　3点
B（Aを）自然でないという論者　加点なし
▼対応する表現が含まれていない場合　2点減
C 人間は自然の一部（であると認識せず）　3点
D 人為の対立概念として自然を捉えている　4点

問六 内容合致問題（筆者の考えに合致しないものを選ぶ問題）。各選択肢を検討していこう。

アについて。筆者の立場からすれば、「人間が意識によって自然を対象化している」のは、〈人間＝自然〉という正しい認識に至るまでの「過渡期」である。筆者の考えに合致する。

イについて。前半の「自然が価値あるものとして再発見されるようになった」は、2「再発見され再び価値づけられた自然」と合致する（この「自然」は、[1]「アウトドアライフ」「バードウォッチング」の対象としての自然のこと）。また、後半の「人間が自らを自然の一部として認識し始めた」も誤りとはいえない。しかし、本文中に、【後半】だから【前半】という因果関係は書かれていないし、そもそも意味がよくわからない。筆者の考えに合致しないので、**イ**が正解。

ウについて。「人間はみずからを絶対化し、かつ地球や他の生命と弁別したことによって、自然を都合よく操作しようとしてきた」は、[3]・[4]や[6]の内容に合致する。

エについて。選択肢前半の「人間の自然に対する感性は系統発生的に形成されてきた」は[10]の内容に合致する。後半の「文化によって形成されたものではない」は、やや紛らわしい。「自然を美しいと思う感性は、文化によって形成されたものではない（＝Ⓐ）」という意味だと考えれば、正しい内容といえる（自然を美しいとする感性は文化を超えて共通するものだから）。一方、「どの花を美しいと感じるかは、文化によって形成されたものではない（＝Ⓑ）」という意味だと考えれば、誤った内容である（日本人と西洋人では美しいと感じる花の種類が異なり、その差は文化的に形成されたものと考えられるから）。判断に迷うが、今回は

イが明らかに誤りなので、Ⓐの意味で理解すればよい。

オ「人間の心は自然を範型として形成されており、地球や自然と切りはなされて独立に存在するものではない」は、[11]の内容に合致する。

【解答】

問一（各2点）	(A) 渓流　(B) 便宜　(C) わいきょく　(D) けいぶ
問二（14点）	人間の意識は自然から自立して自然を対象化してきたが、意識も結局は自然の一部であり、地球の分出的表現型に過ぎないことに、いつかは必ず思い至るはずだということ。（78字）
問五（10点）	人の手が加わった林を自然でないとする論者は、人間が自然の一部であると認識せず、人為の対立概念として自然を捉えていること。（60字）

設問	解答欄 ア	イ	ウ	エ	オ	配点
問三	○	○	●	○	○	(5点)
問四	○	○	○	●	○	(5点)
問六	○	●	○	○	○	(8点)

第7講

解説
Answer

『リズムの哲学ノート』（山崎正和）

〔解説：西原剛〕

ジャンル
評論
字数
2353字
問題頁
P.81

◆「未知」と「既知」を結びつける

本シリーズレベル2の問題文中に次のような一節があった。「機械化による大量生産は、ものを作る人間から、『ためらい』という時間を奪いました。（中略）ためらいぬきで、『観念』が現実化してしまうということです」（橋本治『人はなぜ「美しい」がわかるのか』）。今回の文章を読みながら、僕はその文章を思い出していた。【基本の読解方略：1－Cリンク】とは、初見の文章（未知）を、自分の知識や経験（既知）と結び付けて理解することだ。内容を十分に理解して自分のものにすることができた文章（既知）は、新たな文章（未知）を理解する時にきっと役に立つ。西原先生の解説で今回の文章への理解を深めよう。（輿水）

❶ 全文解釈

1 奇を衒《てら》うように響くかもしれないが、近代産業の中核というべき機械の根源、すなわち機械文明に不可欠な設計の思想❶も、じつは萌芽《ほうが》は　(1)　といえそうである。先史の巨大石造建築は生活の安全や快適のためではなく、世界洞窟のなかで人間が自己の卑小さを感じ、世界の外にある巨大な力に祈るために造られたと考えられている。そして旧著『装飾とデザイン』にも書いたことだが、メンヒルやドルメン、ストーン・ヘンジのような巨石建造物は、部族社会の協同作業なしには建設できない。だとすれば当然、部族をまとめるための事前の計画、大まかであれ設計❷が不可欠だったと推定できるはずである。

（奇を衒う：わざと奇妙なことを言う／根源：「根源」だから大事／萌芽：物事の始まり）

2 この設計は絵に描かれることはなかったかもしれないが、少なくとも言葉によって表現され、その意味で最低限の観念性を帯びていたことは疑い❸ない。そしていったんこの設計図が部族の合意のもとに成立すると、それは観念の本性からして事物と行動の外部に立つことになる。❹　(2)　それは身体と道具の相互影響の外部に立ち、身体にはね返るいかなる道具や素材の抵抗❺をも排除するように命令する。❻本来の手仕事においては、手段の抵抗が目的の変更や微調整を許すのが常だったが、設計図は目的を絶対化して、手段の完全な服従を原理的に要求する❼のである。

3 もちろん❽これも原理的な話であって、現実の工作活動において成果が完璧に設計図に従うということはありえない。工作が身体による事物の加工であるかぎり、計画と成果のあいだの誤差を無にすることは不可能である。だがそれでも（逆接来た）(a)設計の思想はあくまで計画の

✔ 脳内活動・重要語彙

❶ 「設計の思想」って何だろう？

❷ 設計≒計画なのか……。ストーン・ヘンジのような建造物が偶然できることはないから、そこにはたしかに「設計≒計画」があるはずだな。

❸ たとえば、ストーン・ヘンジを造った人の頭の中には、「大体こんなものを作ろう」というイメージがあったはずである。

❹ よくわかんないな……。少しスピードを落として読もう。

❺ たとえば、木材を設計図通りに切ろうとしても、ある部分が硬くて切れない、ということがある。

❻ 「設計図」は、切れないことを認めず、設計図通りに切ることを要求する。つまり、設計図は事物（＝木材）の性質（＝硬い）や行動（＝切る）の結果に左右さ

完全支配をめざす⑨のであって、文明の歴史を顧みれば、人間が機械を発明したのはまさにこの計画の支配の貫徹のためであった⑩と見られる。〔　イ　〕

4　機械の第一の特性は、それが人間の身体に素材の抵抗、作業の反作用を伝えない⑪ことであった。道具は作業の困難に遭うと、身体にたいして目的の再調整を求めるが、機械はそれ自体が壊れるまで、与えられた目的の実現に直進する。機械製造の画一性、機械製品の規格化は、(X)機械の持つこの愚直さの結果だといえる。けだし《まさしく》機械は製品を設計図どおりに造りあげるために、それ自体が設計図に従って忠実に造りだされており、いわばこの二重の計画性⑫が設計の支配の貫徹を保証しているのである。

5　だが機械の発明、いいかえれば設計の支配の貫徹とは、別の面から見れば道具の改良の極致であり、道具の持つアスペクト《側面》の徹底した削減の産物にほかならない。道具はどれほど洗練されてもなお複数のアスペクトを残しており、その結果として意図された目的以外のために使うことができる。釘《くぎ》を打つ金槌《かなづち》は鉄塊一般のアスペクトを残していて、武器として使うこともできれば、文鎮として使うこともできる。これにたいして⑬機械の物質としてのアスペクトは、道具とは次元を異にして数が少ないのがめだつはずである。

6　機械は洗練されるにつれて汎用性*1を減らすのが常であって、じつはこれこそ、機械そのものが設計図に従って造られるということの意味である。逆にいえば汎用性を減らすことが機械設計の任務であって、自動車と芝刈り機のエンジンの互換性をなくす⑭ことが発明家の仕事だといえる。ちなみに道具と機械の違いを反映してか、道具の改良は算術的に進行するが、機械の改良はしばしば指数関数的に発展する。〔　ロ　〕

れることがない。これが「外部に立つ」ということか！

⑦ 設計図はあらかじめ作られ、絶対的な基準になる。

⑧ 譲歩の接続詞だから、後に逆接が来るはず。

⑨ 計画が設計図通りに完璧に実現されることを目指す。これが「設計の思想」か！

⑩ 設計図の実現のために、機械を生み出した。たとえば、「のこぎり」を使うと、木が硬かったり手元が狂ったりして設計図からズレてしまうことがある。それを解消するために「切断機」という機械が生み出された。

7

7 さて、機械の発明による設計の思想の貫徹は、まぎれもなくそのまま観念の発見の過程であり、⑮観念的な思考の定着の過程にほかならなかったことを、注意しておきたい。再確認しておけば観念の特性は三つあって、⑯第一にはそれが単一のアスペクトしか持たないこと、第二にはそれにたいする身体の巻き込まれの程度が最少であること、そして第三にはそれが流動する体験の過去に位置することであった。

8 ここまで見てきたところ、紙に描かれた設計図にはまだ複数のアスペクトがあるが、考えられた設計そのものにはアスペクトは一つしかないはずである。⑰もし設計の要求について複数の見方があるとすれば、共同作業は混乱するどころかまったく成立しない。（二つ目の特徴だな）また機械が身体にたいして反作用を与えず、目的の変更を求めないということは、それを使う身体が作業に巻き込まれる程度が低い⑱ということと同義語である。残るは第三の観念が過去の存在だという点であるが、これこそ機械と設計からただちに(b)演繹《えんえき》される特性だろう。

〔 ハ 〕

9 あまりにも自明の事実だが、すべての設計は身体の作業に先立って与えられ、⑲機械もまたそれを使う作業の以前に完成している。作業する身体の流れにとって、両者（設計と機械）はつねに過去にあってそれ自体は変わることなく、しかし現在の身体の流れを勢いづけている。生産のような現実行動はつねに目的の設定から始まるから、それに従う現実行動は既定の過去をめざして進行する⑳というのが正確なのである。

10 もとよりすべての現実行動は行動の長い歴史的連鎖のなかにあって、設計も機械もその長大な流れに打ちこまれた拍節*2にすぎない。設計も機械もそれを生みだした行動の産物で

---

⑪ たしかに、切断機はボタンを押すだけだから、自分の身体に木材を切っている感覚は伝わってこない。

⑫ ❶切断機自体が設計図に従って造られていること、❷切断機によって設計図通りに木材が切られること。

⑬ 対比。

道具	機械
アスペクトが多い 【例】金槌は武器や文鎮としても使える	アスペクトが少ない 【例】切断機は木材を切るだけ

*1 **汎用性**…様々なことに広く利用できる性質。

⑭ つまり、エンジンを自動車専用（あるいは芝刈り機専用）のエンジンとして機能を特化させていく。

⑮ 話題転換の接続詞。話が先に進むのかな。

⑯ 「再確認」とあるけれど、ここまでに「観念の三つの特性」の話はなかったよな……。今回の出題範囲外の話だな。

あり、それ自体が変わらないということも、より大きな流れの一時的な堰《せ》き止めと見るべきだろう。生産の歴史にも随所に確実に［(3)］が働いていて、機械と設計はその水受けの役割を果たして、ときには産業革命のような飛躍ももたらしたのであった。〔ニ〕

11 ついでながら歴史的連鎖といえば、神話もまたつねに過去を語っていたことを忘れてはなるまい。祖先神であれ創造神であれ、すべての超越者は現実世界に先立って遠い過去にあった。やがて宗教が高度化して神話が神学化するにつれて、神は世界の設計者であり被造物の歴史の以前にあるという思想が一般的になった。おそらく超越神は人類が最初に知った純粋な観念の一つだろうが、それは過去にしかありえない存在だったのである。〔ホ〕

「設計」はいつも過去のものとして語られる

⑰ 設計者は「いろんな捉え方ができる」設計をしようとはしていない。設計者のイメージは一つ。

⑱ 切断機を使うときに、身体はほとんど使わない。

⑲ 身体を動かして作業する前に、「設計≒計画」は与えられている。計画に基づいて作業を行うのだから、当たり前の話だな。

⑳ 過去に作った設計図に合わせて生産活動を行う。これも当たり前と言えば当たり前の話だな。

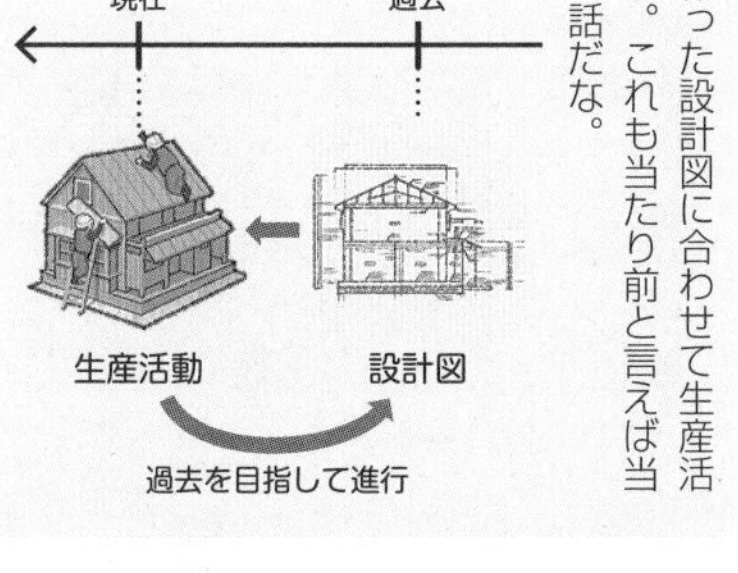

＊2 **拍節**…一定の周期で反復される時間的長さ。

7

2 解答・解説

問一　傍線内容を説明する記述問題。第6講で示したように、記述説明の原則は**詳しくわかりやすく言い換える**ことである。このとき、答案に傍線部の**語義を反映する**ことを意識してほしい。傍線部(X)とその前後を抜き出す。

> 4 ……機械はそれ自体が壊れるまで、与えられた目的の実現に直進する。機械製造の画一性、機械製品の規格化は、(X)機械の持つこの愚直さの結果だといえる。けだし機械は製品を設計図どおりに造りあげるために、それ自体が設計図に従って忠実に造りだされており……。

「愚直」は〈正直なばかりで臨機応変の行動をとれないこと〉の意。傍線部(X)に「この（愚直さ）」とあるので、直前を見ると「機械はそれ自体が壊れるまで、与えられた目的の実現に直進する（＝Ⓐ）」とある。〈壊れるまで直進〉は愚直の**語義に合致する**。Ⓐを解答の核とすればよい。

字数制限上まだ余裕があるので、**詳しくわかりやすく**の原則に則り、Ⓐの「与えられた目的」をわかりやすく説明しよう。傍線部(X)直後に「機械は製品を設計図どおりに造りあげるため（に造りだされた）」とあるから、「与えられた目的」とは、「製品を設計図通りに造りあげること（＝Ⓑ）」である。答案には、Ⓐ・Ⓑの二点を含めること。

【解答例】
機械はそれ自体が壊れるまで、製品を設計図通りに造りあげるという所与の目的の実現に邁進するということ。（50字）

【採点基準】
A　機械はそれ自体が壊れるまで所与の目的の実現に邁進する　5点
B　製品を設計図通りに造りあげる（という目的）　5点

問二　選択肢を検討する前に、大事なことを一つ学んでおこう。

文末に「〜のである」とある一文は、その前文の「理由説明」や「言い換え」になることが多く、意味の上で前文とのつながりが強い（第2講24ページ参照）。例を二つ示そう。

【例１】
ラーメンとチャーハンと餃子を注文した。お腹がすいていたのである。
▼後文が前文の「理由説明」になっている。

【例２】
結婚とはセルフサービスの食事のようなものだ。自分の欲しい料理を選んだ後で、隣の人たちのお皿の中身を見る。そして、どうして自分は彼らと同じ物を選ばなかったのだろうと自問するのである。（J・ドラークル）
▼後ろの二文が、冒頭の一文の詳しい説明（具体的な「言い換え」）になっている。

「理由説明」なのか「言い換え」なのかは、明確に分けられないことも多いが、いずれにせよ、文末に「〜のである」とある一文は、その前文とのつながりが強い。

設問解説に入ろう。はじめに脱文を確認する。

【脱文】蒸気機関からガソリン・エンジンへの転換は、石油革命ともいうべきパラダイム転換を必要としたのであった。

文末「〜のであった」は「〜のである」の過去形であり、「〜のである」と同様に考えられる。〔　イ　〕〜〔　ホ　〕の中から、その直前に「パラダイム転換（＝従来の考え方、枠組みが根本的に変わること）」につながる記述があるものを選べばよい。

6 ……機械の改良はしばしば指数関数的に発展する。〔　ロ　〕
10 ……産業革命のような飛躍ももたらしたのであった。〔　ニ　〕

解答候補になるのは、直前に「指数関数的に発展（＝2、4、8、16、32、64、……のように、急激に増加していくこと）」とある〔　ロ　〕、また、直前に「飛躍」とある〔　ニ　〕である。

「指数関数的（に）発展」と「飛躍」は意味が近いので、どちらも当てはまりそうだが、〔　ニ　〕の「産業革命」は中学校の社会で習うように「蒸気機関への飛躍」であり、【脱文】「蒸気機関からガソリン・エンジンへの転換」の話にはつながらない。したがって、〔 ロ 〕が正答。

問三　空欄補充問題。正直なところ、引用文の意味はよくわからない（出題者は前後を読んでいるので理解できるのだろうが、文章のほんの一部を引用して受験者に理解を求めるのは酷ではないだろうか……）。**文章読解の根本が一文一文の意味を正確に読みとること**であることは間違いないが、入試問題に取り組んでいれば、時として「どうしても意味がわからない」状況に遭遇する。その場合、最低限、**文章の整理**をすることで、なんとか正解にたどりつこう。

引用文を「世界開豁」⇕「世界閉塞」、「する身体」⇕「ある身体」の対比で整理すると左図のようになる。

「世界開豁」「する身体」	⇕	「世界閉塞」「ある身体」
世界を無限に開かれた可能性として信じ、たえずみずからを拡張しようと試みる。		世界を限界だらけの閉じられた場所として受けいれ、そのなかで自分自身の内部に立て籠もろうとする。

これを踏まえて、空欄⑴に入る言葉を考えよう。

> 1 ……機械文明に不可欠な設計の思想も、じつは萌《ほう》芽《が》は ⑴ といえそうである。

とあるので、空欄⑴には「設計の思想」の説明が入るはずである。2に「（設計図は）観念の本性からして事物と行動の外部に立つ」とあった。これは《全文解釈》❻で説明したように、一度設計が定められたら、事物の性質（たとえば木材が硬いこと）や行動の結果（切断しようとしてもできなかったこと）に左右されず、設計の貫徹が求められるということである。設計は行為に先立ってあらかじめ定められたものであり、設計外に出ることを許さない（設計図通りに作らない大工は叱られる）。つまり、「拡張」を許さず「内部に立て籠も」ることを促すのだから、「設計」は「世界閉塞」側（＝「ある身体」側）だと考えられる。正解はイ。

問四　空欄補充問題。《全文解釈》❺・❻を参照してほしい。空欄⑵直後の「（設計図は）身体と道具の相互影響の外部に立ち、身体にはね返るいかなる道具や素材の抵抗をも排除するように命令する」は、空欄(2)直前の「〈設計図は〉事物と行動の外部に立つ」を詳しく言い換えたものである。**ロ**「いいかえれば」が正解。

問五　傍線部の内容説明問題（あてはまらないものを二つ選ぶ）。

傍線部(a)「設計の思想」とは、《全文解釈》❾で指摘したように、〈事物の性質や行動の結果にかかわらず、設計の完璧な実現を目指す思想〉である。**イ・ロ・ニ**は正しい説明である。

ハは「人間の関与と機械の自律との二重の計画性」が誤り。本文で説明されている「二重の計画性」(4)は、たとえば、「❶切断機自体が設計図に従って造られていること、❷切断機によって設計図通りに木材が切られること」（《全文解釈》⓬）であり、「人間の関与と機械の自律」ではない。ハが一つ目の正解。

ホは「普遍的なものに洗練」が誤り。5「設計の支配の貫徹とは、……道具の持つアスペクトの徹底した削減の産物」である。アスペクトの削減＝特殊化していくということであり、普遍性は失われてしまう。**ホ**が二つ目の正解。

問六　知識問題。「演繹」は、過去の早稲田入試で何度も問われている。対義語の「帰納」と共に必ず覚えよう。正解は**ニ**。

帰納…個別の事例から一般的な法則を導くこと。
演繹…一般的な法則を個別の事例に適用すること。

問七　空欄補充問題。空欄前後を抜き出す。

10 設計も機械もそれを生みだした行動の産物であり、それ自体が変わらないということも、より大きな流れの一時的な堰《せ》き止めと見るべきだろう。生産の歴史にも随所に確実に (3) が働いていて、機械と設計はその水受けの役割を果たして、ときには産業革命のような飛躍ももたらしたのであった。

「一時的な堰き止め」「ときには産業革命のような飛躍ももたらした」とあるので、〈一定期間堰き止められた水が、ときには一気に流れ出す〉というイメージに結びつく言葉を入れる。**ホ**の「鹿おどし」が、ぴたりと合致する。

7

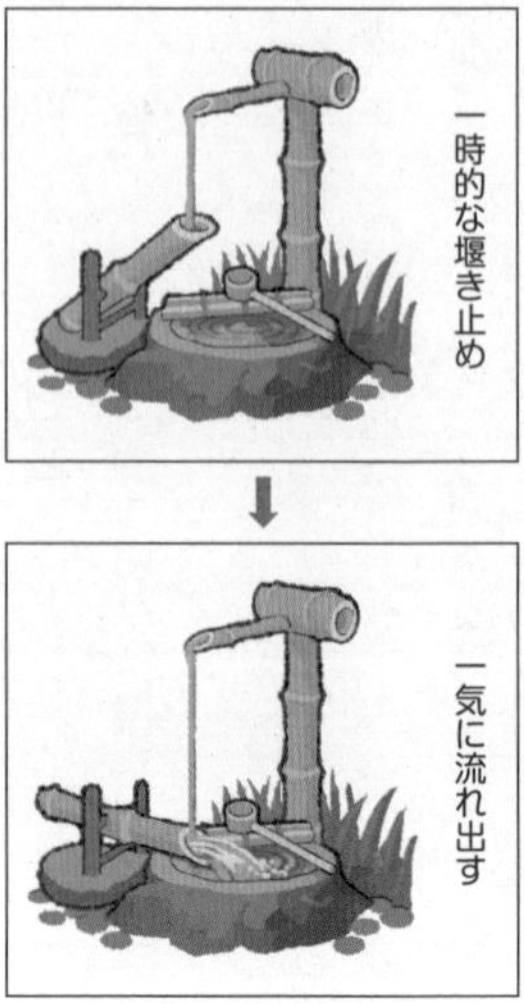

ホの「蓄積され停滞していた設計や機械」「一気に革新」という説明も、「一時的な堰き止め」「産業革命のような飛躍」とそれぞれ対応する。**ホ**が正解。

イ「絶えず進歩し革新され続けている」では、「一時的な堰き止め」の意味が出ていない。

ロの「間歇泉」も「一時的な堰き止め」の意味が出ていない（間歇泉は一定間隔で水を噴き出す温泉だが、何かに堰き止められているわけではない）。

ハ「表面にはあらわれてこない設計や機械にこそ真の革新性が秘められている」が誤り。本文の内容と全く関係がない。

ニは「過去の埋もれた遺産を掘り起こして光を当てる設計や機械」が誤り。設計や機械は過去に光を当てるものではない。

問八　内容合致問題。選択肢を一つずつ検討していく。

イは「人間の手作業とも親和性の高い道具の存在が今日において見直される必要がある」が誤り。本文中に全く根拠がない内容である。

ロは「人間が自己という観念を発見する過程とも不可分」や「近代における人間の強い自意識や身体性へのこだわりを育む」が誤り。本文で「自己という観念」「自意識」の話はしていない。

ハの「設計図どおりに造りだされるとともに製品を設計図どおりに造りだす機械」は、[4]「二重の計画性」に合致する（《全文解釈》⑫）。また、「人間の身体性が排除されている」は、[8]「それを使う身体が作業に巻き込まれる程度が低い」に合致する。選択肢前半の「道具はあくまでも人間の身体と素材との対話や抵抗から生まれ」は、道具が、身体や素材の抵抗を経験する中で次第に改良されていくということ（たとえば、「はさみ」は切るという行為の繰り返しの中で、人間にとって使いやすい形に進化してきた）。本文に明示されているわけではないので、判断が難しいが、道具の説明として間違ってはいない。解答候補とする。

ニは「（機械は）多様な要求を満たすための飛躍的な革新が求められている」が誤り。機械は「多様な要求」ではなく、「一つの要求」を満たすことに特化していく。

ホは「いまや機械は世界の設計者」「過去の超越神を想起させるような存在」が誤り。「機械＝世界の設計者」というＳＦ映画じみた話はしていない。

以上より、他の選択肢が明らかに誤りなので、ハが正解。

7

【解答】

問一（10点）

機械はそれ自体が壊れるまで、製品を設計図通りに造りあげるという所与の目的の実現に邁進するということ。（50字）

設問	解答欄 イ	ロ	ハ	ニ	ホ	配点
問二	○	●	○	○	○	（6点）
問三	●	○	○	○	○	（7点）
問四	○	●	○	○	○	（3点）
問五	○	○	●	○	●	（各3点）
問六	○	○	○	●	○	（4点）
問七	○	○	○	○	●	（6点）
問八	○	○	●	○	○	（8点）

❸生徒からの質問コーナー

【Q1】読書量と現代文の成績は関係ありますか？

輿水　それはほぼ間違いなくあると思います。これまでの経験上、呼吸するように読書をしてきた生徒は当然のように現代文ができるし、現代文が苦手な生徒は多くの場合、活字に触れてきた量が少ない。もちろん例外もあるとは思うけど。

西原　模試や入試問題の解答作成で他の先生と答案を比較することがあるのですが、学生時代などに豊富な読書経験がある人ほど、質の高い答案を書きます。現代文の成績は「読書だけ」で決まるわけではありませんが、読書量が大きな支えとなることは疑い得ないように思います。

輿水　「読み書き」というリテラシーは、生まれながらに人間に具《そな》わっている能力ではないし、自然に身につく能力でもないからね。後天的な訓練を積まないと身につけられない。で、その訓練に最適なのは、やっぱり読書だと思う。「訓練」というと「きつく厳しいもの」というイメージがあるかもしれないけれど、読書が読み書き能力、特に読解力につながるのは、それが「楽しいもの」だから。「夢中になる読書」が自然と読解力を高めていく。その意味では、評論文に限らず、自分にとって面白い小説を次々に読んでいくというのも、読解力の向上に大きく寄与するんじゃないかな。これまで活字にあんまり触れてこなかった人には、まず小説を薦めたい。面白い小説をたくさん読んで、「心を動かしながら文章を読む」という経験をたくさん積むといいと思います。

西原　輿水先生の話を聞いていると、「本が好き」という気持ちがよく伝わってきますね。僕の場合、「好きだから読む」と「仕事で必要だから読む」が半々という感じですが、仕事のために読み始めた本が結果として自分の興味関心を広げてくれることも少なくありません。何事も「面白い」と思えることが大切です。僕は評論を読んでいて「つまらない」と感じたら、それ以上は無理をせず、ただただページをめくり、興味を引く言葉が目に入ったときにその周辺だけ読むというやり方をすることがあります。収穫なく終わることもありますが、自身の興味を起点として読む範囲が自然と広がり、一冊すべて読めてしまうこともあります。

輿水　もちろん、「受験生に読書の時間なんてない！」という意見もあるでしょう。でも、一日十五分読むだけでも随分変わると思うな。受験勉強の息抜きに手を伸ばす対象を、スマホから本に変えてみるのも悪くないと思います。

第8講

解説
Answer

『坪内稔典の俳句の授業』（坪内稔典）

〔解説：西原剛〕

ジャンル	字数	問題頁
評論	3566字	P.89

◆「仮面」がもたらす自由

「ぼくは、本名だけのただ一つの自己よりも、雅号という仮面をかぶることで出現するいくつもの自己を好みます。自己が一つだけではとても窮屈なんです」。――世事《せじ》には疎い方だが、一時期、ＳＮＳを利用していたことがある。本名ではなく匿名のアカウントで、本の中の気に入った一節を引き写しただけの投稿が主だったが、一度、どさくさ紛れに自作の詩を投稿したことがあった。その投稿には「カラシニコフ」さんという方からの「いいね」が一件ついただけだったが、「仮面」をかぶることで得られる自由をそこでたしかに感じることができた。君はこの文章をどう読んだだろうか。（輿水）西原先生の脳内活動をのぞいてみよう。

❶ 全文解釈

1 一般的には、感動があって俳句を作る、と考えられていますね。❶ 俳句だけではなく、そもそも表現というものは、まず感動があり、その感動を言葉で表現するものだと考えられています。でも、【逆接来た】何かの感動を五七五音の短い言葉で表現することはとてもむつかしい。ほとんど不可能ではないでしょうか。

2 おおまかな言い方ですが、表現には二つのかたちがあります。

① 感動を表現する。【感動→表現】

② 表現して感動を探す。【表現→感動】

3 この二つです。❷ 近代の中心になったのは①でした。【感動→表現】作文にしろ詩歌、小説にしろ、作者の感動がまずあって、その感動を書くとみなされてきました。俳句でもそうで、近代の俳句の方向を定めた正岡子規は、俳句は個人の感情の表現だと言いました【対比の整理！❷】（『俳諧大要』明治二十八年）。「個人の感情の表現」という規定が、まさに近代の文学としての条件だったのです。近代の文学は基本として個人の感情に根ざし、個人の感動から出発するものでした。❸

4 感動を表現する。これは言葉としては大変に美しい。でも、あまり感動しない者にとっては、自分の感動を表現しなさいと言われると大変に困る。実はわたしたちはあまり感動しないのではないでしょうか。❹

5 俳句は感動から出発する表現ではありません。［甲］、さきの②の立場が俳句です。❺ ［乙］、感動から出発しないのは近代的ではないのですね。［丙］、俳句もしばしば、その前近代性を非難されてきました。坪内逍遥は『小説神髄』※1（明治十八～十九年）に

✔ 脳内活動・重要語彙

❶ 一般論は否定されることが多いから、筆者は「感動→俳句」の順序だと思っていないのかな。逆接を探しながら読み進めよう。

❷ 対比を整理していこう。

①感動→表現	②表現→感動
・近代俳句（by 子規）	

❸ そういえば、うちの小学生の娘の作文課題にも「感動を言葉にしよう！」というのがあったな。

❹ 筆者は①に懐疑的。ということは、②の立場なのかな。

❺ 対比。

①感動→表現	②表現→感動
・近代俳句（by 子規）	・俳句（by 筆者）

※1…坪内逍遥の小説論。文学における勧善懲悪を否定し、人間の心理を写実的に描くべきと主張した。

おいて、俳句や短歌のような短い詩型は作者の思いの十分な表現ができないと言いました。そして、作者の思いの十分な表現ができない詩型は未開の世の詩歌だと言いました。逍遥は西欧の長い詩型を頭に置いて考えているのですが、作者の思いの十分な表現とは、感動の十分な表現ですね。それがあまりにも短い俳句ではできず、だから俳句は未開の世の詩歌だというわけです。❻

6　ところで、(a)俳句の基本的な作り方は、題に応じて作る題詠です。この題詠は、今では宮中の歌会始めに残っていますね。歌会始めではお題が出て、そのお題に応じて歌が詠まれます。俳句も、和歌から伝えられたその題詠を基本的な作句法にしてきました。❼

7　でも、この題詠は、近代では一度、否定されるのです。❽たとえば、子規は、自分の目で対象を見つめる写生を俳句や短歌の方法として導入しましたが、それは、題詠の否定でした。題で発想するのではなく、自分の目で見た感動から発想するのが写生だったのですから。❾

8　近代の伝統的な定型詩には、短歌と俳句があるのですが、題詠の否定は、短歌の方が積極的でした。（短歌の方が近代的だったのか）歌会始めに例外的に題詠を残していますが、与謝野鉄幹、正岡子規などに始まった近代短歌は、題詠の伴う遊び的な要素を嫌い、感動をうたう詩型として（①側）ひた走ってきたといえます。その点では、(b)近代以前のはるかな昔に起源を持つ伝統詩型でありながら、短歌はもっとも近代的な詩型でもあったのです。

9　そんな短歌に比べると、俳句はずいぶんいい加減というか、曖昧でありまして、題詠的な要素を強く残して続きました。子規にしてからが、（子規にしても）一題十句などの題詠が大好きでした。❿一題十句とは、たとえばストーブという一つの題で十句を作ること。子規の場合、実際に

❻ 坪内逍遥は①の立場。明治初頭の日本には「西欧＝先進的」というイメージがあり、西欧の長い詩型と対比される「俳句」には「前近代」「未開」というイメージがあった。

❼ 「自分の感動から」詠むのではなく「お題に合わせて」詠むのだから、近代的な①の考え方には合わないな。

❽ やっぱりそうか。題詠は②側だ。

①感動→表現	②表現→感動
・近代俳句（by 子規）	・俳句（by 筆者） ・題詠

❾ 子規が導入した写生は、感動から発想する。やはり子規は①側だ。

❿ あれ？　子規は①側だと思っていたけれど、②の側面もあるということ？　混乱しそうだ。少しゆっくり読もう。

写生した句ももちろんありますが、多くは一題十句のような題詠による作でした。⑪

10 俳句は、作者の感情を表現する（子規）という意味では、まさに近代の文学でした。写生という方法もそんな近代性を支えました。でも、その作者の感情（感動と言ってもよい）は、表現に先立って存在するとは限りませんでした。①側 むしろ、俳句では、感動は題詠による表現の後で発見されるものでした。②側

11 俳句の言葉を生き生きと楽しむには、俳句について次のような認識をもっておくとよいかもしれません。俳句、つまり五七五音の表現とは、日常の言葉とは違う、(c)虚構の言葉だという認識です。⑫

12 実際、わたしたちは、日常生活では五七五でしゃべりません。試みに 具体例！「ねえあなた　けさはなんだか　寒いわね」「そうだなあ　窓には雪が　舞ってるね」「アメリカン　それともココア　ねえあなた」「ココアだな　けさはココアだ　雪だから」……たとえばこんな調子で五七五でしゃべりますと、なんともおかしい。つまり、五七五音は日常の言葉の形式ではないから、それを日常へ持ち込むと違和感が際立つのですね、もっとも、その違和感のために、日常が新鮮になるという効果があります。友人とか夫婦の間でときに五七五音でしゃべることにすると、関係が新鮮になるかも知れません。

13 要するに、⑬俳句や短歌の定型は、日常の言葉の世界とは違う、いわば虚構の世界を作るものです。俳句を楽しむとは五七五音の虚構の言葉を楽しむことなんです。⑭

14 俳句は五七五音の虚構の世界だと言いました。この虚構の世界を楽しみ、また充実させるために、人々は伝統的に知恵を(d)発キしてきました。それは俳号です。芭蕉、蕪村、一

⑪ やはり子規には②の側面もあるんだ。

①感動→表現	②表現→感動
・近代俳句（by 子規） ・近代短歌	・俳句（by 筆者） ・題詠 ・子規は俳句の題詠を好む

⑫ あれ、話が先に進んだぞ。五七五の説明が続きそうだな。

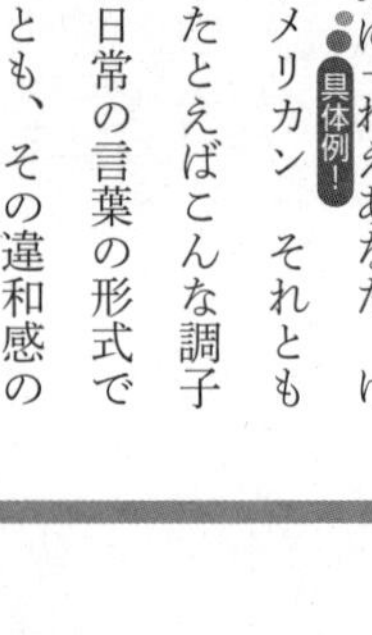

⑬ 具体例のまとめに入ったな。

⑭ 言っていることはわかるんだけど、1～10の対比（①↔②）の話とどうつながるんだろう。

茶、子規……こういう名前は言うまでもなく俳号ですが、俳諧師、俳人は伝統的に俳号を名乗りました。それは本名で過ごしている現実とは別の世界、つまり虚構の世界へ入るためだったと言ってよいでしょう。⑮

15 俳号はいわゆる雅号の一種ですが、俳号を名乗ることで仲間が平等になったわけです。句会などに、現実の社会的地位をそのまま持ち込むと(e)キュウ屈でどうしようもありません。それで、俳号を名乗ることで現実の身分、地位を離れ、俳句仲間はみんな平等になった訳です。⑯古くはこうした俳諧の座の平等を「俳諧自由」といいました。

16 近代に入って次第に俳号は使われなくなります。⑰本名のままで押し通すことが美徳というか、近代的なふるまいのようにみなされてくるのですね。近代の文学の中心になった小説でも、明治のころはまだ坪内逍遥、二葉亭四迷、尾崎紅葉、夏目漱石というようにみんな雅号を名乗っていましたが、本名が目立つようになるのは「白樺」派の小説家、武者小路実篤、志賀直哉、有島武郎あたりからでしょうか。かれらは当時の上流階級の子弟でしたが、彼らの恵まれた環境が、本名のままの自分、すなわち現実の自我を押し通すことを可能にしたと考えられます。

『小説神髄』！　『浮雲』！　『金色夜叉』！　『こころ』！

17 近代とは個人を基礎にした社会です。だから、しっかりした自己を持つことが要請され、〈自己の確立〉というようなことが時代の目標になりましたね。今でも、人々、ことに若い人たちは、〈自己の確立〉を目標にしているといえます。⑱

18 〈自己の確立〉は、もちろん大事なことですが、(f)雅号をやめて本名だけにしてしまうことを、あたかも〈自己の確立〉だと錯覚したきらいはなかったでしょうか。ぼくは、本名だ

---

⑮ 名前を変えることで別の人格としてふるまうことができる。SNS上で本名でない名前を使うのと似ているな。

⑯ 俳句は、「俳号」という現実世界とは異なる名前を用いて、「五七五」という日常とは異なる言葉で詠む遊びである。「現実の自分の感動から」出発するわけではないのだから、やはり俳句は、②の側ということか。前半の内容とつながった！

1～10
①感動→表現
・近代俳句（by子規）
②表現→感動
・俳句（by筆者）

11～15
俳句…虚構（五七五）・俳号
「自分の感動から」ではない（②側！）

⑰ 自分の感動を表現することが重要だと考えられたからだな。別人格として歌を詠むのは「ウソいつわりの態度」とみなされてしまう。

⑱ 近代人は「自分」にこだわる。

8

けのただ一つの自己よりも、雅号という仮面をかぶることで出現するいくつもの自己を好みます。⑲自己が一つだけではとてもキュウ屈なんです。⑳

19 雅号や俳号は仮面（ペルソナ）です。わたしたちは、仮面の働きをよく知っていますね。たとえばサングラス一つ、あるいは化粧や衣装を変えるだけで、まるで人格がかわったように感じます。こういう仮面の働きを、わたしたちはうまく日常生活のなかで利用しているわけですが、㉑それをそのまま、表現において利用しない手はありません。ところが、感動を表現するという近代の主流になった考え方は、[①側] 本名の自己の感動をもっぱら重んじたのです。その重視は、作品の享受、読解において作者中心主義を広める結果になりました。

たとえば、㉒

いくたびも雪の深さを尋ねけり　　子規

という句を鑑賞する場合、子規という作者に即して読解するのです。子規は寝たきりの病人だったから、自分で雪の降るようすを確認できなかった、それで家人などに何度も深さを尋ねているのだ、と読むことになります。でも、この句の場合、〈いくたびも雪の深さを尋ねけり〉という五七五音からは、つまり、作者を考慮しないで作品だけに注目したときには、病人のようすを読み取ることはかなり無理なのではないでしょうか。[たしかに] むしろ、電話で、両親のいる故郷の雪のようすを尋ねているとか、あるいはスキーに行く雪国の雪の深さを尋ねているというような読み方がまず出てくるのではないでしょうか。[うんうん] もちろん、そういういろんな読み方の一つとしてこれは病人のようすだという読み方もありえます。

20 さて、子規は句会を好みました。そこでは、作者名を伏せて互選が行われたわけですね。㉓

⑲「自分」は一つじゃなくてもよい。むしろ、複数の自己があることの方が普通なのではないか。

⑳たとえば、「学校での自分」の他に、「バイト先での自分」「ネット上での自分」がいれば、学校で嫌なことがあっても落ち込まずに済むかもしれない。

㉑SNSで趣味や用途ごとにアカウントを変えて、複数人格を使い分けるのもその一例かな。

㉒「作者中心主義」の具体的な説明だな。

㉓つまり、句会は作者中心主義的ではなかった。ここでも子規は、②の立場だったのか。子規は俳句の近代化を主張し

つまり、作者名とはかかわりなしに、五七五音の表現が読解されたのです。このことがとても大事だと思います。つまり、句会における作者とはかかわりなしに五七五音の表現を読む慣習は、俳句の読み方の基本とみなしてよいのではないでしょうか。このようにみなすとき、近代の［丁］とは異なる俳句という文芸に接近できるし、俳人たちが俳号を用いてきた伝統㉔も理解できます。俳号は、作者から現実のさまざまな痕跡を消し、要するに五七五音の表現だけを際立たせる工夫だったのです。

ながら、近代的でない側面もあったってことだな。まぁ、人間ってそんなものかもしれない。お金が大事と言いながら愛に生きたり、「論理的思考!」と言いながら感情に身を委ねたり……。様々な側面が重なり合っているのが人間だよな。

①感動→表現	②表現→感動
・近代俳句（by 子規） ・近代短歌 ・作者中心主義	・俳句（by 筆者） ・題詠 ・子規は題詠を好む ・虚構（五七五） ・俳号 ・句会（作者名を伏せる） ・子規は句会を好む

㉔ 14に書かれていたように、「子規」も俳号。その意味でも子規には近代的でない側面があった。

❷ 解答・解説

問一 空欄補充問題。関連する箇所を抜き出す。

[2] おおまかな言い方ですが、表現には二つのかたちがあります。
① 感動を表現する**（感動→表現）**。
② 表現して感動を探す**（表現→感動）**。
（略）
[5] 俳句は感動から出発する表現ではありません。［甲］、さきの②の立場が俳句です。［乙］、感動から出発しないのは近代的ではないのですね。［丙］、俳句もしばしば、その前近代性を非難されてきました。

［甲］について。「つまり」と「したがって」の用法を確認しておこう。

・「つまり」は、前後を「イコール関係」でつなぐ。
・「したがって」は、前後を「因果関係」（A→B）でつなぐ。

そこで問題。次の空欄には「つまり」or「したがって」のどちらを入れるべきだろうか。

【例】この三角形は、三辺の長さが等しい。［　　］正三角形だ。

答えは「どちらも入り得る」。

「三辺の長さが等しい三角形」＝「正三角形」なので、両者は「つまり」で接続できる。一方、「三辺の長さが等しい」ので「正三角形（といえる）」という因果関係が成立すると考えることもできるので、「したがって」も入り得る（左図参照）。

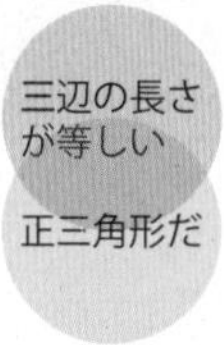

※円の重なりは、意味の重なりを表す。例題の場合、両者の意味は同じとも異なるとも言い難い。

数学であれば「イコール関係」と「因果関係」は明確に区別できるが、われわれが日常使用している言語では、両者を明確に区別することはできない。そこには書き手の主観が混入するのである。

設問に戻ろう。[甲]でも例題と同じことが起きている。空欄に「つまり」「したがって」のどちらを入れても一応文意は通るので、ここで判断するのは難しい。この空欄は一旦保留しておこう。

次に、[乙]。空欄直後の「感動から出発しないのは近代的ではないのですね」は、近代側（①側）から俳句を評した言葉である。空欄前後で反対になっているので、逆接「でも」を入れる。正解は**ロ**か**ニ**に絞られる。

最後に、[丙]。「感動から出発しないと近代的でない」ことと、「俳句が前近代性を非難されてきた」ことは、同じ意味ではない（「つまり」は入れられない）。「近代的でない」ので「非難されてきた」という因果関係が成り立つので、「だから」を入れる。

以上より、正解は**ロ**。

感動から出発しないと近代的でない
俳句が前近代性を非難されてきた

問二　傍線部の内容説明問題。「俳句における題詠」についての筆者の考えは、6〜10で述べられている。近代文学の基本は、個人の感動から出発することである。俳句において「感動は題詠による表現の後で発見される」（10）ので、俳句は、一般的な近代文学の条件からは外れている。すなわち俳句は「題詠的な要素を強く残し」（9）つつ、独自の伝統を築いてきたのである。以上の内容に合致する**ニ**が正解。

イの「俳句を近代文学として位置づけられない」は、坪内逍遥のように俳句を否定する立場の人の主張であり、著者の主張ではない。

ロは「文学の近代性を支える」が誤り。俳句は近代性とは矛盾する。

ハは「（俳句の題詠は）短歌における題詠とは、その方法が本質的に異なっている」が誤り。短歌においてはより積極的に題詠が否定されたが、題詠の方法が本質的に異なるわけではない。

問三　傍線部の内容説明問題。傍線部とその前文を抜き出す。

> 8 ……近代短歌は、題詠の伴う遊び的な要素を嫌い、感動をうたう詩型としてひた走ってきたといえます。その点では、(b)近代以前のはるかな昔に起源を持つ伝統詩型でありながら、短歌はもっとも近代的な詩型でもあったのです。

傍線部(b)直前に「その点では」とあるので、直前の一文が解答根拠となる。近代短歌は、題詠を否定し、「感動をうたう詩型」という近代的な側面が強調されたのである。

イ「本物の個人の感動ということを重んじる近代的側面が重要視された」が一致する。

ロは「近代でも歌会始めがあるように」が誤り。歌会始めで題詠が行われるのは「例外的」（8）なことであり、基本的には題詠は否定された。

ハは「その蓄積によって、……近代性をも兼ね備える」が誤り。近代短歌は、短歌の長い伝統（たとえば題詠）を否定するものであった。

ニ「再生し得た」が誤り。短歌は近代以前に「死んでいた」わけではないので、「再生」はおかしい。

以上より、イが正解。

問四　傍線部の内容説明問題。傍線部を含む一文を抜き出す。

> 11 俳句、つまり五七五音の表現とは、日常の言葉とは違う、(c)虚構の言葉だという認識です。

傍線部(c)「虚構の言葉」とは、「日常の言葉とは違う」言葉、具体的には「五七五」の表現である。したがって、各選択肢の前半はすべて正しい。

次に《全文解釈》16をもう一度見てもらいたい。

1〜10	①感動→表現 ・近代俳句（by子規）	②表現→感動 ・俳句（by筆者）
11〜15	俳句…虚構（五七五）・俳号	

俳句は「五七五」という虚構の言葉で作られるものであり、

「自分の身に現実に起こった感動」から作られるわけではない。筆者の考える俳句は②側である。1〜10と11〜15をつなげると、俳句は次のように説明できる。

> **俳句…五七五という日常とは異なる虚構の言葉で表現し、感動を探すもの。**

以上を踏まえて各選択肢を検討していこう。

イは「日常生活のリアリティを再評価」が誤り。

ロ「世界の見方をずらす」は、12「日常が新鮮になる」と近いが、今回の文章は①と②の対比が論の骨格であり、世界の見方を変えるという話はしていない。

ハの「五七五音の形式で日常とは別の世界を作り、その表現からの感動を楽しむもの」は、右の俳句の説明に合致する。ハが正解。

ニは「日常の虚構性を気づかせてくれる」が誤り。本文中に全く根拠がない。

問六　傍線部の内容説明問題。傍線部(f)直後に「ぼくは、本名だけのただ一つの自己よりも、雅号という仮面をかぶることで出現するいくつもの自己を好みます」とある。

> 筆者にとっての自己…いくつもあるもの。仮面をかぶることで出現する。
> ⟷
> 近代的な自己…一つのもの。本名の自己。

自己は仮面をかぶることでいくつも出現するものであるという立場からすれば、自己を本名の自己（ただ一つの自己）だけに限定し、それを〈自己の確立〉だと考えるのは「錯覚」である。これを踏まえて、各選択肢を検討していこう。

イは「雅号にすることで言葉の表現だけを際立たせる効果もありえた」が誤り。傍線部(f)の「錯覚」と関係がない内容。

ロは「夏目漱石らの自己確立を見逃してしまった」が誤り。本文中に全く根拠がない。

ハは、ただ一つの自己（本名の自己）の感動を表すことを自己の確立と考えてしまったという内容。右の「錯覚」の説明に合致する。ハが正解。

ニは「（雅号と）ペンネームとの違いを混同」が誤り。

問七 空欄補充問題。空欄の前文も含めて抜き出す。

> [20] ……句会における作者とはかかわりなしに五七五音の表現を読む慣習は、俳句の読み方の基本とみなしてよいのではないでしょうか。このようにみなすとき、近代の［ 丁 ］とは異なる俳句という文芸に接近できる……。
>
> 対比！

「作者とはかかわりなしに読む」と「俳句という文芸に接近できる」。対比関係をおさえれば、空欄には「作者とのかかわりを重視して読む」という言葉が入るはずである。正解は[19]の「**作者中心主義**」。

問八 記述説明問題。この設問は、設問文が長く、解答条件が多い。このような設問を作成するとき、多くの場合、**作題者はまずは解答例を作成し、その解答に落ち着くような設問文・解答条件を後づけしている**。設問文や解答条件は、受験者を模範解へ誘導してくれる重要なヒントになるので、設問文・解答条件に忠実に答案を作成することを強く意識してほしい。

設問文を要素に分けると次の通り。

> ❶ 俳句作者としての子規のあり方（は）
> ❷ 文学の近代化の主張（とそぐわない側面がある）
> ❸ それ（＝そぐわない側面）はどのような側面か
> ❹ そういえる（＝そぐわないといえる）理由は何か

❸を書けば❶を書いたことにもなるので、答案には❷・❸（＝❶）・❹の三点を記述すればよい。順番に検討していこう。

❷ 文学の近代化の主張

「近代の文学」についての説明は、文中で何度も繰り返されているが、[2]・[3]の記述が特にわかりやすい。

> [2] おおまかな言い方ですが、表現には二つのかたちがあります。
> ① 感動を表現する。
> ② 表現して感動を探す。
>
> [3] この二つです。近代の中心になったのは①でした。

作文にしろ詩歌、小説にしろ、作者の感動がまずあって、その感動を書くとみなされてきました。俳句でもそうで、近代の俳句の方向を定めた正岡子規は、俳句は個人の感情の表現だと言いました。（略）近代の文学は基本として個人の感情に根ざし、個人の感動から出発するものでした。

「文学は個人の感動に根ざして表現するべきだ（＝Ⓐ）」というのが、近代文学の（そして、子規が俳句の近代化を主張するときの）考え方である。

3 それ（＝そぐわない側面）はどのような側面か（＝**1**）

2 とそぐわない「子規のあり方」を探すと、次の記述が見つかる。

9 子規にしてからが、一題十句などの題詠が大好きでした。

14 それ（＝虚構の世界を楽しむための知恵）は俳号です。芭蕉、蕪村、一茶、子規……こういう名前は言うまでもなく俳号ですが、……。

20 ……子規は句会を好みました。そこでは、作者名を伏せて互選が行われたわけですね。つまり、作者名とはかかわりなしに、五七五音の表現が読解されたのです。

「題詠」は、**お題に基づいて表現し、その後に感動の発見がある遊び**なので、個人の感動から出発する近代文学の立場とは異なる。また、**本名ではない**「俳号」や、**作者名を伏せて表現自体の鑑賞を重視する**「句会」も、作者個人の感動を重視する近代文学の立場とは異なるものである。子規が「俳号を使用し、俳句の題詠や句会を好んだ（＝Ⓑ）」のは、「文学の近代化の主張（＝Ⓐ）」にそぐわない側面といえる。

4 そういえる（＝そぐわないといえる）理由は何か

これは右の説明で書いた通り。「題詠」「俳号」「句会」は、太字で示した特徴があるため、文学の近代化にはそぐわない。

8

以上の内容を整理して示す。

2 文学の近代化の主張
「文学は個人の感動に根ざして表現するべきだ(＝Ⓐ)」
3「文学の近代化」にそぐわない側面
「俳号を使用し、俳句の題詠や句会を好んだ(＝Ⓑ)」
4 そぐわないといえる理由
「題詠は表現の後に感動の発見があるから(＝Ⓒ)」
「句会は作者名を伏せて表現自体を鑑賞するものだから(＝Ⓓ)」
※俳号が本名ではないことは自明であり、今回の記述要素に含めていない。

これらを「二文以上」「『子規は』で始め『からである。』で終わる」「『題詠』『感動の発見』『表現』を使う」という条件に注意しつつ、一〇〇字以内でまとめたものが解答例である。

【解答例】
子規は俳号を使用し俳句の題詠や句会を好んだが、これは作者個人の感動に根ざす表現を求める近代文学の立場と矛盾する。題詠は表現の後に感動の発見があり、句会は作者名を伏せ表現自体を鑑賞するものだからである。(100字)

【採点基準】
A 文学は個人の感動に根ざして表現するべきだ　4点
B 子規は俳号を使用し、俳句の題詠や句会を好んだ　3点
▼「俳号(を使用する)」「題詠(を好む)」「句会(を好む)」で各1点
C 題詠は表現の後に感動の発見がある　3点
D 句会は作者名を伏せて表現自体を鑑賞する　3点

【解答】

設問		解答欄 イ	ロ	ハ	ニ	ホ	配点
問一		○	●	○	○	○	(6点)
問二		○	○	○	●	○	(6点)
問三		●	○	○	○	○	(6点)
問四		○	○	●	○	○	(5点)
問五	(d)	○	○	○	○	●	(2点)
	(e)	●	○	○	○	○	(2点)
問六		○	○	●	○	○	(6点)

問七（4点）	問八（13点）
作者中心主義	子規は俳号を使用し俳句の題詠や句会を好んだが、これは作者個人の感動に根ざす表現を求める近代文学の立場と矛盾する。題詠は表現の後に感動の発見があり、句会は作者名を伏せ表現自体を鑑賞するものだからである。（１００字）

❸ 生徒からの質問コーナー

【Q2】大学生活は楽しかったですか？

西原　学生時代は、茶道部とプロレスサークル（HWWA：一橋大学世界プロレスリング同盟）に所属していました。中高生のころ「真面目な優等生」だった僕は、そんな自分がとても「つまらないヤツ」に思え、モヤモヤした気持ちを抱えていました。そして、高二の秋、たまたま学園祭でHWWAの試合を目撃し、彼らの熱く、くだらなく、感動的で、大いに下品な闘いに魅了され、大粒の涙を流して、「ここに入って自分を変える！」と決めたのです。入学後、二年生からは塾講師のバイトに没頭したこともあり、結局、HWWAでの活動は一年足らずでしたが、異質な世界に飛び込んだ経験は今の自分の財産になっています。輿水先生の大学生活はどうでしたか？

輿水　今思えば、とにかく自由な五年間だったな。時間はたっぷりあったし、バイトでお金もある程度は稼げたし、朝まで遊んでも誰にも怒られないし。でもその分、自分で自分を律しないと、どこまでも堕落する危険が潜んでいるのもまた大学生活。僕はその点、塾講師のバイトを五年間続けたことが良かったかな。生徒の前に立つというプレッシャーが自分を成長させてくれたと思う。特に大学二年次に、歳が一つしか違わない浪人生の現代文クラスを担当した時はしんどかった……。でも、その経験がなかったら今の自分はないとも思うから、本当に「人間万事《じんかんばんじ》塞翁《さいおう》が馬」です。

西原　五年間……。さりげなく留年していますね。

輿水　バイトに力を入れ過ぎて……。いや、バイトだけのせいじゃないな。泥沼恋愛とか、朝までお酒飲んで友達と議論とか、虚無主義に陥った時期があったとか、まあ色々理由はあるけれど、とにかく留年して、でもそうやって人生に一度つまずいたおかげで、立ち止まって自分自身の来し方行く末を考えることができた気がします。

西原　何がどうつながるかはわかりませんよね。僕は「苦学生」という言葉に憧れ、大学五年目に、学費や生活費を自分のバイト代で賄うという生活をしていました。結局その一年間で身についたのは、弁当の量り売りでお惣菜（一種）を三〇〇円ギリギリに収めるという技術だけだった気もしますが、いつかこの経験が活きる日が来るかもしれません。

輿水　とにかくやろうと思えば何でもできるのが大学生活だよね。皆さんも自分なりの「何か」を見つけて、存分に自由を謳歌してください。

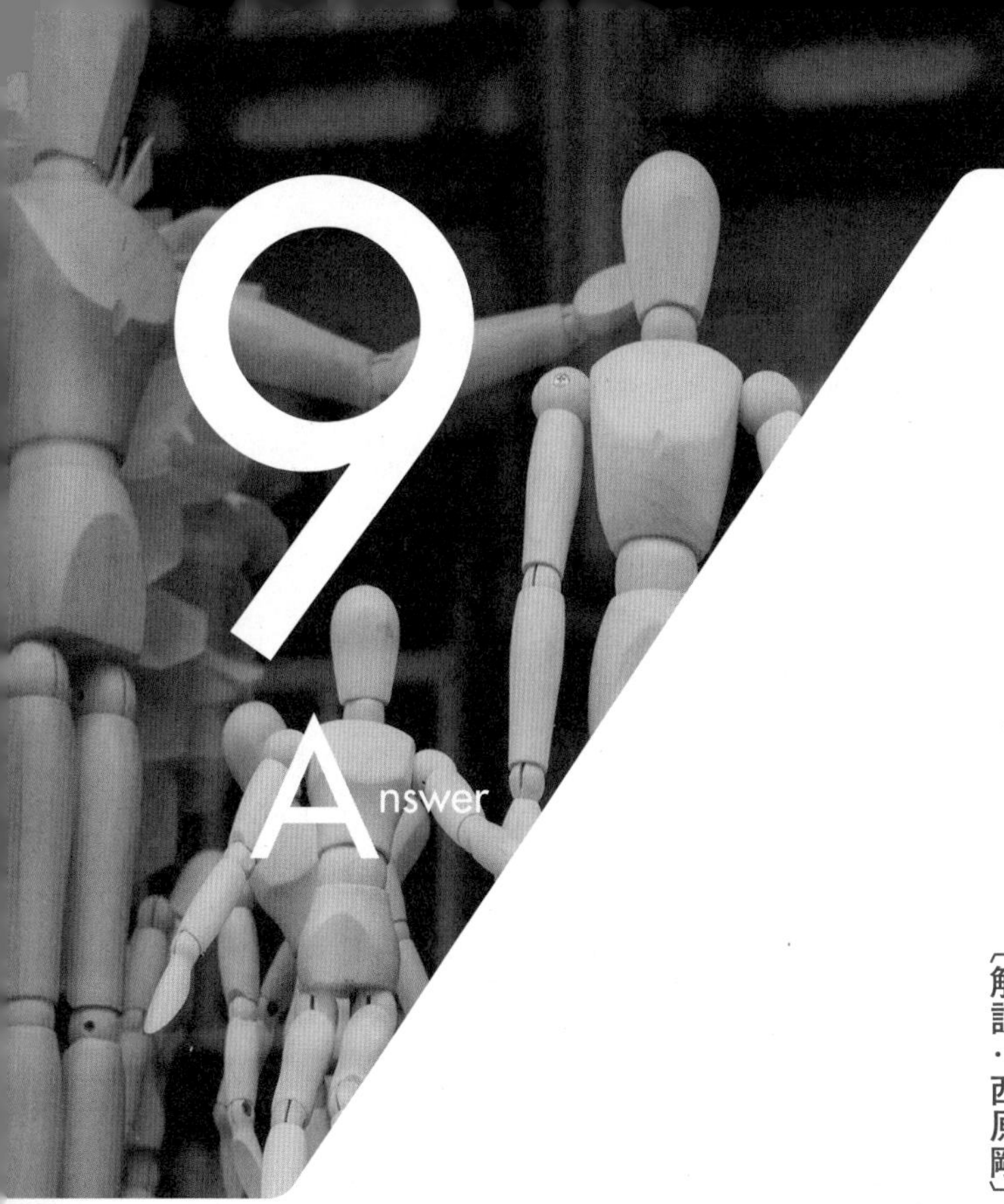

解説
Answer

『「摩擦」の意味』

（鷲田清一）

〔解説：西原剛〕

ジャンル
評論
字数
3806字
問題頁
P.101

◆《寛容》の精神

偉大な仏文学者、渡辺一夫は「寛容《トレランス》は自らを守るために不寛容《アントレランス》に対して不寛容《アントレラン》になるべきか」というエッセイでこう述べている。「人間を対峙せしめる様々な口実・信念・思想があるわけであるが、それのいずれでも、寛容精神によって克服されないわけはない。そして、不寛容に報いるに不寛容を以てすることは、寛容の自殺であり、不寛容を肥大させるにすぎないのであるし、たとえ不寛容的暴力に圧倒されるかもしれない寛容も、個人の生命を乗り越えて、必ず人間とともに歩み続けるであろう、と僕は思っている」。不寛容に対して不寛容で応える途《みち》は滅亡へと続いている。摩擦に基づく《共存》を支えるのは《寛容》の精神だ。（輿水）

❶ 全文解釈

[1] 「話せばわかる」——。これは、五・一五事件、昭和七年五月一五日に海軍青年将校たちによって時の内閣総理大臣、犬養毅が銃撃されたその直前に口にした言葉として伝えられているものです。こうした言葉〔「話せばわかる」〕がなんの逡巡《しゅんじゅん》*1もなしに無視されるとき、社会は壊れるのだと思います。❶

[2] とっさに口をついて出たこの言葉〔「話せばわかる」〕に、言論の力と相互理解の可能性が賭《か》けられていたことは疑いありません。けれども、それを聴き入れる魂をもはやもたない人たちにおいては、犬養が信じた言論の力は肉体の（暴）力〔銃撃という行動〕に転位し、［　(1)　］。

[3] 意見の対立が調停不可能なまでに激化していたこと、そのことに問題があるのではありません。そうではなくて、そういう対立が対立として認められる場所そのものが損ねられたこと、壊れてしまっていたこと、それが問題なのだと思います。❷ 理路をつまびらかにする〔話の筋道を詳しく明かす〕、そういう説得にもはや「耳を貸す」「聞く耳をもつ」ことを拒む人たちが、暗殺といった惨劇を惹《ひ》き起こしました。ここには、別の言葉はあっても、そのあいだに公分母は存在しませんでした。❸

[4] わたしがこれまでとおなじくここでもしようとしているように、「わたしたち」という語を使うということには、つまり、みずからの個人的な主張を（他の人たちにもさまざまの異論がありうることを承知のうえで）「わたしたち」というふうに第一人称複数形で語りだすことには、わたしが「わたしたち」を僭称《せんしょう》*2する、という面がたしかにあります。❹ あるいは、おもねり〔気に入られようとすること〕やもたれつき、つまりは同意への根拠なき期待といったものがあるにちがいあり

✔ 脳内活動・重要語彙

*1 **逡巡**…決心がつかなくてためらうこと。

❶ 「社会の分断」の話かな。たとえば、ネット上の罵詈雑言は「話せばわかる」という雰囲気からは程遠いよな。

❷ ここは大事なところだな。対立が問題なのではなくて、議論を戦わせる場所とか、議論をするときの共通の土台が崩れていることが問題。

❸ 「公分母※」は評論文では「共通点」「共通の土台」といった意味で比喩的に用いられることがある。ここでは「議論を成り立たせる共通の土台」という意味だな。

※二つ以上の分数を通分したときの分母のこと。

$$\frac{1}{3}+\frac{1}{4}=\frac{4+3}{12}$$

↑ 公分母 ＝ 共通の土台（比喩）

*2 **僭称**…身分を超えて勝手に名乗ること。

❹ 「わたしたちは……」という語り方は、わたしが勝手に「みんなの代表」として語っている面がある。他にもたとえば、

ません。とはいえそこで、「わたしたち」を「わたし」と言い替えたところで、事は変わりません。「わたし」とはそのように語る者のことであるという「話者」の当然の権利を、というか了解を、他者にあたりまえのように求めているからです。❺ この了解を拒むこと、それを「問答無用」と言って拒んだのが、あの狙撃者《そげきしゃ》たちです。その襲撃の場では、「わたし」という第一人称と「きみたち」という第二人称を(ア)ホウカツする「わたしたち」が一方的に否認されたのでした。

5 「話してもわからない」ことはもちろんいっぱいあります。❻ そういうときでも「わかりあえないこと」からこそ始めようという姿勢が、メッセージが、「わたしたち」という語には籠《こ》められています。けれども、それがもはや他者に通用しないとき、意味（meaning）として理解できても意味あるもの、significant なものとしては聴かれないとき、一つの社会、一つの文化が壊れてしまいます。❼

（耳を傾けるべきもの）

6 そうした壊れ、崩れには、すくなくとも二つのかたちがあります。❽ 一つは、外部の権力による侵襲、あるいは内部の権力による圧制が、その社会の構成員を「難民」として離散させるかたちであり、❾ いま一つは、ある社会のなかで格差と分断が修復しがたいまでに昂《こう》じるというかたちです。❿

7 後者について、T・S・エリオットはかつて「文化の定義のための覚書」のなかで、こんなふうに述べていました――

（筆者が注目しているのは二つ目の方か）

文化の解体は二つもしくはそれ以上の社会層が全くかけ離れてしまって、それらが

「親として」とか「日本人として」という語り方には、自分のことを親や日本人の代表として考えているような傲慢さがある。

❺ 「わたしは……」と語るとき、少なくとも、相手は話を聞いてくれると考えている。

❻ たしかにある。昔、僕が「予備校講師になる」と言ったとき、「食べていけるわけがない」と言う父親と喧嘩になって、議論は平行線だったな。

❼ 反復。

1 （「話せばわかる」という言葉が無視されるとき）社会は壊れるのだと思います。

5 （「わたしたち」という言葉が意味のあるものとして聴かれないとき）一つの社会、一つの文化が壊れてしまいます。

❽ 5までの内容を踏まえて、話が先に進みそうだな。

❾ たとえば、「シリア難民」※のようなケースかな。

※中東のシリアで、政権の圧政や内戦から逃れるため、

事実上別個の文化と化する場合に現われます。また上層水準の集団における文化が分裂して断片化し、それらの各々が一つの文化的活動のみを代表する場合にも現われます。

（「文化の定義のための覚書」『エリオット全集 5』深瀬基寛訳、中央公論新社、246頁）

8 交通の不能、伝達の不能。⑪そういうかたちでの人びとのあいだの乖離《かいり》によって一つの〈文化〉が崩壊する可能性は、そもそも社会というものが、異なる共同体、異なる文化集団、異なる階層が「統合」されたものとしてある以上は、その社会につねに伏在しています。それは、ここに述べられているように、職能の複雑化や個別化などをとおして、茎に鬆《す》*3が入るようにそれと気づかれることなく進行することもあれば、社会の異なるセクター、異なる階層、異なる文化集団⑫などの利害が和解不能なほどに対立し、その軋轢《あつれき》がいっきょに激しく噴きだすというふうに起こることもあります。しかしそれらがめったなことでは最終的な解体や崩壊にまで転げ落ちることがないのは、出自や利害や文化的な背景を異にしながらも、それらの差異をある共通の理念で覆いえてきたからです。なんだろう? 国民国家として成形される現代の社会でいえば、〈民主制〉と〈立憲制〉という理念がそれにあたるでしょう。⑬

9 このような理念が共有されないところでは、社会のなかの複数の異なるセクターが他との交通を遮断して、経済的な依存関係とは別に、おのおのが(イ)ヘイサされた共同性へと収縮したままです。それを超えて、たがいに見知らぬ人びとがそれでも見知らぬまま、国民国家という、一つの擬制的*4（fictitious）ともいえる政治的共同体を形成するには、共通の理

数百万人の国民が国外へ避難し、難民生活を強いられている。

⑩ たとえば、日本社会における「保守vsリベラル」の対立。建設的な議論ではなく、罵倒合戦になってしまうことも多い。

⑪ この「交通」は「コミュニケーション」のことかな。

*3 **鬆が入る**…内部に空洞ができること。

⑫ 「高所得層vs低所得層」「高齢者vs若年者」「子ども有り世帯vs子どもなし世帯」などなど、色々ありそうだな。

⑬ 政治的にどれだけ対立しても、「〈民主制〉や〈立憲制〉を認める」という共通の理念がわたしたちをつなぎとめていた。〈民主制〉や〈立憲制〉は、わたしたちの共通の土台、すなわち「公分母」だったんだな。

*4 **擬制的**…事実ではないものが事実であるかのように扱われるさま。

⑭ たとえば、国王。

⑮ 社会の崩壊を防ぐには、共通の理念が

念が、ときにはその「象徴」となる存在⑭が必要となるのです。

10　ただ、ある理念を共有しようというその意志は、一定の権勢をもつ集団による他集団の「同化」というふうに、いわば同心円状にそれを拡大したところに成り立つものであってはなりません。⑮ いわゆる西欧発の《近代性》はある面、ヨーロッパというローカルな場所で生まれた社会の構成理念が世界へと同心円状に拡《ひろ》がっていったものと見ることができます。⑯ですが、異なった歴史的時間を刻んできた国々に、伝搬もしくは強行というかたちで移植されたあと、それぞれの国で伝統文化との複雑な軋轢を生みました。⑰《近代性》の諸制度はそれぞれの場所で、希望を育《はぐく》むとともにさまざまの軋《きし》みや傷や歪《ゆが》みを強いてきもしました。そうした経験をへて現在、それぞれの地域でそれぞれに異なる複数の《近代性》があらためて模索されつつあります。《近代性》を「未完のプロジェクト」と呼んだのはJ・ハーバーマスですが、これは理念の完全な実現の途上にあるという意味のみならず、その理念の具体化には(2)未知の複数のかたちがありうるという意味でも解されるべきだろうと思います。

11　「支配的な思想とは、まさしくある一つの階級を支配階級たらしめる諸関係の観念的表現であり、その階級の支配の思想である」とK・マルクスが(ウ)カンパしたように、この共通の意志⑱もまた、支配的な集団の一つの「信仰」であることは否めません。じじつ、《近代性》という「信仰」は、それ自身がなにより《普遍性》*5を謳《うた》うものであるのですから、これまでいろいろな場所で目撃されてきたように、これに従わない人たちの存在を事前に否認し、政治という交渉の場所から排除してしまいます。⑲ そしてそれゆえにこそ、ある社会を構成する複数文化のその《共存》のありようがきわめて重要になるのです。〈民主制〉と〈立憲制〉

必要だけれど、それを他者に強制してはいけない。話の流れが少し変わったな。

7〜9　社会の崩壊や解体を防ぐのは「共通の理念」である。
↓
10　「共通の理念」が他者への強制であってはいけない。

⑯ こんなイメージかな。

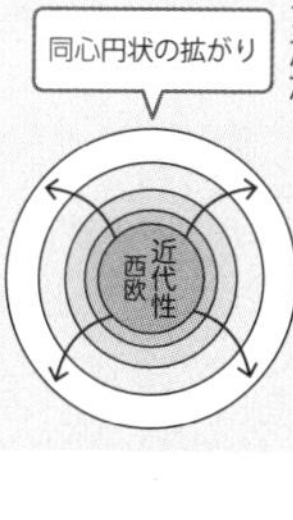

⑰ こんなイメージ。たとえば、明治期に日本に流入した「油絵」に対して、心理的抵抗を覚える日本人画家も少なくなかった。

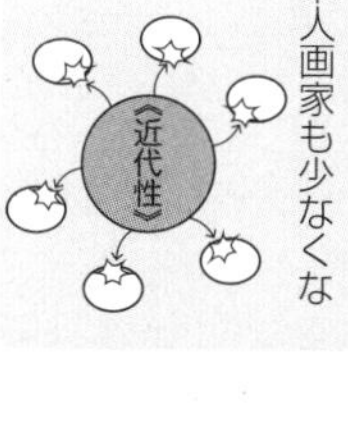

⑱ たとえば、民主主義を実現しようという意志。

*5 **普遍性**…時代、地域を問わずすべて

を下支えする《寛容》の精神は、他者の自由に対して不寛容な人たちにさえも寛容であることを求めるものであるはずだからです。これは綱渡りのようにきわめて困難な課題をすすんで引き受けようとする精神なのです。⑳

12 (3)エリオットはこの《共存》の可能性を、なにかある「信仰」やイデオロギーの共有にではなく、あくまで社会の諸構成部分のあいだの「摩擦」のなかに見ようとしました。㉑あえて「摩擦」を維持するとは、これもまたなかなか容易《たやす》いことではありませんが、エリオットはこう言っています（傍点は引用者）——

〔一つの社会のなかに階層や地域などの相違が〕多ければ多いほど、あらゆる人間が何《なん》等《ら》かの点において他のあらゆる人間の同盟者となり、他の何等かの点においては敵対者となり、㉒かくしてはじめて単に一種の闘争、嫉視、恐怖のみが他のすべてを支配するという危険から脱却することが可能となるのであります。（同書、290頁）

13 一つの社会の「重大な生命」はこの「摩擦」によって育まれるというのです。社会のそれぞれの階層やセクターはかならず「余分の附加物と補うべき欠陥」とを併せもっているのであって、それゆえに生じる恒常的な「摩擦」によって「刺戟《しげき》が絶えず遍在しているということが何よりも確実な平和の保障なのであります」とまで、エリオットは言います。というのも、「互いに交錯する分割線が多ければ多いだけ、敵対心を分散させ混乱させることによって一国民の内部の平和というものに有利にはたらく結果を生ずる」からです。㉓

にあてはまるさま。

⑲ 民主主義は、民主主義に従わない人を排除する。民主主義に限らず、普遍的な正義を掲げると、そうでないものの排除に向かいやすい。

⑳ たとえば、《寛容》を主張する人は、ヘイトスピーチにどう対応するのか。ヘイトスピーチに寛容であれば差別発言を認めることになるし、ヘイトスピーチを否定すれば自らは《不寛容》ということになる。たしかに綱渡りのような難しい課題だな。

㉑ 「摩擦」に基づく《共存》。どういうことだろう。

㉒ 社会に多様な「摩擦」があれば、多様な同盟&敵対関係が生まれ、同じ人物でも、ある面では敵だが他の面では仲間、ということが起こり得る。面白い発想だな。

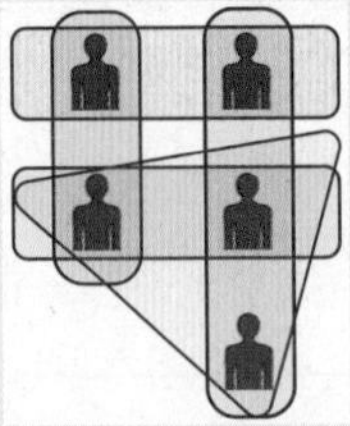

14 こうした「摩擦」を縮減し、消去し、一つの「信仰」へと均《なら》してゆこうとする社会は、「牽《けん》引力《いんりょく》」と「反撥力《はんぱつりょく》」との緊張をなくし、その「生命」を失ってしまいます。この点についてエリオットはこう言っています。――「一国の文化が繁栄するためには、その国民は統一されすぎてもまた分割されすぎてもいけない（……）。過度の統一㉔は(エ)ヤバンに起因する場合が多く、それは結局、圧制に導く可能性があり、過度の分割㉕は頽廃《たいはい》に起因する場合が多く、これまた圧制に導く可能性があります」、と。

15 (4)以上の議論は半世紀以上前のものですが、現代においても、というか現代においてよりいっそう、リアルになってきています。権力といえば、わたしたちは長らく、じぶんたちの暮らしを細部まで管理し、一つに糾合しようという、「翼賛」㉖的な権力による《統合の過剰》をひどく警戒してきました。けれども、昨今における格差の異様な肥大、排外主義の止めようのないエスカレーションなどをみれば、わたしたちが(オ)ウレうべきはむしろその逆、人びとを一つにまとめさせない《分断の深化》（齋藤純一）ではないかと思われます。㉗

㉓ 多様な「摩擦」があれば、敵ー味方の関係が複雑化し、敵対心が分散されて、社会は崩壊しにくくなる。これが摩擦に基づく《共存》だな。

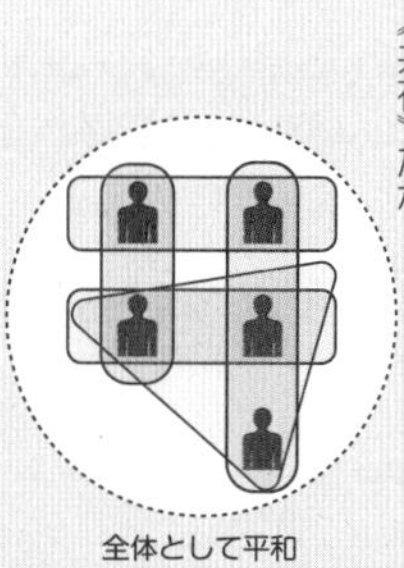
全体として平和

㉔ 皆意見が同じで摩擦がない状態。

㉕ 共通の土台が失われ議論が成立しない状態。

㉖ 大政翼賛会※を意識して書いているんだな。

※一九四〇年に作られた国民統制組織。言論・思想など、あらゆる面を統制し、国民生活を戦争に組み込んでいった。

㉗ 現代は相対化の時代、多様性の時代であり、「共通の理念」は否定されがちである。しかし、現在の日本の分断状況を見れば、今必要なのは、人々をまとめるような「共通の理念」なのかもしれない。

❷ 解答・解説

問二　空欄補充問題。空欄を含む一文を抜き出す。

> ２けれども、それを聴き入れる魂をもはやもたない人たちにおいては、犬養が信じた言論の力は肉体の（暴）力に転位し、［　(1)　］。

選択肢を見ると、いずれも【XはYへと変化した】という構造になっている。空欄(1)直前との対応を考えれば、Xは「言論の力」、Yは「肉体の（暴）力」の説明になるはずである。五・一五事件では、言論の力による相互理解の可能性が奪われ、相互遮断（＝銃撃）が現実化してしまったのだから、③が正解。

①は「（相互遮断の）可能性」が誤り。五・一五事件では「相互遮断」が現実に起きたのだから、「可能性」ではない。

②・④は冒頭の「相互遮断」が誤り。「相互遮断」は言論の力の説明ではない。⑤はやや紛らわしい。「相互遮断の閉鎖性」はそれ自体誤りとはいえないが、「閉鎖性」では「可能性」の「反転」とはいえない（両者は対比的な言葉ではない）。

問三　傍線部の理由説明問題（記述）。傍線部(2)を含む10を抜き出す。

> 10いわゆる西欧発の《近代性》はある面、ヨーロッパというローカルな場所で生まれた社会の構成理念が世界へと同心円状に拡《ひろ》がっていったものと見ることができます。ですが、異なった歴史的時間を刻んできた国々に、伝搬もしくは強行というかたちで移植されたあと、それぞれの国で伝統文化との複雑な軋轢を生みました。《近代性》の諸制度はそれぞれの場所で、希望を育《はぐく》むとともにさまざまの軋《きし》みや傷や歪《ゆが》みを強いてきもしました。そうした経験をへて現在、それぞれの地域でそれぞれに異なる複数の《近代性》があらためて模索されつつあります。《近代性》を「未完のプロジェクト」と呼んだのはJ・ハーバーマスですが、これは理念の完全な実現の途上にあるという意味のみならず、その理念の具体化には(2)未知の複数のかたちがありうるという意味でも解されるべきだろうと思います。

まず、《近代性》とは「ヨーロッパというローカルな場所で生まれた社会の構成理念が世界へと同心円状に拡《ひろ》がっていったもの（＝Ⓐ）」である。それは、世界へ拡がる過程で「それぞれの国で伝統文化との複雑な軋轢を生み（＝Ⓑ）」出したが、そうした経験をへて現在では「それぞれの地域でそれぞれに異なる複数の《近代性》があらためて模索されつつある（＝Ⓒ）」。したがって、《近代性》の理念の具体化には「未知の複数のかたちがありうる（＝傍線部(2)）」のである。

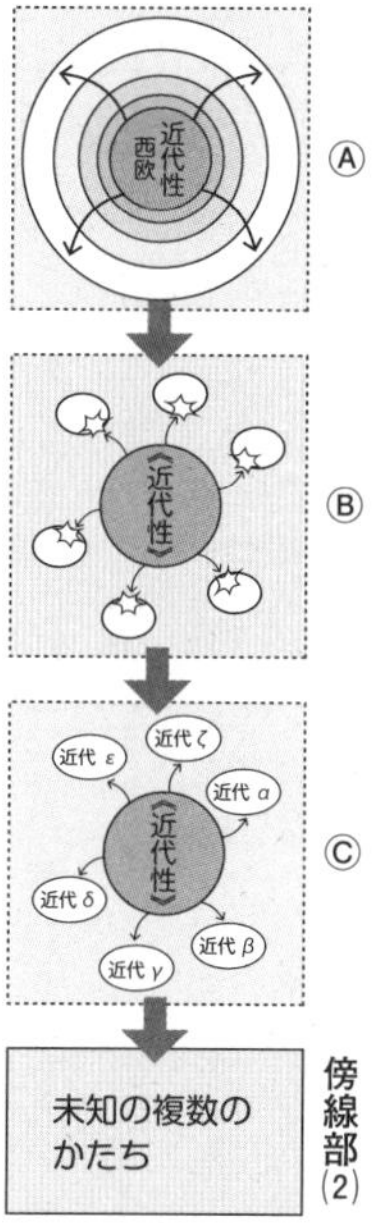

答案作成において、**どの程度詳しく書くのかは、常に指定字数との関係で決まる**（傍線部の内容に応じて「この内容なら必然的に○○字」と決まるものではない）。仮に「三〇字以内」という指定であれば、直接的な理由であるⒸのみ書くことになるが、今回は「九〇字以内」なので、**詳しくわかりやすくの原則に則り**、Ⓐ・Ⓑ・Ⓒの三つのポイントをすべて含めるべきである。

【解答例】
《近代性》とはヨーロッパで生まれた社会の構成理念が世界へ拡がったものであり、各地域で伝統文化との複雑な軋轢を生んだが、そうした経験を経て今では多様な《近代性》が模索されているから。（90字）

【採点基準】

A　《近代性》とはヨーロッパで生まれた社会の構成理念が世界へ拡がったもの　4点

B　《近代性》はそれぞれの地域で伝統文化との複雑な軋轢を生んだ　4点

▼「希望を育むとともにさまざまの軋みや傷や歪みを強いた」でも可

C　現在では多様な《近代性》が模索されている　4点

問四　傍線部の内容説明問題。《全文解釈》㉒で示したように、エリオットは多様な「摩擦」が《共存》につながると考えた。設問では「筆者は同様の可能性をどこに見ようとしている

か」が問われている。したがって、

> ❶「摩擦」に近い意味の言葉
> ❷人々の《共存》につながるもの

を探せばよい。「十五字以内」ということは、「十〜十五字」の範囲と考えてよいだろう。3に「対立が対立として認められる場所そのものが損ねられたこと、壊れてしまっていたこと、それが問題なのだと思います」とある。「対立」は「摩擦」に意味が近い。また、1〜5で繰り返されていたのは、「対立が対立として認められる場所」がないと社会は崩壊に向かうという話であった。裏返せば、そうした場所の存在が人々の《共存》をもたらすのである。字数（十五字）も設問条件を満たすので、ここを抜き出せばよい。

問五　傍線部の内容説明問題（記述）。15を引用する。

エリオットの議論（12〜14）

15 (4)以上の議論は半世紀以上前のものですが、現代においても、というか現代においてよりいっそう、リアルになってきています。……昨今における格差の異様な肥大、排外主義の止めようのないエスカレーションなどをみれば、わたしたちが(オ)ウレうべきはむしろその逆、人びとを一つにまとめさせない《分断の深化》（齋藤純一）ではないかと思われます。

詳しくわかりやすくの原則に則って考えていこう。まずは傍線部(4)「議論」について。12〜14で説明されていたエリオットの議論をまとめると次の通り（《全文解釈》㉓・㉔・㉕）。

> ❶多様な摩擦が共存を生む　（12・13）
> ❷過度の統一は良くない　（14）
> ❸過度の分割は良くない　（14）

この中で「現代においてよりいっそう、リアルになってきて」いる議論はどれか。現代の日本の状況として15で述べられているのは、格差の肥大や排外主義といった《分断の深化》、すなわち「過度の分割」が進み「多様な摩擦」が損なわれている事態である。したがって、エリオットの主張の中でもとくに**1**と**3**が、現代においていっそうリアルになっている議論である。

答案ではまず、エリオットの議論として「多様な摩擦が共存を生む(＝Ⓐ)」ことと「過度の分割は良くない(＝Ⓑ)」ことを指摘する。次に、現代の日本の状況の説明として「格差の異様な肥大(＝Ⓒ)」と「排外主義の止めようのないエスカレーション(＝Ⓓ)」といった「分断の深化(＝Ⓔ)」が進んでいることを記述し、最後に、そうした状況において、エリオットの議論が「一層現実的なものに(＝リアルに)なってきている(＝Ⓕ)」とまとめる。

今回の設問では、「(止めようのない)エスカレーション」や「リアル」をそのまま使用しても構わないが、解答例ではそれぞれ「激化」、「現実的」と言い換えている。

【解答例】

多様な摩擦が人々の共存を生むと考え、過度の分割を戒めたエリオットの議論は、格差の異様な肥大や、排外主義の激化といった分断の深化が顕著な現代において、より一層現実的なものとなっているということ。(96字)

【採点基準】

A (エリオットは)多様な摩擦が人々の共存を生むと考える　4点
B (エリオットは)過度の分割は良くないと考える　2点
C (現代の日本は)格差が異様に肥大化している　2点
D (現代の日本は)排外主義が激化している　2点
▼「排外主義のエスカレーション」でも可
E (現代の日本は)分断が深化している　4点
F (エリオットの議論は)現代において一層現実的なもの(リアルなもの)になっている　2点

〈＊〉カタカナ語は、**その言葉が既に社会に深く浸透し、他に相応しい表現が見当たらない場合(カタカナ語のままの方がわかりやすい場合)、答案にそのまま使用してよい。**一概にはいえないが、たとえば、「ボランティア」「ストレス」といった語は、そのまま使用しても問題ないだろう。

一方、**それほど浸透しておらず、他にわかりやすい表現がある場合、**そちらを使用した方がよい。たとえば「アカウンタビリティ」は「説明責任」、「イノベーション」は「革新」の方がよいだろう。ここでもやはり、**詳しくわかりやすく**の原則である。〈＊〉

【解答】

問一（各2点）	(ア) 包括　(イ) 閉鎖　(ウ) 看破　(エ) 野蛮　(オ) 憂（愁）
問二（6点）	③
問三（12点）	《近代性》とはヨーロッパで生まれた社会の構成理念が世界へ拡がったものであり、各地域で伝統文化との複雑な軋轢を生んだが、そうした経験を経て今では多様な《近代性》が模索されているから。（90字）
問四（6点）	対立が対立として認められる場所
問五（16点）	多様な摩擦が人々の共存を生むと考え、過度の分割を戒めたエリオットの議論は、格差の異様な肥大や、排外主義の激化といった分断の深化が顕著な現代において、より一層現実的なものとなっているということ。（96字）

解説
Answer

『ことり』

（小川洋子）

〔解説：西原剛〕

ジャンル
小説
字数
3195字
問題頁
P.111

◆小説の力

昔、友人に誘われて渋谷のクラブに行った。大音量の音楽が鳴り響く薄暗い空間で多くの人がハイテンションで踊っていた。血沸《わ》き肉躍るパーティーナイト。正直に言って、僕はあまり楽しめなかった。もちろんそういう場所が好きな人もいるだろうし、そのことをとやかく言うつもりは全くないのだが、もしも「この世界がすべて」こういう騒がしい空間だったら逃げ場がなくてつらいだろうなと思ったことを覚えている。人は自分が生まれ落ちる世界を選べない。だから、いつの時代にも一定数、生きづらさを感じる人はいる。そして優れた小説には、この世界に生きづらさを感じる人を支える力がある。『ことり』もそういう小説だ。（輿水）

❶ 全文解釈

次の文章は、唯一の肉親であった兄を亡くした「小父《おじ》さん」の日々を描いている。兄は鳥のさえずりのような言葉を操る存在であり、❶その言葉を正しく理解できたのは「小父さん」だけだった。❷兄の死後、「小父さん」は、兄とともに小鳥を見に通っていた幼稚園の鳥小屋の掃除を定期的に行っていた。❸文章を読んで問いに答えよ。

鳥小屋の掃除に幼稚園へ通う以外の時間、小父さんはしばしば図書館で過ごした。公民館の二階にある、(1)こぢんまりした分館だった。借りるのは例外なく鳥にまつわる本で、図鑑や写真集や科学書はもちろん、わずかでも鳥に関わりのあるものを探しては順番に読んでいった。案外、借りるべき本は尽きなかった。野鳥の写真を撮影する方法を解説した指南書もあれば、色変わりしたコキンチョウの交配に生涯をかけたある小学校教師の伝記もある。ヨウムに言葉を理解させる研究レポートもあれば、白鳥に乗って旅をする少年のおとぎ話もある。孔雀《くじゃく》公園の飼育員、独房で文鳥を友とした死刑囚、密猟者、鳩《はと》料理専門店のシェフ、鳥の鳴き真似を得意とする口笛演奏家……。登場人物は多彩だった。

すごいこだわり方だな……

小父さんが立ち寄る時間帯、分館は空いていた。カウンターの向こう側に司書が一人、絵本コーナーの丸いテーブルに子供が二、三人、あとは書棚の陰に幾人かが見え隠れしているだけだった。天井は高く、蛍光灯の光は弱々しく、床は所々軋《きし》んで切ない音を立てた。❹南向きの窓には用水路に沿って延びる遊歩道の緑が映っていた。掲示板に張られた新着図書到着の案内も、本の背表紙の分類シールもどことなく黄ばんでいた。❺

いつしか小父さんは書棚の前に立ち、背表紙に目を走らせるだけで、求める本をパッと

✔ 脳内活動・重要語彙

❶ 変わった設定だな。

❷ 絆が深そう……。兄を亡くして悲しみに沈んでいるのかもしれない。

❸ 人物関係を整理しておこう。

❹ 弱々しく、切ない。兄を亡くした小父さんの気持ちに重なりそうな表現だな。

❺ 全体的に寂しい雰囲気の図書館だな。断定はできないけれど、やはり図書館の光景と小父さんの心境を重ねて読めるのかもしれない。

見つけることができるようになっていた。⑥ それを読みたいか読みたくないかは問題ではなく、大事なのはただ一点、鳥がいるかいないかだけだった。たとえそこに『鳥』の一文字がなかろうと、鳥とはどんなにかけ離れたタイトルであろうと、小父さんの目は誤魔化せなかった。本の奥深くに潜むさえずりがページの隙間から染み出してくるのを、小父さんの耳は漏らさず捕らえた。その一冊を抜き取り、ページをめくると、案の定そこには鳥の姿があった。（すごい……）分館に収蔵されて以来まだ誰の目にも触れていないページに、長く身を隠していた鳥たちは、⑦ (ア)「やれやれ」といった様子で、小父さんの手の中でようやく翼を広げるのだった。⑧

「いつも、小鳥の本ばかり、お借りになるんですね」

ある日、新しく借りる本をカウンターに置いた時、突然司書から声を掛けられ、⑨ (イ)小父さんは狼狽《ろうばい》した。貸し出しカードを手にしたまま、しばらく声の主に視線を向けられなかった。

「ほら、今日の本もそう。『空に描く暗号』」

司書は本を受け取り、タイトルを読み上げた。

「渡り鳥についての本でしょう?」（読みが鋭い）

その時初めて小父さんは司書の顔を見た。幾度となく分館に来ていながら、司書を意識したことなどなく、目の前の彼女とこれまでに何度くらい顔を合わせているのか、見当もつかなかった。⑩ しかし少なくとも彼女が、小父さんの読書の傾向を正しく把握しているのは間違いなかった。

⑥ ちょっと現実離れした能力だな。

⑦ 擬人法。小父さんには、本の鳥たちは命ある存在のように見えているのかもしれない。

⑧ こんなイメージかな。本から鳥を救い出すのが小父さんの仕事。

⑨ 新たな登場人物！　話の流れが変わるかもしれない。

⑩ 鳥の本にしか興味がなかったんだろうな。

10

「はい……」

仕方なく小父さんはうなずいた。自分が選ぶ本に気を配っている人間がいようとは思いもせず、不意打ちをかけられたようで(2)気後れがした。

「ごめんなさい。別に利用者の方の借り出し状況をいちいちチェックしているわけじゃないんです」

小父さんの動揺を見透かすように彼女は言った。

「ただ、ここまで一貫している方はそういらっしゃらないので、何と言うか、とても圧倒されているんです」

彼女は『空に描く暗号』の表紙を撫《な》で、それから上目遣いにはにかんだ笑みを浮かべた。⑪思いがけず若い娘だった。若すぎると言ってもいいほどだった。ふっくらとした頬にはまだあどけなさが残り、首はか細く、化粧気のない唇は潤んでつやつやしていた。短く切り揃《そろ》えられた髪は襟元で跳ね、無造作にめくり上げた事務服の袖口からは、白い手首がのぞいていた。⑫
「ここに座っているとどうしても、誰がどんな本を借りるのかつい気に掛けてしまうんです。立派な老紳士が『不思議の国のアリス・お菓子大事典』をリクエストしたり、小学生の男の子がギリシャ哲学のシリーズを読破したり……。新着図書が到着すると、この本は誰の好みか、誰に相応《ふさわ》しいか、勝手に思い浮かべます。たまにその予想がぴったり命中すると、自分が善い行いをしたみたいな気分になるんです。そしてある時気がつきました。この人は鳥に関わりのある本しか借りない、って」

⑪ 彼女は小父さんに好意をもっているのかもしれない。

⑫ この描写は、図書館の寂しげな光景と対照的だな。何か新しい展開が始まりそうだし、小父さんの心境も変化するかもしれない。

まるでそれが素晴らしい発見であるかのような口調で、彼女は言った。小父さんはただあいまいに、「ええ、まあ……⑬」と応じるしかなかった。

「一体どこまで(ウ)鳥の法則は続くのだろうかと、ずっとどきどきしていました」

そう話しながら司書は、小父さんの手から貸し出しカードを受け取り、ノートに書名と分類記号と利用者番号を記入した。几帳面《きちょうめん》で綺麗《きれい》な字だった。⑭

「一見、鳥と無関係な本だと、ちょっと心配になるんです。だから返却された時、そっとページをめくって、鳥を探します。見つけられた時は、なぜかほっとするんです」

外見の幼さとは裏腹に、彼女の声にはあたりの静けさを乱さない落ち着きがあった。絵本コーナーの子供たちはいつの間にかいなくなり、他の人たちは皆書棚の間に隠れて姿が見えなかった。⑮彼女がなかなか『空に描く暗号』を手渡してくれないせいで、小父さんはカウンターの前に立っているよりほか、どうしようもなかった。

「でも、今日は心配ありませんね。渡り鳥の本だって、はっきりしていますから」

ようやく彼女は本の上にカードを載せ、小父さんに差し出した。どう反応していいか分からないまま、彼は黙ってそれを受け取った。

「ね、小鳥の小父さん」

と、司書は言った。あなたは小鳥の小父さんなのだから、そう呼んだまでです、とでもいうような素直な微笑が口元からこぼれていた。思わず小父さんは「えっ」と短い声を上げた。

「幼稚園の子供たちは皆、そう呼んでいますものね」

⑬ さっきも「はい……」しか言っていなかったし、小父さんはシャイな性格なのかもしれないな。

⑭ 小父さんは、口数は少ないけれど、彼女の外見や振る舞いを細かく見ているよな。

⑮ 辺りは静まり、二人の世界が広がる。

小さくうなずいたあと、小父さんはズボンのポケットにカードを突っ込み、本を脇に挟んだ。

「返却は二週間後です」

そう言う司書の声を背中に聞きつつ、小父さんは分館を後にした。⑯

帰り道、日曜日で閉まっている青空薬局⑰の、入口に引かれた白いカーテンの隙間から何気なく中を覗《のぞ》き、ポーポーが姿を消しているのに気づいた。⑱ 小父さんは自転車を止め、もう一度よく確かめた。やはり、ポーポーの入っていた広口ガラス瓶はどこにもなかった。それがあったはずのレジ脇には、口臭予防のガムが置かれていた。

ポーポーがないだけで、そこは自分の知っている青空薬局とは違う場所のように[3]よそよそしかった。先代の店主は死に、天井のモビールと小鳥ブローチはもはや跡形もなく、結局ブローチにしてもらえなかったポーポーたちも、飛び立てないまま待ちくたびれて打ち捨てられてしまった。

ここも擬人法

これで、お兄さんがポーポーのために特別に選ばれた人間であったことが証明されたの⑲だ、と小父さんは自分に言い聞かせた。お兄さんが死んだからこそ、広口ガラス瓶は撤去された。あの中から一本を選ぶ権利がある、唯一の人間がお兄さんだった。ささやかな薬局の片隅で羽を休めていた小鳥たちを、お兄さんは救い出したのだ。お兄さんにしかできないやり方で。⑳

小父さんは再び自転車にまたがり、家路を急いだ。納棺の際、レモンイエローのポー

⑯ 司書の女性の登場で、小父さんの心境はどう変化していくんだろう。

⑰ 青空薬局。小鳥にちなんだ名前だな。

⑱ ポーポー？ 注によると、こんな感じかな。

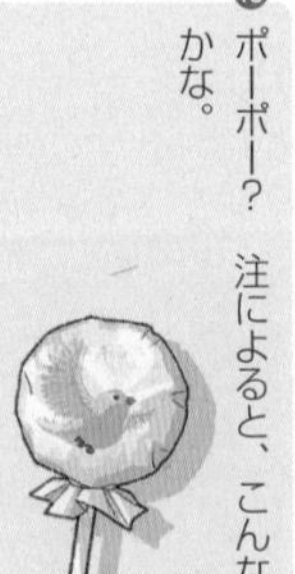

⑲ お兄さんが亡くなり、青空薬局からポーポーがいなくなった。両者は特別な関係で結ばれていたのかもしれない。

⑳ あれ、広口ガラス瓶から小鳥を救い出すというのは、小父さんが本から小鳥を救い出すのと似てる！ 今回引用された範囲だけではわからないけれど、小父さんは、お兄さんの何らかの想いを引き継いでいるのかもしれない。

ポーをバスケットに納め、金具を閉じた時のパチンという音がよみがえってきた。㉑　言語学者の研究室へ向う汽車の中、終わりなく何度もその金具を開け閉めしていたお兄さんの震える指と、それを黙って見つめていた母親の横顔を思い出した。金具の音は、棺の蓋を閉める音よりもずっと正しく、お兄さんの死を証明していた。㉒

自転車の籠の中で、借りてきたばかりの本がカタカタ鳴っていた。

「返却は二週間後です㉓」

司書の言葉を、小父さんは声に出して言った。

「返却は二週間後です㉔」

ペダルを踏む足に力を込め、もう一度繰り返した。本の立てる音と風の音に自分の声が紛れ、代わりに司書の声が耳元でよみがえってくるのを小父さんは感じた。(エ)彼女の声をもっとよく聞きたくて、更に力一杯ペダルを踏んだ。㉕

㉑ なぜ、いまよみがえるのか。何を表しているんだろう?

㉒ 「パチン」はお兄さんの死を証明する音。

㉓ 小父さんの意識が兄から司書へ変わった。

㉔ つまり、二週間後にまた会えるってことか!

㉕ 彼女の声を聞くためにペダルを踏む。彼女との新しい関係に意識が向き、前向きな気持ちになっているんだな。そう考えれば、さっきの「パチン」という音は、兄の死について心の中で一応の区切りがついたということかもしれない。兄の死を実感し、心に一応の整理がついて、司書との新たな関係に踏み出していく。そういう展開なんじゃないかな。

鳥の本探しに一人で没頭する
⬅ 青空薬局のポーポーが撤去・「パチン」
司書との新しい関係に踏み出す

❷ 解答・解説

本問題集では、文章を単なる文字列として捉えるのではなく、意味内容を具体化して理解すること（＝【基本の読解方略❶具体化】）の重要性を繰り返し述べてきた。小説読解においても「具体化」の重要性は変わらない。小説読解が苦手な人は、「棒人間」のような簡単なもので構わないので、場面、状況を図示しながら読んでみよう。**手を動かして描いているうちに、自然と理解が進んでいく**ことを実感してもらえるはずだ。

問二　傍線部の内容説明問題。「やれやれ」は私たちの日常会話の中でも、「やれやれ、ようやく仕事が片付いたよ」「やれやれ、彼が来てくれたから何とかなりそうだ」といった形で登場する。これらの用例からもわかるように、「やれやれ」は、〈何らかの困難から解放された**安堵**〉や〈困難を経験したことによる**疲弊**〉を表す。

　こうした語義を念頭に置きつつ、傍線部(ア)前後の内容を確認する。

分館に収蔵されて以来まだ誰の目にも触れていないページに、長く身を隠していた鳥たちは、(ア)「やれやれ」といった様子で、小父さんの手の中でようやく翼を広げるのだった。

「ようやく翼を広げる」からは、「やっと解放された！」という鳥たちの**安堵・安心**が読みとれる。また、鳥たちは「長く身を隠していた（＝本の中に閉じ込められていた）」のだから、当然**疲弊**もあるだろう。記述説明の原則（＝**詳しくわかりやすく**）は小説でも変わらない。密度の高い答案にすることを意識して、答案には、長い間本の中に置かれたこと（＝Ⓐ）による**疲弊**（＝Ⓑ）と、そこから解放された**安堵**（＝Ⓒ）をどちらも含めよう。

【解答例】
長い間本の中で窮屈な状態に置かれて疲弊し、ようやく解放されて安堵する様子。（37字）

【採点基準】
A 長い間窮屈な状態に置かれる　3点

▼「誰の目にも触れていないページに身を隠す」でも可
B　疲れ・疲弊　3点
C　解放されて（見つけてもらえて／外に出られて）安堵／安心する　3点

問三　傍線部の理由説明問題。「狼狽」は〈うろたえること。あわてふためくこと〉の意。密度の高い答案にするべく、「狼狽」した理由を丁寧に探していこう。

ある日、新しく借りる本をカウンターに置いた時、突然司書から声を掛けられ、(イ)小父さんは狼狽《ろうばい》した。貸し出しカードを手にしたまま、しばらく声の主に視線を向けられなかった。

（略）

その時初めて小父さんは司書の顔を見た。幾度となく分館に来ていながら、司書を意識したことなどなく、目の前の彼女とこれまでに何度くらい顔を合わせているのか、見当もつかなかった。しかし少なくとも彼女が、小父さんの読書の傾向を正しく把握しているのは間違いなかった。

「はい……」

仕方なく小父さんはうなずいた。自分が選ぶ本に気を配っている人間がいようとは思いもせず、不意打ちをかけられたようで(2)気後れがした。

「狼狽」した理由の一つ目は、「突然」「不意打ち」。どちらでもよいので答案に含めよう（＝Ⓐ）。二つ目は、司書が「小父さんの読書の傾向を正しく把握していること」である。知らない人が自分の本の好みを把握していたら、うろたえてしまうだろう。**詳しくわかりやすく**の原則に則り、「読書の傾向」は「小鳥の本ばかり借りること」と具体的に説明すること（＝Ⓑ）。三つ目は、「司書を意識したことなどなく」である。全く意識していない人から突然声を掛けられたら（しかも読書の傾向を正しく把握されていたら）、心の準備ができていない分、「狼狽」の程度も高まるはずである（＝Ⓒ）。以上、三点を四十五字以内にまとめる。

【解答例】
小鳥の本ばかり借りることを、今まで全く意識したことのなかった司書から不意に指摘されたから。（45字）

【採点基準】

A 突然／不意に／不意打ちで（声を掛けられた）　2点

B 小鳥の本ばかり借りることを知られていた　5点

▼「読書の傾向を正しく把握されていた」は、「小鳥」への言及がないので2点

▼「自分が選ぶ本に気を配っている人がいようとは思いもせず」は、「小鳥」への言及がなく、「突然／不意に」の語義も弱いので2点

C 司書のことを意識したことがなかった　2点

問四 傍線部の内容説明問題。傍線部(ウ)は司書の言葉である。前後の発話を抜き出そう。

「……。この人は鳥に関わりのある本しか借りない、って」

（略）

「一体どこまで(ウ)鳥の法則は続くのだろうかと、ずっとどきどきしていました」

（略）

「一見、鳥と無関係な本だと、ちょっと心配になるんです。……」

「鳥の法則」とは、小父さんが鳥に関わりのある本しか借りないことである。字数に余裕があるので、**詳しくわかりやすく**の原則に則り、主語（＝小父さん）も答案に含めよう。

【解答例】

小父さんが鳥に関わりのある本しか借りないこと。（23字）

【採点基準】

A 小父さんが　1点

B 鳥に関わりのある本しか借りない　4点

問五 傍線部の内容説明問題。「心情の変化」の説明を求められているが、まずは、傍線部(エ)の心情を考えよう。

「返却は二週間後です」　**また会える！**

ペダルを踏む足に力を込め、もう一度繰り返した。本の立てる音と風の音に自分の声が紛れ、代わりに司

書の声が耳元でよみがえってくるのを小父さんは感じた。(エ)彼女の声をもっとよく聞きたくて、更に力一杯ペダルを踏んだ。

《全文解釈》㉔で指摘したように、「返却は二週間後」ということは、二週間後（厳密にいえば返却する日）に、司書にまた会えるということである。「彼女の声をもっとよく聞きたくて」からすれば、小父さんの「司書との交流を楽しみにする気持ち」が読みとれるだろう。また、それと重なるが、「力一杯ペダルを踏んだ」には、小父さんの「前向きな気持ち」が表れている。

傍線部(エ)の心情は、「司書との交流を楽しみにする前向きな気持ち（＝Ⓐ）」と説明できる。

次に、設問条件に応えるべく「『小父さん』の心情の変化」を考えていく。「変化」の説明には、変化前だけでなく〈変化のきっかけ〉も含めたい（その方が詳しくわかりやすい説明になるからである）。

「返却は二週間後です」とつぶやく前、小父さんは、お兄さんの納棺の際にバスケットを閉じた音を思い出している。

納棺の際、レモンイエローのポーポーをバスケットに納め、金具を閉じた時のパチンという音がよみがえってきた。……。金具の音は、棺の蓋を閉める音よりもずっと正しく、お兄さんの死を証明していた。

この場面で、お兄さんの死を証明する音が頭に浮かぶのは、ポーポーの広口ガラス瓶が撤去されたことを受けて、小父さんがお兄さんの死を受け止め直し、「心に一応の整理がついた（＝Ⓑ）」ということだと考えられる（だからこそ、次の場面で意識が司書へと向かっているのだろう）。これが〈変化のきっかけ〉である。

変化前　？

↑ 〈変化のきっかけ〉心に一応の整理がつく（パチンという音）

変化後　司書との交流を楽しみにする前向きな気持ち

最後に変化前を考える。変化後や〈変化のきっかけ〉を裏返せば、変化前は、「心の整理がついていない状態」「前向きではない状態」だったはずである。本文中に「悲しい」「寂しい」といった語はないが、リード文に「その言葉を正しく理解できたのは『小父さん』だけだった」とあるように、二人には深い絆があったと考えられる。そのような唯一の肉親を失った小父さんが、兄への想いを引きずり、悲しみに浸っていたというのは、妥当な推測といえるだろう。《全文解釈》❹で指摘したような図書館の描写（＝弱々しく、切ない）もその傍証となる。「鳥の本を探す（＝Ⓒ）」という仕方で、兄同様、鳥を救い出していたことも、「小父さんが亡き兄への想いを引きずっていた（＝Ⓓ）」ことの表れといえるだろう。

変化前 兄への想いを引きずり、鳥の本を探すことに没頭
←〈変化のきっかけ〉心に一応の整理がつく（パチンという音）
変化後 司書との交流を楽しみにする前向きな気持ち

Ⓐ〜Ⓓを、変化前→〈変化のきっかけ〉→変化後という順序でまとめよう。

【解答例】
死んだ兄への想いを引きずり、鳥の本を探し出すことに一人没頭していたが、一応の心の整理がつき、司書との交流を楽しみにする前向きな気持ちになっている。（73字）

【採点基準】
A 司書との交流を楽しみにする前向きな気持ち　6点
▼「司書の声を聞きたいと思っている」など、傍線部㊍をほぼそのまま書いただけのもの　0点
▼「司書のことを考えている」など、「前へ進む」という意味が弱い場合　2点
B 兄の死を受け入れた／心の整理がついた　6点
C 鳥の本を探す／鳥を本から救い出すことに没頭　3点
D 兄への想いを引きずる　3点

〈＊〉「ことり」の作者小川洋子氏は、朝日新聞の取材で、「読む人にとって印象が異なるであろう小説を入試問題に取り上げることをどう考えますか」と問われ、次のように答えている。

「不都合はないと思います。ロジックを勉強するのは、数学や物理でできるけれど、そこからはみ出してしまうものにも、大事なことがたくさんある。それを扱うのが小説です。いったい何を言っているのかよく分からないし、問題を解こうとしても、正解の手応えがなかなか得られない。そんな曖昧さに耐えつつ、答えとして何かを絞り出す。言葉に対する信頼や執念を問うのが、小説の入試問題なのでしょう」

（朝日新聞二〇二一年七月十一日掲載）

文学で使われる言葉の論理は、数学的論理や論理学的論理とは異なる。たとえば、「僕は僕であって、僕ではないんだ！」という一見矛盾したセリフが、状況によっては十分に成り立ち得るのが日常言語の世界である。悪く言えば「曖昧」で「面倒くさい」かもしれないが、そもそも、わたしたちが身を置いているのは単純な論理では割り切れない「面倒くさい」世界だ。入試問題を通じて、言葉の意味を一つ一つ丁寧に掬《すく》いとり、粘り強く思考し続ける力を身につけてもらいたい。〈＊〉

【解答】

問		解答
問一（3点）	(1)	小さいが、ほどよく整っているさま。
	(2)	相手の勢いにおされてひるむこと。
	(3)	親しみを感じられなかった。
問二（9点）		長い間本の中で窮屈な状態に置かれて疲弊し、ようやく解放されて安堵する様子。（37字）
問三（9点）		小鳥の本ばかり借りることを、今まで全く意識したことのなかった司書から不意に指摘されたから。（45字）
問四（5点）		小父さんが鳥に関わりのある本しか借りないこと。（23字）
問五（18点）		死んだ兄への想いを引きずり、鳥の本を探し出すことに一人没頭していたが、一応の心の整理がつき、司書との交流を楽しみにする前向きな気持ちになっている。（73字）

10

【訂正のお知らせはコチラ】 ▶▶▶

本書の内容に万が一誤りがございました場合は，東進 WEB 書店（https://www.toshin.com/books/）の本書ページにて随時お知らせいたしますので，こちらをご確認ください。☞

下記著作物につきまして，著作権者を探しています。ご存じの方がいらっしゃいましたら，お手数ですが弊社（www.toshin.com/books）までご連絡くださいますようお願いいたします。

・森口美都男『現実』（上智大学法学部法律学科 2017年度一般入試 国語 大問1）

大学受験 レベル別問題集シリーズ

新・現代文レベル別問題集⑤ 上級編

発行日：二〇二三年一〇月二九日　初版発行

著　者：輿水淳一　西原剛

発行者：永瀬昭幸

発行所：株式会社ナガセ

〒180-0003　東京都武蔵野市吉祥寺南町一-二九-二

出版事業部（東進ブックス）

TEL：0422-70-7456／FAX：0422-70-7457

www.toshin.com/books

編集担当：山鹿愛子

編集協力：竹田彩乃　内田夏音　小林朱夏　久光幹太　相田こころ

DTP・制作協力：大木誓子

本文イラスト：Colli

動画加工・編集：株式会社スタジオサンダンス

装丁：東進ブックス編集部

印刷・製本：シナノ印刷株式会社

Printed in Japan　ISBN978-4-89085-937-5　C7381

東進ブックス

合格の秘訣1

全国屈指の実力講師陣

東進の実力講師陣 数多くのベストセラー参考書を執筆!!

東進ハイスクール・東進衛星予備校では、そうそうたる講師陣が君を熱く指導する!

本気で実力をつけたいと思うなら、やはり根本から理解させてくれる一流講師の授業を受けることが大切です。東進の講師は、日本全国から選りすぐられた大学受験のプロフェッショナル。何万人もの受験生を志望校合格へ導いてきたエキスパート達です。

英語

雑誌『TIME』やベストセラーの翻訳も手掛け、英語界でその名を馳せる実力講師。

宮崎 尊先生
[英語]

爆笑と感動の世界へようこそ。「スーパー速読法」で難解な長文も速読即解!

渡辺 勝彦先生
[英語]

100万人を魅了した予備校界のカリスマ。抱腹絶倒の名講義を見逃すな!

今井 宏先生
[英語]

本物の英語力をとことん楽しく!日本の英語教育をリードするMr.4Skills.

安河内 哲也先生
[英語]

関西の実力講師が、全国の東進生に「わかる」感動を伝授。

慎 一之 先生
[英語]

全世界の上位5%(PassA)に輝く、世界基準のスーパー実力講師!

武藤 一也先生
[英語]

いつのまにか英語を得意科目にしてしまう、情熱あふれる絶品授業!

大岩 秀樹先生
[英語]

数学

予備校界を代表する講師による魔法のような感動講義を東進で!

河合 正人先生
[数学]

「ワカル」を「デキル」に変える新しい数学は、君の思考力を刺激し、数学のイメージを覆す!

松田 聡平先生
[数学]

論理力と思考力を鍛え、問題解決力を養成。多数の東大合格者を輩出!

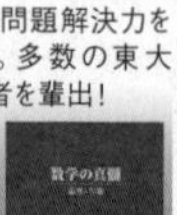

青木 純二先生
[数学]

数学を本質から理解し、あらゆる問題に対応できる力を与える珠玉の名講義!

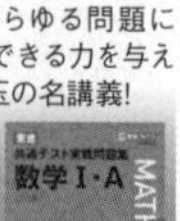

志田 晶先生
[数学]

国語

ビジュアル解説で古文を簡単明快に解き明かす実力講師。

富井 健二先生
[古文]

東大・難関大志望者から絶大なる信頼を得る本質の指導を追究。

栗原 隆先生
[古文]

明快な構造板書と豊富な具体例で必ず君を納得させる！「本物」を伝える現代文の新鋭。

西原 剛先生
[現代文]

「脱・字面読み」トレーニングで、「読む力」を根本から改革する！

輿水 淳一先生
[現代文]

文章で自分を表現できれば、受験も人生も成功できますよ。「笑顔と努力」で合格を！

石関 直子先生
[小論文]

幅広い教養と明解な具体例を駆使した緩急自在の講義。漢文が身近になる！

寺師 貴憲先生
[漢文]

縦横無尽な知識に裏打ちされた立体的な授業に、グングン引き込まれる！

三羽 邦美先生
[古文・漢文]

理科

「いきもの」をこよなく愛する心が君の探究心を引き出す！生物の達人。

飯田 高明先生
[生物]

「なぜ」をとことん追究し「規則性」「法則性」が見えてくる大人気の授業！

立脇 香奈先生
[化学]

化学現象を疑い化学全体を見通す"伝説の講義"は東大理三合格者も絶賛。

鎌田 真彰先生
[化学]

正しい道具の使い方で、難問が驚くほどシンプルに見えてくる！

宮内 舞子先生
[物理]

地歴公民

世界史を「暗記」科目だなんて言わせない。正しく理解すれば必ず伸びることを一緒に体感しよう。

加藤 和樹先生
[世界史]

"受験世界史に荒巻あり"と言われる超実力人気講師！世界史の醍醐味を。

荒巻 豊志先生
[世界史]

つねに生徒と同じ目線に立って、入試問題に対する的確な思考法を教えてくれる。

井之上 勇 先生
[日本史]

歴史の本質に迫る授業と、入試頻出の「表解板書」で圧倒的な信頼を得る！

金谷 俊一郎先生
[日本史]

「今」を知ることは「未来」の扉を開くこと。受験に留まらず、目標を高く、そして強く持て！

執行 康弘先生
[公民]

政治と経済のメカニズムを論理的に解明しながら、入試頻出ポイントを明確に示す。

清水 雅博先生
[公民]

わかりやすい図解と統計の説明に定評。

山岡 信幸先生
[地理]

どんな複雑な歴史も難問も、シンプルな解説で本質から徹底理解できる。

清水 裕子先生
[世界史]

WEBで体験

東進ドットコムで授業を体験できます！
実力講師陣の詳しい紹介や、各教科の学習アドバイスも読めます。
www.toshin.com/teacher/

合格の秘訣2
基礎から志望校対策まで 合格に必要なすべてを網羅した 学習システム

映像によるIT授業を駆使した最先端の勉強法

高速学習

一人ひとりのレベル・目標にぴったりの授業

東進はすべての授業を映像化しています。その数およそ1万種類。これらの授業を個別に受講できるので、一人ひとりのレベル・目標に合った学習が可能です。1.5倍速受講ができるほか自宅からも受講できるので、今までにない効率的な学習が実現します。

1年分の授業を最短2週間から1カ月で受講

従来の予備校は、毎週1回の授業。一方、東進の高速学習なら毎日受講することができます。だから、1年分の授業も最短2週間から1カ月程度で修了可能。先取り学習や苦手科目の克服、勉強と部活との両立も実現できます。

現役合格者の声

東京大学 文科一類
早坂 美玖さん
東京都 私立 女子学院高校卒

私は基礎に不安があり、自分に合ったレベルから対策ができる東進を選びました。東進では、担任の先生との面談が頻繁にあり、その都度、学習計画について相談できるので、目標が立てやすかったです。

先取りカリキュラム

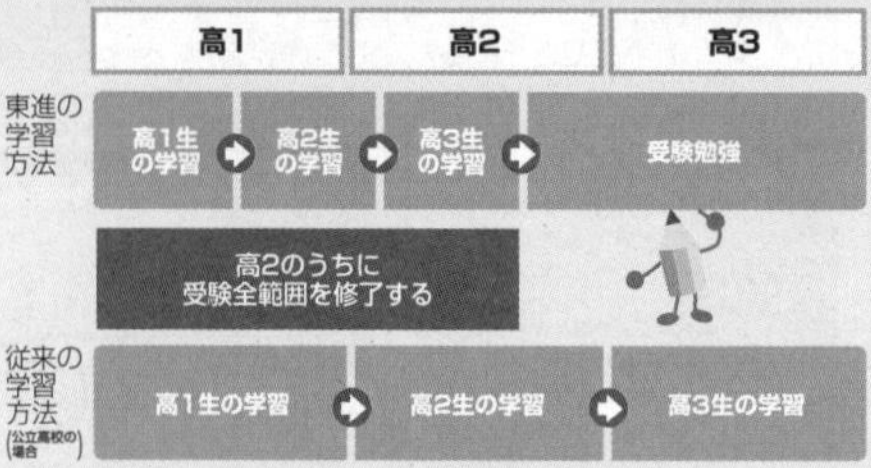

目標まで一歩ずつ確実に

スモールステップ・パーフェクトマスター

自分にぴったりのレベルから学べる 習ったことを確実に身につける

高校入門から最難関大までの12段階から自分に合ったレベルを選ぶことが可能です。「簡単すぎる」「難しすぎる」といったことがなく、志望校へ最短距離で進みます。

授業後すぐに確認テストを行い内容が身についたかを確認し、合格したら次の授業に進むので、わからない部分を残すことはありません。短期集中で徹底理解をくり返し、学力を高めます。

現役合格者の声

東北大学 工学部
関 響希くん
千葉県立 船橋高校卒

受験勉強において一番大切なことは、基礎を大切にすることだと学びました。「確認テスト」や「講座修了判定テスト」といった東進のシステムは基礎を定着させるうえでとても役立ちました。

パーフェクトマスターのしくみ

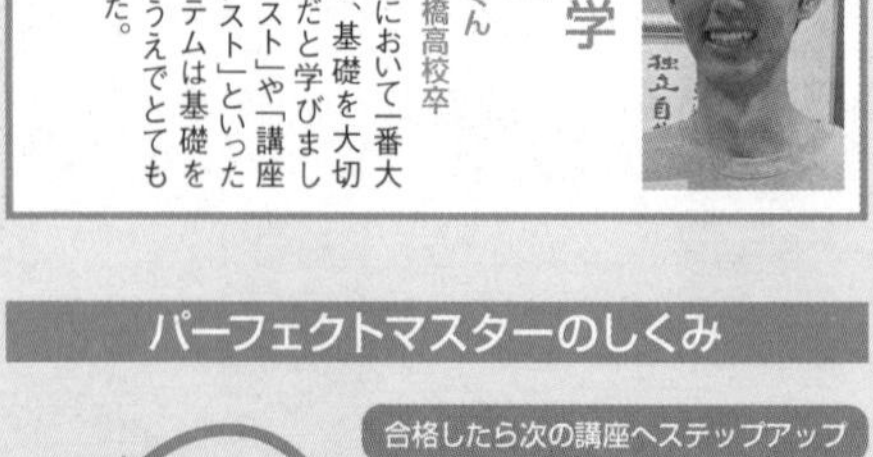
授業
知識・概念の修得
確認テスト
知識・概念の定着
知識・概念の定着
毎授業後に確認テスト
最後の講の確認テストに合格したら挑戦！

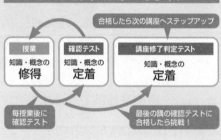

徹底的に学力の土台を固める

高速マスター基礎力養成講座

高速マスター基礎力養成講座は「知識」と「トレーニング」の両面から、効率的に短期間で基礎学力を徹底的に身につけるための講座です。英単語をはじめとして、数学や国語の基礎項目も効率よく学習できます。オンラインで利用できるため、校舎だけでなく、スマートフォンアプリで学習することも可能です。

現役合格者の声

早稲田大学 基幹理工学部
曽根原 和奏さん
東京都立 立川国際中等教育学校卒

演劇部の部長と両立させながら受験勉強をスタートさせました。「高速マスター基礎力養成講座」はおススメです。特に英単語は、高3になる春までに完成させたことで、その後の英語力の自信になりました。

東進公式スマートフォンアプリ

東進式マスター登場！

（英単語／英熟語／英文法／基本例文）

スマートフォンアプリで
スキマ時間も徹底活用！

1）スモールステップ・パーフェクトマスター！
頻出度（重要度）の高い英単語から始め、1つのSTAGE（計100語）を完全修得すると次のSTAGEに進めるようになります。

2）自分の英単語力が一目でわかる！
トップ画面に「修得語数・修得率」をメーター表示。自分が今何語修得しているのか、どこを優先的に学習すべきなのか一目でわかります。

3）「覚えていない単語」だけを集中攻略できる！
未修得の単語、または「My単語（自分でチェック登録した単語）」だけをテストする出題設定が可能です。すでに覚えている単語を何度も学習するような無駄を省き、効率良く単語力を高めることができます。

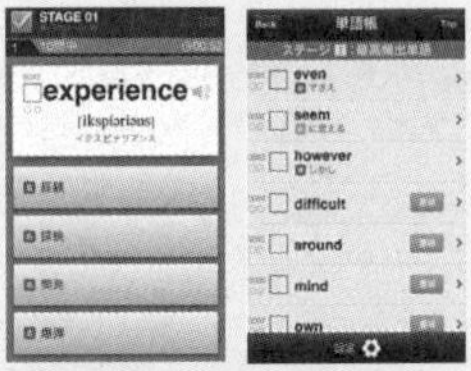

共通テスト対応
英単語1800

英文法
750

共通テスト対応
英熟語750

英語基本
例文300

「共通テスト対応英単語1800」
2023年共通テストカバー率99.8%！

君の合格力を徹底的に高める

志望校対策

第一志望校突破のために、志望校対策にどこよりもこだわり、合格力を徹底的に極める質・量ともに抜群の学習システムを提供します。従来からの「過去問演習講座」に加え、AIを活用した「志望校別単元ジャンル演習講座」、「第一志望校対策演習講座」で合格力を飛躍的に高めます。東進が持つ大学受験に関するビッグデータをもとに、個別対応の演習プログラムを実現しました。限られた時間の中で、君の得点力を最大化します。

現役合格者の声

京都大学 法学部
山田 悠雅くん
神奈川県 私立 浅野高校卒

「過去問演習講座」には解説授業や添削指導があるので、とても復習がしやすかったです。「志望校別単元ジャンル演習講座」では、志望校の類似問題をたくさん演習できるので、これで力がついたと感じています。

志望校合格に向けた
最後の切り札

第一志望校対策演習講座

第一志望校の総合演習に特化し、大学が求める解答力を身につけていきます。対応大学は校舎にお問い合わせください。

東進×AIで
かつてない志望校対策

志望校別単元ジャンル演習講座

過去問演習講座の実施状況や、東進模試の結果など、東進で活用したすべての学習履歴をAIが総合的に分析。学習の優先順位をつけ、志望校別に「必勝必達演習セット」として十分な演習問題を提供します。問題は東進が分析した、大学入試問題の膨大なデータベースから提供されます。苦手を克服し、一人ひとりに適切な志望校対策を実現する日本初の学習システムです。

大学受験に必須の演習

過去問演習講座

1. 最大10年分の徹底演習
2. 厳正な採点、添削指導
3. 5日以内のスピード返却
4. 再添削指導で
着実に得点力強化
5. 実力講師陣による
解説授業

合格の秘訣3 **東進模試**

申込受付中
※お問い合わせ先は付録7ページをご覧ください。

学力を伸ばす模試

本番を想定した「厳正実施」
統一実施日の「厳正実施」で、実際の入試と同じレベル・形式・試験範囲の「本番レベル」模試。
相対評価に加え、絶対評価で学力の伸びを具体的な点数で把握できます。

12大学のべ42回の「大学別模試」の実施
予備校界随一のラインアップで志望校に特化した"学力の精密検査"として活用できます(同日・直近日体験受験を含む)。

単元・ジャンル別の学力分析
対策すべき単元・ジャンルを一覧で明示。学習の優先順位がつけられます。

最短中5日で成績表返却
WEBでは最短中3日で成績を確認できます。※マーク型の模試のみ

合格指導解説授業
模試受験後に合格指導解説授業を実施。重要ポイントが手に取るようにわかります。

2023年度

東進模試 ラインアップ

共通テスト対策
- 共通テスト本番レベル模試 …… 全4回
- 全国統一高校生テスト〈全学年統一部門〉〈高2生部門〉〈高1生部門〉 …… 全2回

同日体験受験
- 共通テスト同日体験受験 …… 全1回

記述・難関大対策
- 早慶上理・難関国公立大模試 全5回
- 全国有名国公私大模試 …… 全5回
- 医学部82大学判定テスト …… 全2回

基礎学力チェック
- 高校レベル記述模試〈高2〉〈高1〉 …… 全2回
- 大学合格基礎力判定テスト …… 全4回
- 全国統一中学生テスト〈全学年統一部門〉〈中2生部門〉〈中1生部門〉 …… 全2回
- 中学学力判定テスト〈中2生〉〈中1生〉 …… 全4回

※2023年度に実施予定の模試は、今後の状況により変更する場合があります。
最新の情報はホームページでご確認ください。

大学別対策
- 東大本番レベル模試 …… 全4回
- 高2東大本番レベル模試 全4回
- 京大本番レベル模試 …… 全4回
- 北大本番レベル模試 …… 全2回
- 東北大本番レベル模試 …… 全2回
- 名大本番レベル模試 …… 全3回
- 阪大本番レベル模試 …… 全3回
- 九大本番レベル模試 …… 全3回
- 東工大本番レベル模試 …… 全2回
- 一橋大本番レベル模試 …… 全2回
- 神戸大本番レベル模試 …… 全2回
- 千葉大本番レベル模試 …… 全1回
- 広島大本番レベル模試 …… 全1回

同日体験受験
- 東大入試同日体験受験 …… 全1回
- 東北大入試同日体験受験 …… 全1回
- 名大入試同日体験受験 …… 全1回

直近日体験受験 …… 各1回
- 京大入試 直近日体験受験
- 北大入試 直近日体験受験
- 阪大入試 直近日体験受験
- 九大入試 直近日体験受験
- 東工大入試 直近日体験受験
- 一橋大入試 直近日体験受験

2023年 東進現役合格実績

難関大グループ 現役合格 史上最高続出！

東大 現役合格 実績日本一[※1] 5年連続800名超！

現役生のみ！講習生を含まず！

※1 2022年の東大現役合格実績を公表している予備校の中で東進の853名が最大(2022年JDnet調べ)。

東大845名

文科一類	121名	理科一類	311名
文科二類	111名	理科二類	126名
文科三類	107名	理科三類	38名
		学校推薦	31名

現役合格者の36.9%が東進生！

全現役合格者(前期+推薦)に占める東進生の割合

2023年の東大全体の現役合格者は2,284名。東進の現役合格者は845名。東進生の占有率は36.9%。現役合格者の2.8人に1人が東進生です。

学校推薦型選抜も東進！

東大31名 推薦入試でも東進生現役占有率36.4%

現役推薦合格者の36.4%が東進生！

法学部	5名	薬学部	1名
経済学部	3名	医学部医学科の75.0%が東進生！	
文学部	1名		
教養学部	2名	医学部医学科	3名
工学部	10名	医学部健康総合科学科	1名
理学部	3名		
農学部	2名		

医学部も東進 日本一[※2]の実績を更新!!

※2 2022年の国公立医・医現役合格実績を公表している予備校の中で東進の1,032名が最大(2022年JDnet調べ)

国公立医・医 1,064名 昨対+32名

東進生現役占有率 29.4%

2023年の国公立医学部医学科全体の現役合格者は未公表のため、仮に昨年の現役合格者数(推定)を分母として東進生占有率を算出すると、東進生の占有率は29.4%。現役合格者の3.4人に1人が東進生です。

旧七帝大＋東工大・一橋大・神戸大 4,703名 昨対+91名

東京大	845名
京都大	472名
北海道大	468名
東北大	417名
名古屋大	436名
大阪大	617名
九州大	507名
東京工業大	198名
一橋大	195名
神戸大	548名

早慶 5,741名 昨対+63名

早稲田大 3,523名　慶應義塾大 2,218名

上理4,687名 昨対+394名

上智大 1,739名
東京理科大 2,948名

明青立法中 17,520名 昨対+492名

明治大	5,294名	中央大	2,905名
青山学院大	2,216名		
立教大	2,912名		
法政大	4,193名		

関関同立 昨対+1,022名 13,655名

関西学院大	2,861名
関西大	2,918名
同志社大	3,178名
立命館大	4,698名

私立医・医 727名 昨対+101名

日東駒専 10,945名 昨対+934名 史上最高!

産近甲龍 6,217名 昨対+132名 史上最高!

国公立大 17,154名 昨対+652名

国公立 総合・学校推薦型選抜も東進！

国公立医・医 318名 昨対+16名

旧七帝大＋東工大・一橋大・神戸大 446名 昨対+31名

東京大	31名
京都大	16名
北海道大	13名
東北大	120名
名古屋大	92名
大阪大	59名
九州大	41名
東京工業大	25名
一橋大	7名
神戸大	42名

ウェブサイトでもっと詳しく
東進 検索

2023年3月31日締切

各大学の合格実績は、東進ネットワーク（東進ハイスクール、東進衛星予備校、早稲田塾）の現役生のみ、高３時在籍者のみの合同実績です。一人で複数合格した場合は、それぞれの合格者数に計上しています。

東進へのお問い合わせ・資料請求は
東進ドットコム www.toshin.com
もしくは下記のフリーコールへ！

ハッキリ言って合格実績が自慢です！ 大学受験なら、

東進ハイスクール 0120-104《トーシン》-555《ゴーゴーゴー》

●東京都

[中央地区]
- □市ヶ谷校 0120-104-205
- □新宿エルタワー校 0120-104-121
- ＊新宿校大学受験本科 0120-104-020
- □高田馬場校 0120-104-770
- □人形町校 0120-104-075

[城北地区]
- 赤羽校 0120-104-293
- 本郷三丁目校 0120-104-068
- 茗荷谷校 0120-738-104

[城東地区]
- 綾瀬校 0120-104-762
- 金町校 0120-452-104
- 亀戸校 0120-104-889
- □★北千住校 0120-693-104
- 錦糸町校 0120-104-249
- □豊洲校 0120-104-282
- 西新井校 0120-266-104
- 西葛西校 0120-289-104
- 船堀校 0120-104-201
- 門前仲町校 0120-104-016

[城西地区]
- □池袋校 0120-104-062
- 大泉学園校 0120-104-862
- 荻窪校 0120-687-104
- 高円寺校 0120-104-627
- 石神井校 0120-104-159
- □巣鴨校 0120-104-780
- 成増校 0120-028-104
- 練馬校 0120-104-643

[城南地区]
- 大井町校 0120-575-104
- □蒲田校 0120-265-104
- 五反田校 0120-672-104
- 三軒茶屋校 0120-104-739
- □渋谷駅西口校 0120-389-104
- 下北沢校 0120-104-672
- □自由が丘校 0120-964-104
- □成城学園前駅校 0120-104-616
- 千歳烏山校 0120-104-331
- 千歳船橋校 0120-104-825
- 都立大学駅前校 0120-275-104
- 中目黒校 0120-104-261
- □二子玉川校 0120-104-959

[東京都下]
- □吉祥寺南口校 0120-104-775
- 国立校 0120-104-599
- 国分寺校 0120-622-104
- □立川駅北口校 0120-104-662
- 田無校 0120-104-272
- □調布校 0120-104-305
- 八王子校 0120-896-104
- 東久留米校 0120-565-104
- 府中校 0120-104-676
- □★町田校 0120-104-507
- 三鷹校 0120-104-149
- 武蔵小金井校 0120-480-104
- 武蔵境校 0120-104-769

●神奈川県
- 青葉台校 0120-104-947
- 厚木校 0120-104-716
- 川崎校 0120-226-104
- 湘南台東口校 0120-104-706
- □新百合ヶ丘校 0120-104-182
- □センター南駅前校 0120-104-722
- たまプラーザ校 0120-104-445
- 鶴見校 0120-876-104
- 登戸校 0120-104-157
- 平塚校 0120-104-742
- □藤沢校 0120-104-549
- □武蔵小杉校 0120-165-104
- □★横浜校 0120-104-473

●埼玉県
- □浦和校 0120-104-561
- □大宮校 0120-104-858
- 春日部校 0120-104-508
- 川口校 0120-917-104
- 川越校 0120-104-538
- 小手指校 0120-104-759
- 志木校 0120-104-202
- せんげん台校 0120-104-388
- 草加校 0120-104-690
- □所沢校 0120-104-594
- ★南浦和校 0120-104-573
- 与野校 0120-104-755

●千葉県
- 我孫子校 0120-104-253
- 市川駅前校 0120-104-381
- 稲毛海岸校 0120-104-575
- □海浜幕張校 0120-104-926
- □★柏校 0120-104-353
- 北習志野校 0120-344-104
- □新浦安校 0120-556-104
- □新松戸校 0120-104-354
- □千葉校 0120-104-564
- □★津田沼校 0120-104-724
- 成田駅前校 0120-104-346
- 船橋校 0120-104-514
- 松戸校 0120-104-257
- 南柏校 0120-104-439
- 八千代台校 0120-104-863

●茨城県
- つくば校 0120-403-104
- 取手校 0120-104-328

●静岡県
- □★静岡校 0120-104-585

●奈良県
- □★奈良校 0120-104-597

★ は高卒本科（高卒生）設置校
＊ は高卒生専用校舎
□ は中学部設置校

※変更の可能性があります。
最新情報はウェブサイトで確認できます。

全国約1,000校、10万人の高校生が通う、

東進衛星予備校 0120-104《トーシン》-531《ゴーサイン》

近くに東進の校舎がない高校生のための

東進ハイスクール 在宅受講コース 0120-531《ゴーサイン》-104《トーシン》

ここでしか見られない受験と教育の最新情報が満載！

東進ドットコム www.toshin.com

東進 検索

東進TV

東進のYouTube公式チャンネル「東進TV」。日本全国の学生レポーターがお送りする大学・学部紹介は必見！

大学入試過去問データベース

君が目指す大学の過去問を素早く検索できる！ 2023年入試の過去問も閲覧可能！

※2023年4月現在